Les métamorphoses du leadership

Les Associés Valtus
en collaboration avec François Le Brun

Les métamorphoses du leadership

40 patrons donnent leur vision du management à horizon 2025

LES ÉDITIONS DU NET
126, rue du Landy 93400 St Ouen

ISBN : 978-2-312-07490-0

Préface

Cet ouvrage porte bien son titre et les quarante témoignages qui le constituent ne feront que vous en convaincre. Il y a quelques années encore, il aurait été difficile de réunir tant de témoignages de dirigeants prônant une « métamorphose » du leadership. Nous sommes désormais de plus en plus nombreux à être convaincus de la puissance d'un management alternatif, qui permette au leader de faire reposer son influence non pas sur l'autorité et le contrôle mais sur un triptyque beaucoup plus puissant : le sens, la confiance et la bienveillance. Le leadership devient alors la capacité à fédérer la communauté humaine que forme l'entreprise autour d'un projet structurant et à la mettre en mouvement.

Car, finalement, quel est l'objectif d'un dirigeant ? C'est d'avoir l'impact le plus fort possible sur les femmes et les hommes qu'il entraîne, le management n'étant autre chose que « l'art de commander à des hommes libres », pour reprendre la définition qu'Aristote faisait du politique. Pour atteindre cet objectif, plusieurs moyens peuvent être mis en œuvre, en fonction de la représentation que le dirigeant se fait des attentes du corps social qu'il cherche à mouvoir.

Ces aspirations sont bien sûr le fruit d'une époque. Le rapport au travail a été profondément bousculé au fil du temps. Si nous ne dédions désormais que 12 % de notre vie à notre occupation professionnelle en moyenne, contre 40 % au début du XXe siècle et 70 % durant la IIIe République, nos exigences vis-à-vis de lui se sont accrues. Nous en attendions autrefois une rémunération et un statut social, aujourd'hui, nous exigeons aussi, peut-être même surtout, qu'il soit porteur de sens. Cela pose la question de la place de l'individu dans l'organisation, du rôle que chacun y joue. Naturellement, alors que nous avons atteint un niveau de connaissance et de formation inédit, plus personne n'entend se cantonner à des tâches d'exécution. La quête de sens est indissociable d'un sentiment d'utilité et de reconnaissance, qui rend l'organisation verticale et hiérarchique d'hier totalement anachronique.

Pourtant, si l'évolution sociologique de notre rapport au travail semble évidente, la représentation que nous nous faisons de « l'homme au travail » n'en tient pas toujours compte spontanément. C'est néanmoins un point clé. C'est ce que Douglas Mac Gregor a formalisé dès 1969 sous le nom de « théories X et Y ». Pour lui, deux conceptions radicalement opposées de l'homme au travail s'affrontent. Selon la théorie X, l'individu n'aime pas le travail et l'évitera dès qu'il le peut. Il fuit les responsabilités, préfère être dirigé et cherche à contourner les règlements. Aussi, faut-il le réduire à des tâches d'exécution, exercer une contrainte ou proposer une récompense suffisante pour obtenir de lui qu'il travaille, et, naturellement, pratiquer un contrôle strict. Dans la théorie Y, au contraire, l'individu trouve de réelles satisfactions dans son travail, il en a même besoin pour se développer et se réaliser pleinement. Il recherche les responsabilités et souhaite qu'on l'associe aux buts de l'entreprise. Il est évidemment nécessaire de lui offrir sens, autonomie et considération. On imagine aisément que l'adhésion spontanée des dirigeants à l'une ou l'autre de ces théories va profondément orienter le style managérial de l'entreprise et, finalement, créer un cercle, vicieux ou vertueux selon le cas, dans lequel les anticipations vont devenir auto-réalisatrices. Les salariés, en fonction du cadre de travail que l'entreprise leur laissera, vont, en effet, se conformer à la représentation initiale que le dirigeant se faisait d'eux. Même si, exprimée aussi sommairement, cette analyse peut paraître extrêmement mécaniste et réductrice, elle décrit bien les conceptions opposées de l'homme au travail aujourd'hui encore à l'œuvre, mais surtout la manière dont ces conceptions finissent par rejaillir à travers les organisations mises en place sur le comportement réel des individus. Cette analyse est finalement optimiste, permettant à une vision confiante de l'individu au travail de se révéler totalement exacte, pour peu que l'on crée les conditions nécessaires.

Je suis ainsi profondément convaincu que, contrairement à ce que nous enseigne généralement la science économique, l'individu n'est pas exclusivement mû par la recherche de son intérêt, n'est pas uniquement calculateur, rationnel et égoïste. L'intérêt prend bien sûr sa part, parfois même prédominante, dans la motivation des décisions et des actes de tout un chacun. Mais il ne constitue que rarement le seul mobile. Les choses sont plus complexes, mêlant à l'intérêt personnel une part de contrainte, d'obligation, une part d'intérêt pour autrui, d'altruisme, d'empathie et une part de liberté, de créativité. On ne permet à chacun à la fois de donner le meilleur de lui-même et de se réaliser de manière plus complète que si on sait créer les conditions pour ne pas le restreindre à ne réagir qu'à la contrainte et à l'intérêt personnel. La mécanique du don chère à Marcel Mauss illustre bien la richesse des motivations personnelles et des relations sociales. Le don, s'il est effectivement désintéressé et sincère, oblige celui auquel il est destiné et l'incite, le moment venu, à rendre à son tour, au-delà même de la valeur initiale de ce qu'il a reçu, créant de ce fait un cercle vertueux dans les relations entre individus.

Ainsi, l'entreprise, auparavant pur objet de raison, doit reconnaître qu'elle est avant tout une communauté humaine. Nos collaborateurs ont besoin que l'on entende leurs aspirations, leurs craintes, leur désir de relations, leur besoin d'appartenance. Ils ne veulent plus avoir à laisser leurs émotions à la porte de l'entreprise. Pour un dirigeant, rester sourd à ces aspirations n'est déjà plus une option crédible. Ce serait non seulement insatisfaisant sur le plan moral, mais surtout irresponsable quant à la performance durable de l'entreprise.

Cette prise de conscience, elle a eu lieu à la MAIF il y a cinq ans. Nous avons décidé alors de transformer en profondeur notre mode de management interne. Celui-ci n'avait rien de scandaleux, mais était très traditionnel, fondé sur l'autorité, la hiérarchie et une vision très verticale des relations dans l'entreprise. Ce système avait le mérite de la simplicité : « Je donne des ordres, je contrôle leur exécution, je sanctionne les manquements et je récompense la bonne mise en œuvre et l'atteinte des objectifs. » Mais il reposait sur une vision réductrice de l'homme au travail, qui n'est plus la nôtre. Pour permettre à chacun de s'épanouir dans la contribution à une aventure collective, il nous fallait alors changer de cadre et créer les conditions propices à l'engagement personnel de chacun. Voilà pourquoi nous sommes passés d'un management dit « par l'autorité » à un management « par la confiance ».

Derrière cette expression, trois notions essentielles : celle du sens, de la confiance, bien entendu, mais aussi de la bienveillance.

La révolution managériale que j'évoque suppose ainsi d'abord pour le dirigeant d'être capable de dégager une vision de l'avenir de l'entreprise et de sa contribution au monde dans lequel elle évolue. Puis, de tirer de cette vision une stratégie pour y répondre et de montrer à chacun la part qu'il peut apporter à ce projet plus grand que lui. En effet, si je comprends la stratégie d'ensemble et son impact, je peux aussi comprendre ma mission, mon rôle dans cet ensemble et la contribution que je peux avoir. Donner du sens est une source de motivation extrêmement forte, les collaborateurs s'engagent alors non pas parce qu'ils y sont contraints, mais parce qu'ils en ont envie.

La deuxième chose que les gens attendent est qu'on leur fasse confiance, qu'on leur laisse des marges de manœuvre, qu'on leur donne les moyens de résoudre les problèmes auxquels ils sont confrontés plutôt que d'exécuter une tâche, de respecter une procédure décidée en central.

Bien sûr, c'est parfois compliqué pour certains collaborateurs qui se sentent rassurés par un réseau de contraintes plus important et par des ordres précis. Cela peut aussi l'être pour certains managers qui ont du mal à se passer de l'autorité. Entraîner des gens plutôt que leur donner des ordres est un changement important : le rôle du manager en est profondément différent, mais pas moins essentiel que dans un mode de fonctionnement classique. Il est aussi beaucoup plus exigeant. Nous utilisons parfois en interne pour qualifier ce nouveau rôle l'expression de « servant-leader ». Elle exprime bien les deux facettes attendues du manager : se placer au service de ses collaborateurs, et non pas l'inverse comme trop souvent, et privilégier son rôle de leadership, d'entraînement, de motivation plutôt que celui de donneur d'ordres ou de contrôleur. L'une et l'autre de ces deux postures sont extrêmement exigeantes pour le manager et totalement indispensables pour l'équipe. Le management par la confiance est ainsi tout sauf une absence de management. Il requiert, au contraire, beaucoup du manager. Apporter à ses collaborateurs une relation de qualité tout en restant porteur d'un niveau élevé d'exigence, est, évidemment plus ardu qu'être le simple porteur d'un ordre, d'une instruction et le simple contrôleur de sa mise en œuvre. Mais le management par la confiance est également tout sauf une absence d'attentes à l'égard des collaborateurs eux mêmes. Il fait bien le pari, qu'au contraire, c'est par la participation et la contribution au collectif que chacun s'épanouit, et non dans le retrait ou le refus. Une formule pourrait résumer cette articulation entre la manière dont on doit permettre au collaborateur de révéler tout son potentiel, plutôt que de l'enfermer dans des processus limitants, et la manière dont il peut alors mettre à profit ce potentiel pour son entreprise : rendre capable pour rendre possible.

Enfin, les individus ont besoin d'évoluer dans un environnement de travail bienveillant, dans lequel les relations sont moins verticales, plus d'adulte à adulte. La bienveillance a des vertus considérables. Elle crée dans la relation individuelle une harmonie essentielle, permet à l'autre d'être plus spontanément en confiance et contribue largement à l'épanouissement de chacun. Ce climat, cette manière d'être et de se comporter sont primordiaux, à la fois pour le bien-être de chacun, mais aussi pour la performance du collectif. On avance beaucoup plus vite dans un climat apaisé et respectueux que dans le conflit et le tiraillement. Je crois en la puissance de la douceur. Mais la bienveillance ne saurait faire obstacle à l'exigence. Au contraire, les deux me semblent indissociables. La bienveillance permet d'atteindre indirectement mais plus sûrement des objectifs ambitieux, elle ne constitue aucunement un renoncement à atteindre ces derniers. L'exigence dans la bienveillance s'affirme d'ailleurs comme un gage de respect et de considération qui rejaillit sur chacun et nourrit l'épanouissement de ce dernier. L'individu ne se réalise pleinement que dans une forme d'exigence, beaucoup plus valorisante *in fine* qu'une passivité ou une posture de retrait ou d'attente. Par ailleurs, dès lors, lorsqu'un dirigeant ou un manager considère l'impact qu'il peut avoir, négativement ou positivement, sur l'épanouissement et le bien-être de ses collaborateurs, il ne peut pas ne pas assumer ses responsabilités ni renoncer à faire tout ce qui est en son pouvoir pour les garantir et les augmenter. Il n'est tout simplement pas possible d'accepter en conscience, d'être à l'origine du mal-être d'autrui quand celui-ci est évitable.

Si vous parvenez à réunir ces trois éléments, le sens, la confiance et la bienveillance, vous créez alors une dynamique interne où les gens se sentent mieux, plus impliqués et, partant, plus performants.

Ainsi, cette nouvelle façon d'exercer un leadership n'est pas que le formidable catalyseur d'une profonde transformation interne, il est aussi une garantie de performance. À la MAIF, nous en apprécions chaque jour les effets, parfois de façon chiffrée, à l'aune d'indicateurs de suivi spécifiques, mais également de façon plus informelle, à travers un bouillonnement, un climat, une dynamique, une vie interne que jamais je n'aurais anticipés aussi forts, aussi puissants. Un exemple concret parmi d'autres : quatre ans après la mise en place de ce leadership, le taux d'absentéisme à la MAIF a baissé de 25 %. Un autre motif de satisfaction est que la MAIF est devenue une marque employeur reconnue et appréciée pour le sens de ses engagements et les modalités de travail en son sein. Ainsi, des distinctions et palmarès multiples viennent récompenser la MAIF comme étant l'un des employeurs préférés des Français (titre d'un prix obtenu depuis six années) ou l'une des grandes entreprises françaises au sein de laquelle on se sent le mieux. Ces témoignages d'une reconnaissance extérieure se manifestent aussi par le succès croissant de nos communications sur les réseaux sociaux. Nos comptes sont suivis par des dizaines de milliers de personnes manifestant leur intérêt pour ce que nous promouvons. Mais pour moi, l'indice le plus probant et le plus fort nous indiquant que nous sommes sur le bon chemin résulte des témoignages que nous recueillions presque quotidiennement de la part de salariés. Ils manifestent leur enthousiasme de plein de manières : collectivement par leur engagement, bien sûr, qui dépasse bien souvent ce que l'on serait en droit d'attendre d'eux, une volonté de bien faire, un sens du service assez unique, par un niveau de participation record aux manifestations organisées par l'entreprise, ou sur le réseau social interne par exemple, par leur spontanéité à défendre la MAIF en toute occasion. Mais cet enthousiasme, on le croise aussi de manière parfois émouvante dans les témoignages des personnes, ou parfois simplement dans leur attitude, leur sourire, l'expression même retenue ou pudique d'un soutien, parfois d'une reconnaissance. Cela donne si souvent le sentiment que ce que la MAIF cherche à témoigner à ses équipes, ces dernières le lui rendent largement.

Cette transformation managériale a également un impact sur l'activité même de l'entreprise. On pourrait, bien sûr, quantifier ses retombées en termes de productivité. Mais l'essentiel, c'est d'abord cette dynamique collective incroyable que chacun perçoit et à laquelle chacun participe. Dynamique qui nous a permis de passer, en quelques années, d'une mutuelle considérée par la profession comme « la belle endormie du secteur », à une entreprise aujourd'hui perçue comme l'une des plus innovantes.

Surtout, cette énergie et cet engagement du corps social, par effet miroir, transforment l'épanouissement au travail des collaborateurs en une qualité de service et une satisfaction hors norme de nos sociétaires. Lorsqu'un conseiller s'épanouit dans son travail, qu'il aime ce qu'il fait, car il y trouve du sens, qu'il dispose d'une autonomie et de marges de manœuvre lui permettant d'être un acteur impliqué et concerné, qu'il se sent bien dans son équipe, car on le considère et le traite avec bienveillance, qu'il est d'autant plus attaché à son entreprise que celle-ci le respecte, alors d'évidence ce conseiller sera spontanément un vibrant ambassadeur de sa marque, nouera avec les clients une relation plus sincère, plus chaleureuse, de bien meilleure qualité. S'il évolue en interne dans un climat sincère de confiance *a priori*, il fera, en retour, bénéficier son interlocuteur de cette posture de confiance *a priori*. Il n'y a pas d'étanchéité entre la culture interne d'une entreprise et sa relation client ou l'image qu'elle dégage en externe. Ce qui se passe à l'intérieur se voit à l'extérieur. C'est précisément cette qualité de relation qui fonde notre modèle de développement sur le long terme. Ainsi, à la MAIF, le taux de départ – autrement dit le pourcentage de clients qui nous quittent dans l'année sur le nombre total d'assurés – est cinq à dix fois inférieur à celui de nos concurrents. Nous avons calculé que si nous avions le taux de départ moyen du marché, il nous faudrait dépenser 100 millions d'euros supplémentaires par an pour acquérir les nouveaux clients qui compenseraient les départs. Un tel modèle d'affaire n'a aucun sens. Celui pour lequel nous avons opté est gagnant-gagnant, pour le client et l'entreprise.

On mesure ainsi que, finalement, ces différentes motivations en faveur du management par la confiance nourrissent un axiome qui se vérifie en toute circonstance : pour viser la performance de l'entreprise, il faut rechercher l'épanouissement de ses salariés, et cela passe d'abord et avant tout par une métamorphose du leadership que l'on exerce.

Pour résumer, je retiens de ma propre expérience deux conditions de réussite : une profonde sincérité des motivations et une certaine radicalité dans la démarche. La sincérité des motivations d'abord est essentielle. La tentation est permanente pour chacun de nous d'instrumentaliser la démarche, de privilégier la communication à une véritable remise en question. De ne pas opérer ses choix en considération de leur portée, de leur impact sur le corps social, mais au regard de leur potentiel d'affichage. Cette nécessité d'une profonde sincérité n'est cependant pas principalement motivée par la volonté de se prémunir contre un risque de procès en « insincérité », c'est réellement une question de fond. On ne peut embarquer un collectif et engager une transformation si l'on n'est pas profondément convaincu que c'est la meilleure voie possible. On ne peut tenir des positions sur le long terme et convaincre autour de soi, si l'on n'y croit pas avec sincérité.

La seconde condition, toujours issue de mon expérience, est la radicalité dans sa mise en œuvre. Ce terme ne signifie évidemment pas que j'appelle à agir par des modalités d'action outrancières. Il exprime d'abord le fait qu'il faut être en permanence vigilant pour s'assurer que la recherche de cette singularité est constante et systématique. Le modèle ne peut fonctionner pleinement que s'il est parfaitement cohérent et donc que tout, dans l'entreprise, est aligné. Mais radicalité signifie aussi qu'il faut être prêt, pour garantir cette cohérence, à prendre des décisions assez fortes, parfois en dépit d'importantes résistances internes. Pour certains dirigeants, cela peut aussi vouloir dire de devoir convaincre des actionnaires de la pertinence de ce type d'orientations. Il faut alors une conviction chevillée au corps pour savoir imposer ses choix tandis que la dictature du court-terme nous conduirait à en opérer d'autres. Le dirigeant doit ainsi, j'en conviens, faire preuve d'une certaine audace. Mais cette prise de risque vous sera rendue au centuple lorsque vous en constaterez les résultats positifs. Non seulement sur la communauté humaine que vous entraînez, sur la performance et la pérennité de votre entreprise, mais aussi sur vous-même. Car je suis convaincu qu'il n'y a pas de plus grande satisfaction pour un dirigeant que d'agir dans l'intérêt de son entreprise tout en assurant l'épanouissement de ses collaborateurs.

Pascal Demurger,
président de la MAIF.

Avant-propos

Ce livre est l'aboutissement d'une conviction et d'une volonté que nous portions depuis longtemps chez Valtus[1]. Nous pressentions que de nouvelles tendances fortes sont en cours d'éclosion en matière de leadership et de management. Après enquête, et sur la distance d'un livre, nous voulions valider nos impressions à l'horizon de 2025. Nous avons été servis au-delà de nos intuitions. Comme l'écrit si bien Pascal Demurger dans la préface, il n'est pas exagéré de parler de métamorphose.

Voilà encore dix ans, si nous avions demandé à un panel de dirigeants de résumer par un mot sa pratique managériale, se serait-il trouvé un seul pour évoquer spontanément le qualificatif *bienveillant* ? Dans cet ouvrage, nous avons réuni près d'une quarantaine de patrons. Ils sont à la tête d'ETI, d'entreprises familiales créées par eux-mêmes ou par leurs aînés. Parfois, ils dirigent des entreprises à capitaux publics. Pour une grande partie également, ils dirigent les filiales françaises de groupes internationaux. De la high tech aux matériaux

---

1. À propos de Valtus : Dans un monde en transformation continue, la mission de Valtus est d'accompagner de façon opérationnelle les entreprises dans la construction de leur futur en leur apportant des solutions de top management sur mesure. L'entreprise réalise 300 missions par an dans tous les secteurs, tous les types d'entreprises, sur toutes les fonctions, partout dans le monde. Elle dispose de plus de 4 000 dirigeants surdimensionnés prêts à intervenir immédiatement.

Créée en 2001, Valtus est le numéro 1 en Europe du management de transformation. L'entreprise est membre fondateur de Globalise, premier réseau international regroupant les leaders mondiaux du métier. Elle est également membre fondateur de la Fédération nationale du Management de Transition (FnMT) et labellisée depuis 2010 par Bureau Veritas. www.valtus.fr/ @Valtus.

de construction, en passant par la banque, les media, la santé, les transports, l'automobile, la plus grande variété de secteurs sont représentés.

Chaque fois, ces entreprises présentent un point commun : leurs bénéfices feraient pâlir d'envie le plus pointilleux des analystes financiers. Mais c'est parce que, dans l'esprit de ces leaders, *bienveillant* rime avec *performant* et aussi avec *exigeant*. L'un ne va pas sans les deux autres.

Si, chez Valtus, nous sentions poindre ces aspirations nouvelles, c'est parce que, par essence, notre métier nous conduit à anticiper les changements. Nous sommes au service des entreprises pour les aider à réussir leurs transformations. Nous devons donc voir venir les mutations de tous ordres : technologique, avec l'avènement de l'IA et du digital ; commercial, avec des consommateurs qui changent, et des concurrences inédites qui s'imposent aux acteurs historiques d'un secteur ; sociologique, avec l'arrivée dans la vie active de générations résolument différentes de leurs aînées…

À cette fin, nous nous sommes dotés d'outils de mesure et d'observation. Nous publions notamment l'Observatoire de la transformation des entreprises[1]. Dans la dernière édition, de novembre 2019, la place de l'humain redevenait centrale. La notion de raison d'être était particulièrement citée par les personnes interrogées.

De fait, au terme de l'enquête qui a précédé la rédaction de cet ouvrage, un thème s'est imposé comme un fil rouge, car tous les dirigeants l'ont évoqué au cours des longs entretiens qu'ils nous ont accordés : c'est la quête de sens. Les collaborateurs ne sont plus prêts à travailler sans savoir pour qui et pour quoi ils le font. Cette tendance était en cours d'éclosion pour s'épanouir pleinement au cours des cinq prochaines années.

C'était compter sans la pandémie, le confinement, et les semaines de télétravail qui ont suivi. Le point final de la première version venait d'être posé le vendredi 13 mars… quand deux jours plus tard, notre

---

1. Étude bisannuelle réalisée avec notre partenaire Ipsos auprès d'un millier de dirigeants.

planète entrait dans une nouvelle ère économique, écologique et sociétale. Impossible de publier le livre comme s'il ne s'était rien passé. Une seconde phase d'interviews s'imposait. La disponibilité de nos interlocuteurs a été admirable durant ces journées inouïes que chacun d'entre nous était amené à vivre. Elle a aussi été d'une richesse d'enseignements inestimable. Car les témoignages et analyses à chaud ont permis de mettre en perspective les propos tenus précédemment. Or, loin d'être infirmés, ces derniers ont été corroborés.

À bien des égards, 2025, nous y sommes déjà. L'instauration précipitée du télétravail a servi de test en grandeur nature d'adhésion des collaborateurs aux valeurs et aux missions que s'assigne l'entreprise qui les emploie. Le prérequis de trouver du sens s'est imposé. Le processus est sans doute irréversible, et le durcissement de la conjoncture ne changera rien à cet état d'esprit.

Plus que jamais, le monde du travail reposera sur le triptyque décrit par Pascal Demurger : sens, confiance et bienveillance. Puisse la lecture de ce livre vous procurer autant de plaisir et d'optimisme que les associés de Valtus, et le journaliste qui les accompagnait pour tenir ensuite la plume, en ont eu en allant rencontrer ces dirigeants. Face aux problèmes que notre pays va devoir résoudre sans attendre, ils incarnent une grande partie des solutions.

Philippe Soullier,
président de Valtus

Chapitre 1.
L'indispensable quête de sens

Sur un chantier, trois compagnons s'attellent à dégrossir des blocs de granit. Au visiteur qui les interroge, le premier répond : « Je casse des cailloux » ; le deuxième : « Je bâtis un mur » ; et le troisième : « J'édifie une cathédrale »… À cinq reprises, au cours de nos entretiens, cette image nous a été citée.

En 2019, face à l'accélération des mutations du monde, nous voulions connaître le sentiment des chefs d'entreprise. Comment ces derniers appréhendent-ils la révolution permanente où, sans cesse, des défis nouveaux surgissent, et en plus, interagissent ? Il nous importait de connaître leur vision du leadership, et les évolutions qu'ils anticipent dans leur management, à l'horizon, somme toute assez proche, de 2025. Aussi avons-nous longuement interrogé une quarantaine de dirigeants. Et cinq d'entre eux ont fait référence à la même allégorie. La proportion était trop importante pour n'être qu'une coïncidence. Le bâtisseur de cathédrales s'est vite imposé comme l'éclaireur de notre enquête.

Ce livre est né d'une réflexion entamée voilà déjà plusieurs années. Valtus est le numéro 1 européen du management de transition. Cela veut dire qu'il accompagne au quotidien des dirigeants, directeurs d'usines, DRH, DAF, DG dans leurs transformations stratégiques. Il est à leurs côtés pour aider les entreprises à amorcer leurs virages managériaux, technologiques, sociaux, sociétaux, voire géopolitiques.

Pour être le plus efficient, il se doit de détecter les multiples mutations, puis de les analyser en profondeur. C'est pourquoi l'entreprise Valtus est en permanence à l'écoute des moindres signaux faibles. Ses conclusions font l'objet de multiples publications.

Ainsi, depuis 2018, elle réalise, en collaboration, avec Ipsos, l'Observatoire de la Transformation. Elle publie aussi régulièrement des « études managers ». Les dernières parutions ont traité de la génération Z, des nouvelles attentes des clients et des salariés, de l'entreprise éclatée… Le présent ouvrage s'inscrit dans le droit fil de ses travaux éditoriaux.

Un courrier a été adressé à près de 200 dirigeants d'ETI (entreprises de taille intermédiaire). C'était un choix délibéré d'écouter en priorité ces dirigeants. D'abord, ils sont plus rarement sollicités que les patrons des grands groupes, dont le discours finit par être prévisible, à force d'être rodé. Ensuite, leur niveau d'implication est sans équivalent, surtout quand ils dirigent des affaires qu'ils ont créées, ou dont ils sont les repreneurs familiaux. Ils attachent une importance éthique à l'ancrage territorial de leurs usines. Au moment de virer de bord, ils tiennent eux-mêmes la barre. Enfin, et ce n'était pas le moindre pour notre enquête : face aux changements, ils se montrent beaucoup plus agiles. Une récente étude de BPI France l'a encore démontré. Elle est abondamment évoquée dans le chapitre 8, qui est spécialement consacré au rôle, déterminant pour l'avenir de la France, des ETI.

Parmi ceux qui ont répondu positivement, et que tous ici en soient remerciés, certains ont souhaité conserver l'anonymat. Leurs idées figurent cependant dans ces pages, car toujours elles ont été sources d'inspiration.

Chaque fois, les entretiens ont été menés par les dirigeants et les associés de Valtus[1]. Ils étaient accompagnés par un journaliste

---

1. Aymeric Bas, Philippe Canonne, Arnaud Cordelle, Thierry Grimaux, Bertrand Grimm, Aurélie Guillemette, Claudie Hamerstehl, Yves Mégret, Frédéric Ripart, Philippe Soullier, Jerôme Vercaemer et Georges Verneuil.

professionnel qui a synthétisé l'ensemble des propos recueillis. De la sorte, des tendances lourdes ont pu émerger.

Ces témoignages nous ont été apportés par mesdames et messieurs :

– Alexander Abé, vice-président de Jungheinrich pour l'Europe de l'Ouest et l'Afrique ;

– Edward Arkwright, directeur général exécutif d'ADP (Aéroports de Paris) ;

– Pierre Bontemps, P.-D.G. de Coriolis ;

– Pierre-Olivier Brial, directeur général délégué de Manutan ;

– Paul-Marie Chavanne, alors président de GeoPost ;

– Elie Choukroun, P.-D.G. de Ricoh France ;

– Hubert de Boisredon, P.-D.G. d'Armor ;

Guillaume de Lavallade, directeur général de Hub One ;

– Pierrick de Ronne, président de Biocoop ;

– Alexandre Eruimy, directeur général de PrestaShop ;

– Patrick Errard, directeur général d'Astellas pharma ;

– Édouard Fourcade, alors directeur général d'Anaplan ;

– Amaury Fremaux, président de Fremaux-Delorme ;

– Anne Geisert, P.-D.G. de Miele France ;

– Thomas Georgeon, directeur général de la Société de la Tour Eiffel ;

– Laurent Germain, alors directeur général de Segula Technologies[1] ;

– François Guérin, directeur général de Cetih ;

– Rolf Heinz, P.-D.G. de Prisma Media ;

– Mehdi Houas, P.-D.G. de Talan ;

1. Le 1er juillet 2020, il a pris la direction générale d'EGIS, groupe mondial de l'ingénierie des infrastructures et de la construction, détenu à 75 % par la CDC, qui a réalisé en 2019 un chiffre d'affaires d'1,2 milliard d'euros.

– Francis Kopp, gérant de Lenze ;

– Loïc Latour, P.-D.G. de France Boissons ;

– Hugues Le Bret, président de Compte Nickel ;

– Fanny Letier, co-fondatrice de GENEO capital entrepreneur ;

– Gérard Lopez, président de BVA ;

– Ferréol Mayoly, directeur général d'Arval France ;

– Marc Meurer, président de Porsche France ;

– Antoine Meyer, président de Sumi Agro France ;

– Pascal Nadobny, président d'Addev Materials ;

– Pascal Portelli, président du directoire de Delta Dore ;

– Mahasti Razavi, avocate associée, managing partner d'August Debouzy ;

– Olivier Schiller, président de Septodont ;

– Guy Sidos, P.-D.G. de Vicat ;

– Emmanuel Vasseneix, P.-D.G. de LSDH (Laiterie de Saint-Denis-de-l'Hôtel) ;

– Daniel Weizmann, président pour la France de VWR ;

– Laurent Zeller, président pour l'Europe du Sud de Nielsen ;

et ceux qui ont préféré s'exprimer sans être nommément cités.

Grâce à eux, plus d'une vingtaine de secteurs ont pu être représentés : BTP, énergie, industrie, IT, robotique, consulting, automobile, chimie, agrochimie, pharmacie, santé, media, télécom, finance, services bancaires, droit, agroalimentaire, textile, distribution, immobilier.

Les entretiens ont aussi couvert une large palette des statuts : entreprises privées ou contrôlées par un actionnaire public, sociétés indépendantes familiales, ou contrôlées par un fonds d'investissement, coopératives…

Les cultures se sont également révélées diverses : allemande, japonaise et parmi les françaises, entre les internationalisées, les très parisiennes et celles très ancrées dans leurs territoires. De même, notre panel a permis aux activités les plus matures de côtoyer les futures licornes.

Les chiffres d'affaires témoignent d'une vaste amplitude du fait de la présence de poids lourds comme Biocoop, Vicat, GeoPost ou Aéroports de Paris, mais c'est précisément parce qu'ils sont gérés comme une fédération d'ETI et de PME, ou parce qu'ils pouvaient nous servir de miroirs, que nous tenions à bénéficier de leurs témoignages.

En moyenne, les volumes d'activité évoluent autour de 300 millions d'euros. Les effectifs vont de 50 à 1 000, voire 20 000 salariés. Mais ne nous méprenons pas sur la petite taille apparente de certaines. Quand il s'agit de filiales françaises d'un groupe international, nous ne sommes plus alors dans une logique de PME de niche, mais bien d'entreprises ouvertes sur le monde, mettant en musique la partition bien comprise de leur maison-mère.

Les groupes d'outre-Rhin, au travers de leurs filiales françaises, peuvent apparaître sur-représentés : ils représentent 20 % du panel. Il est vrai que ce pays a su conserver son industrie. Il peut s'appuyer sur un socle solide d'ETI qui ont fait de l'Europe entière leur marché domestique. Leur présence massive en France n'est donc pas étonnante. Mais peut-être est-ce aussi le signe d'une prise de conscience plus aiguë, chez elles ? Elles ressentent davantage la nécessité de s'adapter aux transformations en cours, voire aux ruptures, et elles se posent les interrogations qui en découlent, sur le leadership, le management et le contrat social.

À l'inverse, une sous-représentation est patente, c'est celle des femmes. Elles ne sont que trois : Anne Geisert, P.-D.G. de Miele France, Fanny Letier, co-fondatrice de GENEO, et Mahasti Razavi, avocate associée, managing partner d'August Debouzy. Ce déséquilibre n'était évidemment pas voulu. Sans doute faut-il y voir la photographie instantanée d'une situation qui, heureusement, comme on le verra, évolue.

En définitive, le panorama offert par ces quarante interviews est large et instructif. Cela tient en particulier à la collaboration des dirigeants (leurs portraits détaillés sont réunis dans le chapitre 10).

Chacun a pris le temps de nous recevoir longuement. Le plus souvent, l'entretien s'est déroulé sur leur lieu de travail. Nous avons ainsi pu observer nos interlocuteurs en immersion, parmi leurs collaborateurs.

Leur disponibilité nous a grandement aidés, car elle s'est manifestée pendant l'interview, mais aussi avant et après. Et cela, en particulier, lorsqu'ils ont été amenés à vivre, à partir du lundi 16 mars 2020, l'expérience inouïe du confinement. Le point final à la première version du manuscrit venait d'être apposé lorsque cet événement tellurique s'est produit. Il était impossible de faire comme si rien ne s'était passé. Une seconde contribution de nos interviewés s'imposait. Dans un temps restreint, la plupart d'entre eux nous ont livré en profondeur leur vécu et leur analyse. Loin d'infirmer les premiers enseignements de l'enquête, leurs témoignages les consacrent au contraire. Ils leur confèrent même une épaisseur que, sans cette pandémie, nous n'aurions pas imaginée. Si un grand changement doit être admis depuis la crise, il réside dans l'accélération des mutations pressenties, mais pas dans leur remise en cause. Le chapitre 9 est entièrement consacré aux évolutions managériales post-Covid-19.

À tous, les mêmes questionnaires avaient été soumis (ils sont reproduits en annexe). Or, beaucoup d'entre eux avaient tenu à prendre du temps au préalable, pour réfléchir dans l'intimité à ce qu'ils voulaient principalement exprimer.

Questions dans tous les sens

Au cours des premiers entretiens, la parabole des tailleurs de pierre est donc fréquemment revenue. Fanny Letier a ainsi comparé les dirigeants d'ETI à des « bâtisseurs ». C'est d'ailleurs pour cela qu'elle a co-fondé GENEO[1] : pour les accompagner sur la durée. « Ceux-là, explique-t-elle, sont des leaders par nature, parce qu'ils

1. « Evergreen », créée pour une durée de 99 ans, la société de capital investissement est dédiée aux PME pour les transformer en ETI. À cette fin, sa cofondatrice choisit les dirigeants qui ont, à ses yeux, des qualités de « bâtisseurs ».

voient loin. Ils ont un rêve, qu'ils savent partager avec leurs équipes. Au quotidien, cela se traduit par une énergie, un engagement visible dans les gestes et la parole, une ligne de conduite, une remise en perspective permanente. »

Mehdi Houas s'est, lui, défini comme un « compagnon », dans la lignée des artisans du Moyen-Age, qui se rendaient de chantier en chantier, en France et en Europe, délivrer leur art. L'univers de Talan qu'il préside est pourtant on ne peut plus high tech puisqu'il accompagne les entreprises dans leur transformation numérique.

Dans le même registre, une expression a été utilisée par Guillaume de Lavallade. Il dirige Hub One, qui était historiquement l'activité télécoms d'ADP (Aéroports de Paris). C'est dire si l'entreprise s'inscrit de plain-pied dans l'univers foisonnant de l'Internet des objets, de la radio 4G à usage professionnel et de la cybersécurité. Face à tant d'innovations potentielles, son dirigeant est donc amené, au quotidien, à contenir l'enthousiasme créatif de ses jeunes ingénieurs. Il le fait en les alertant du danger d'inventer… la « housse à protéger les cathédrales ».

Par cette expression, il désigne les inventions totalement inutiles, car dépourvues du moindre marché. De fait, le travers est fréquent dans les entreprises : des équipes s'évertuent à trouver des réponses à des questions que les clients ne se posent pas. Des centaines d'heures de recherche sont ainsi englouties pour produire une sur-qualité stérile. Elle se révèle en définitive aussi coûteuse qu'un défaut de fabrication. Tout ce travail pour rien, cela n'a pas de sens.

Or, la recherche de sens, c'est précisément ce qui sous-tend la parabole des tailleurs de pierre. Cette quête est revenue lors de pratiquement tous les entretiens. Elle sera certainement l'un des thèmes majeurs de la décennie à venir.

Ainsi, pour Marc Meurer, président de Porsche France, c'est le cap qu'il s'est fixé pour 2025. Il est d'ailleurs l'un des deux dirigeants à avoir explicitement repris l'image. Voici comment il envisage sa fonction de dirigeant d'ici à dix ans : « Il faudra donner du sens, faire en sorte que chacun se sente bâtisseur de cathédrales. »

De même, parmi nos interlocuteurs qui ont souhaité rester anonymes, l'un d'eux a eu cette phrase : « On ne peut plus se contenter de dire : casse des cailloux, ni même : polis ta pierre. Il est indispensable de montrer la cathédrale dans laquelle elle va s'insérer. »

Il se trouve que ce dirigeant préside l'une des filiales françaises d'un des plus grands groupes industriels allemands. Était-ce à dire que l'impératif de sens ignore les frontières ? Pour Pascal Nadobny, président d'Addev Materials, la réponse est clairement oui. La quête est universelle et traverse la variété des cultures d'entreprises.

En ce qui le concerne, il a fondé une ETI internationale, spécialisée dans la fourniture de solutions sur mesure en films techniques, adhésifs, colles, et peintures, pour toutes sortes d'industries, l'aéronautique en particulier. À partir de Saint-Chamond, Toulouse et Chassieu, il a essaimé sur la planète, de la Pologne aux États-Unis et au Canada en passant par la Belgique, et plus récemment l'Allemagne et l'Angleterre. Or, partout, il constate la même requête : « La demande de sens est omniprésente, dans tous les pays, dans toutes les strates de l'organisation des entreprises, dans toutes les catégories socioprofessionnelles. » Au point qu'elle constitue, à ses yeux, « la principale mutation qu'il ait constatée dans le monde de l'entreprise depuis de nombreuses années ».

Quatre autres dirigeants ont exprimé le même constat, dans des termes pratiquement identiques. Il s'agissait de Pierrick de Ronne, président de Biocoop ; Anne Geisert, P.-D.G. de Miele France ; Ferréol Mayoly, directeur général d'Arval France, et Mehdi Houas, déjà cité. Là encore, leurs domaines d'activité sont divers : entre la distribution éco-responsable, l'électro-ménager, le financement de flottes d'entreprises et le conseil en innovation numérique. Mais ni la taille, ni la nationalité, ni le statut de l'entreprise n'y changent quelque chose : l'enjeu du « sens » traverse désormais toutes les formes d'organisations de travail.

Le mot paraît pourtant tout simple de prime abord ! Comment fait-il pour inspirer autant de réflexions ? C'est qu'en réalité, il recouvre trois acceptions. Il y a d'abord, le **sens** pour évoquer la *signification ;* puis le **sens** pour indiquer la *direction ;* et enfin le **sens**, pour exprimer la *gratification* (des cinq **sens**)**.** Prises ensemble ou isolément, ces trois définitions étaient bien dans l'esprit des dirigeants lorsqu'ils ont employé le terme.

QU'EST-CE QUE CELA SIGNIFIE ?

Ainsi, la *signification* est particulièrement revenue lorsque nos interlocuteurs ont souhaité aborder la question de la raison d'être. Ce thème a été popularisé par la loi PACTE[1]. Il est assurément dans l'air du temps. Le sera-t-il toujours autant dans dix ans ? Les dirigeants interrogés répondent massivement par l'affirmative.

D'abord, parce qu'ils entendent bien les questionnements de leurs collaborateurs. Ces derniers s'interrogent sur l'activité de l'entreprise, sur la fonction qu'ils y occupent ; et de plus en plus, ils mettent en avant leur éthique personnelle, en particulier lorsque la question environnementale entre en jeu.

Ensuite, chez un certain nombre de dirigeants, la raison d'être fait écho à leur propre vision de l'entreprise. Pour ces patrons, la valeur comptable et financière n'est pas une fin en soi. La création de valeurs éthiques, citoyennes, responsables importe tout autant. C'est pourquoi tel dirigeant déclare vouloir contribuer à « sauver la planète », un autre propose à ses équipes « d'entreprendre pour un monde meilleur », et un troisième déclare « œuvrer à protéger nos enfants »…

Les témoignages qui vont suivre traduisent cette forme d'engagement. Il y a encore peu de temps, ils auraient été traités marginalement, comme quelques simples cas d'espèce. Au moment d'entrer dans la décennie 2020, ils traduisent au contraire une tendance lourde.

1. Promulguée le 22 mai 2019, la loi PACTE, relative à la croissance et la transformation des entreprises, a été votée dans le but de faire grandir les entreprises françaises et repenser la place des entreprises dans la société.

Incidemment, il est à noter que les entreprises qui vont être mentionnées partagent deux autres points communs : elles sont indépendantes et plus rentables que la moyenne de leurs secteurs. Même quand elles sont cotées, elles demeurent majoritairement familiales. Elles n'ont donc pas de comptes à rendre au moment de leurs choix d'investissement. Pourtant, comme on va le voir, le modèle économique de certaines dépenses ne saute pas immédiatement aux yeux. Il n'empêche, la rentabilité de ces sociétés a de quoi faire des envieux.

Existerait-il une relation de cause à effet entre l'engagement et la performance ? Les dirigeants de notre panel en sont persuadés. Ils ont certes d'abord agi au nom de leurs convictions éthiques personnelles. Mais le résultat les a ensuite été largement récompensés.

Dès lors, comme l'affirme François Guérin, directeur général de Cetih, « la raison d'être et la mission associée créent un ancrage fort et durable, dans un prolongement de la RSE ». Le siège de la société se situe à Machecoul, dans la région nantaise. Historiquement, l'entreprise de menuiserie est devenue le leader national de la porte d'entrée. Sous l'impulsion de son président Yann Rolland, de son directeur général François Guérin et des collaborateurs actionnaires à hauteur de 10 %, les activités se sont élargies à d'autres équipements de la maison comme les fenêtres et les solutions solaires. Mais à une condition draconienne : qu'ils contribuent à protéger un habitat harmonieux, durable et tourné vers l'humain. Tout cela, dans l'intérêt de la planète, pas moins. « Concrètement, les produits doivent répondre au triptyque sécurité, confort et santé, grâce en particulier à la qualité de l'air. Sinon, ils sont retirés du catalogue. »

Collectivement, les 1 300 salariés se sont dotés d'une devise : « habiter demain ». La phrase peut être comprise de deux façons, et c'est volontaire. Côté pile, elle veut dire que l'entreprise fabrique les produits qui seront bientôt dans nos maisons. Côté face, elle signifie que Cetih et ses salariés veulent prendre part à l'amélioration du monde qui vient.

« Nous faisons en sorte que les produits Cetih soient bons, beaux, durables, explique François Guérin. Et cela, poursuit-il, sur des durées de plus en plus longues : une prochaine gamme de porte d'entrée sortira avec une garantie de trente ans. Nous faisons aussi en sorte qu'ils répondent aux besoins fondamentaux de l'individu. Dans l'habitat, il s'agit de l'accès, de la sécurité, de la santé et du confort. (…) Nous raisonnons dans un écosystème complexe. Face à une question, nous cherchons une réponse qui prend en compte l'économique, le social, l'écologique et le sociétal. Notre démarche de réflexion collective nous permet d'innover. Nous trouvons des solutions en dehors du cadre. »

François Guérin ne cache pas qu'il a beaucoup appris avec le travail en réseau, comme le CJD (Centre des jeunes dirigeants) et maintenant DRO (Dirigeants Responsables de l'Ouest), qui font figure de laboratoire d'innovation sociale et managériale. Il est convaincu que chaque entreprise est « le bien commun de toutes ses parties prenantes ». Au-delà d'un bilan financier et d'un résultat – ne serait-ce, en l'occurrence, que pour en redistribuer 25 % aux salariés –, elle est investie d'autres responsabilités citoyennes et sociétales.

Grâce à son implantation nantaise, Cetih bénéficie assurément d'un terreau favorable. Beaucoup de sociétés pionnières en France du concept de RSE ou d'entreprises à mission se trouvent dans l'Ouest.

Vouloir améliorer le monde peut apparaître « donquichottesque ». Alors, que dire quand il s'agit de sauver la planète ?! Chez Vicat, l'homme qui affiche cette ambition n'a pourtant rien d'un illuminé. Le groupe familial qu'il préside est l'un des principaux acteurs du secteur cimentier. Et pour cause, l'ancêtre fondateur, Louis Vicat, fut l'inventeur de ce liant, indispensable à la fabrication du béton. C'était en 1817 ! Implantée dans le monde entier, l'entreprise pratique une politique d'innovation constante. C'est ce qui lui a permis de passer brillamment voilà trois ans, le cap du bicentenaire.

Son P.-D.G., Guy Sidos, a été, dans une première vie, commandant de sous-marin nucléaire. C'est dire s'il maîtrise ses propos et pondère son jugement. Or, voici comment il présente le sens de son activité : « En 2050, la planète comptera 2,5 milliards d'habitants supplémentaires. Cela veut dire qu'en un siècle, la population mondiale aura quadruplé. Ces personnes vivront principalement dans des concentrations urbaines sur les franges littorales exposées aux conséquences du changement climatique. L'enjeu qui nous concerne tous est de loger dignement ces personnes, et d'assurer leur sécurité. Pour cela, il n'existe pas d'alternative au ciment, seul matériau de construction accessible en quantité et en coût, à l'échelle du sujet. Chez Vicat, c'est notre raison d'être. »

Il sait bien, pourtant, l'image qui est souvent donnée au béton par certaines associations de protection de la nature. « Le propre du croyant environnemental, réplique-t-il, c'est que plus il est ignorant, plus il est affirmatif. Pour ma part, je ne crains pas d'affirmer que nous sauvons le monde. » Du reste, c'est ce qu'il a expliqué aux jeunes signataires de la charte des grandes écoles[1]. « Ils ont été réceptifs, note-t-il. Pour autant, bon nombre d'entre eux ne voulaient pas intégrer le monde de l'entreprise, de peur de perdre leur effet de levier. Je leur ai répondu : si vous restez entre vous, vous ne changerez rien. Il faut aller là où ça pique. Nous autres entrepreneurs avons besoin d'esprits critiques tels que les vôtres. Ne croyez pas qu'on vous embauchera pour faire du macramé, mais bien pour contribuer à protéger la planète… »

À défaut de sauver le monde, Emmanuel Vasseneix, P.-D.G. du groupe agroalimentaire LSDH (Laiterie de Saint-Denis-de-l'Hôtel) pense d'abord à ses enfants et à sa région de l'Orléanais. Lorsqu'il pilote la stratégie de son groupe familial, il pose trois questions auxquelles il attend une réponse concrète : « En quoi est-ce bon pour mon entreprise, pour ma région et pour mes enfants ? » Récemment, un projet d'investissement ne cochait pas l'une des trois cases. « J'ai consenti 500 000 euros de plus afin qu'il soit réellement éco-res-

1. En septembre 2018, plus de 5 000 diplômés des grandes écoles ont lancé le Manifeste étudiant pour un réveil écologique. L'initiative provenait du campus de Polytechnique (360 signataires), d'HEC (130), d'Agro, des Écoles normales supérieures et d'autres établissements prestigieux.

ponsable », explique-t-il avant d'ajouter : « Bien m'en a pris, poursuit-il, puisque le distributeur Système U m'a suivi dans ma démarche. » Il a donc gagné des parts de marché. Mais pas à n'importe quel prix : il n'a pas bradé son éthique.

Pierre-Olivier Brial, directeur général délégué de Manutan, fait partie d'une équipe dirigeante qui a proposé à ses équipes de « travailler pour un monde meilleur ». Dans ses fonctions, il présente la particularité de travailler en trinôme avec Xavier Guichard, petit-fils du fondateur, et Brigitte Auffret, également directrice générale déléguée. La société avait été créée en 1966 pour répondre à tous les besoins en fournitures des entreprises. L'irruption récente du e-commerce aurait pu être fatale à son activité, comme on le verra dans le chapitre 2.

Pour donner du sens au virage imposé par la nouvelle donne, l'équipe a pris soin de ne laisser personne sur le bas-côté. Pour remotiver chacun des collaborateurs et faire émerger en eux des domaines d'excellence parfois enfouis, une université interne a été montée de toute pièces, où les salariés peuvent prendre des cours de chant, de théâtre, de sport. La finalité stratégique n'était certes pas absente. Il s'agissait de développer des qualités de savoir être chez des collaborateurs appelés à changer la nature de leur relation avec la clientèle. La pérennité de leurs emplois passait par l'adoption d'une attitude désormais empathique et experte, et non plus simplement commerciale.

Il n'empêche, l'investissement sportif et culturel n'aurait sans doute pas pu voir le jour sans l'estime naturelle que portent les trois dirigeants à leurs collaborateurs. Surtout, la chose aurait été impossible s'il avait fallu composer avec une certaine forme d'actionnariat extérieur[1], massivement présent dans le capital, et soucieux de retour sur investissement rapide. Cette dépense n'aurait sans doute pas été tolérée. Elle aurait été jugée somptuaire et préjudiciable à la politique de dividendes.

---

1. La famille fondatrice, les Guichard, possède 73 % du capital. Aucun autre actionnaire ne possède de participation suffisante pour remettre en cause la stratégie des dirigeants.

Pascal Portelli est président du directoire de Delta Dore, spécialiste historique de la domotique, devenu un acteur incontournable de la maison et du bâtiment connectés. Lui aussi se reconnaît dans ce courant de dirigeants citoyens de la planète. Il est vrai qu'il se présente comme un « pro-Sénard » assumé[1]. « Notre raison d'être, explique-t-il, c'est de contribuer à la transition énergétique. Ma première préoccupation, c'est de donner du *sens* à mes collaborateurs. » Plus tard, pour évoquer les piliers de sa stratégie, il dira ceci : « Parmi nos valeurs fortes, il y a celle d'avoir gardé toutes nos usines en France. *Ex post*, le choix s'est révélé le bon. Cela avait un *sens* économique. » L'entreprise avançait donc dans la bonne direction.

OÙ VA-T-ON ?

De fait, le sens, pour désigner la direction, a lui aussi été maintes fois exprimé. Chez Segula Technologies, spécialiste de l'externalisation de la R&D, en particulier dans l'automobile, l'ancien directeur général, Laurent Germain, considère que la responsabilité du dirigeant est « de donner une vision claire, d'indiquer là où on va. Ainsi, les salariés savent l'ampleur du changement à effectuer, et chacun peut vérifier s'il adhère à la feuille de route. » Pour illustrer son propos, il a puisé dans la métaphore cycliste, en reprenant une expression entendue dans la bouche de Carlos Tavarès, P.-D.G. de PSA : tout dirigeant doit avoir à cœur de toujours « revenir dans le peloton » et à partir de là, « de rendre atteignables des caps jusque-là jugés inaccessibles ».

Le sens directionnel est également illustré par cette phrase : « La route que nous souhaitons prendre. » Elle est d'Antoine Meyer, président de la filiale française du géant japonais de la chimie Sumi Agro France. Dans le contexte du refus grandissant des pesticides

1. Auteur avec Nicole Notat du rapport sur la raison d'être des entreprises. Ce texte a servi de prototype à l'un des articles de la loi PACTE, relative à la croissance et la transformation des entreprises telle qu'elle a été promulguée le 22 mai 2019.

par les consommateurs, il a été amené à construire un plan de route avec ses équipes. Il a consisté à répondre à ces trois questions : que voulons-nous faire, et ne plus faire ? Où voulons-nous être en 2025 ? Quel rôle souhaitons-nous jouer dans le monde à venir ?

En tout cas, pour tous, la consigne est la même : il faut avancer. Alors, tant qu'à marcher, autant le faire le cœur léger. C'est le message qu'envoie régulièrement Patrick Errard, directeur général du laboratoire pharmaceutique Astellas. Médecin de formation, il a fondé la filiale France de ce groupe pharmaceutique en 1995. À ce jour, il a créé plus de trois cents emplois de haut niveau. Pour évoquer sa responsabilité vis-à-vis de ses collaborateurs, il a eu cette phrase : « Puisque le rôle du leader est de montrer le chemin, autant que ce dernier soit lumineux. » Dans la même veine, Pascal Nadobny (Addev Materials) a reconnu employer souvent l'expression suivante lorsque ses collaborateurs sont en proie au doute ou à l'inquiétude. Pour les diriger toujours vers une vision positive, il leur dit : « Dirige-toi vers la lumière, l'ombre sera derrière toi. »

En règle générale, la détermination du cap est considérée comme un devoir dès lors que l'on endosse les habits de leader. Obligation est faite au dirigeant « de montrer le chemin », pour reprendre l'expression de Guillaume de Lavallade, directeur général de Hub One, qui ajoute aussitôt : « … sans trop se faire d'illusions sur la portée de sa lanterne ! »

Qu'est-ce que je ressens ?

Quant au *sens*, utilisé comme évocation des cinq sens, mais aussi des sentiments, des sensations ou de la sensibilité, le mot pouvait paraitre déplacé dans le monde du travail, où longtemps, le déni des émotions a prévalu. Il va se révéler, au contraire, en deçà des termes qui ont été employés par certains de nos interviewés. Les mots « considération » et « reconnaissance » ont certes été cités, mais aussi « séduction » et « amour ».

Sens comme sensibilité : « Il fut un temps, se souvient Pascal Nadobny, où la vie personnelle restait accrochée au porte-manteau du moment que l'on arrivait au bureau. Désormais, elle est non seulement partie intégrante de la vie professionnelle, mais elle peut devenir prioritaire. Les dirigeants sont amenés à intégrer la vie de couple du salarié, notamment quand les deux conjoints travaillent, les problématiques spécifiques aux familles recomposées, de plus en plus les difficultés liées aux aînés dont les collaborateurs ont la responsabilité ainsi que les engagements sociaux ou associatifs de chacun. »

Ces événements de la vie relèvent *a priori* de la vie privée. De moins en moins lorsqu'ils interfèrent directement sur l'implication au travail, la mobilité géographique, voire la fidélité à l'entreprise. C'est la raison pour laquelle, pour Amaury Fremaux, président de Fremaux-Delorme, il devient « logique d'aller faire une partie de badminton à l'heure du déjeuner avec un salarié qui, visiblement, ne va pas bien ».

C'est pour lui la meilleure manière de comprendre la cause racine de son malaise. À 42 ans, Amaury Fremaux est l'un des plus jeunes dirigeants de notre panel. À l'inverse, la société qu'il préside est l'une des plus anciennes entreprises de textile en France. Créée en 1845, elle est plus connue sous les marques de linge de maison Yves Delorme, Olivier Desforges ou par les serviettes de bain fabriquées sous licence Kenzo ou Ralph Lauren… Le siège est à Haubourdin, dans la banlieue de Lille. Dans son environnement de bâtisses en briques, tout vient rappeler ce que furent en d'autres temps la révolution industrielle et les filatures textiles. La préoccupation du bien-être des salariés ne revêtait pas alors un caractère de priorité. On mesure le chemin parcouru…

Sens comme sensorialité : « Nous sommes dans une organisation où l'on dit beaucoup merci », souligne Mahasti Razavi, managing partner d'August Debouzy, l'un des cabinets d'avocats de forte notoriété dans la capitale. « Je considère, poursuit-elle, que mon travail vis-à-vis des collaborateurs est de leur organiser un cadre sécurisant. Je m'intéresse à autrui. Quand on est dans le partage, on peut aller très loin ; alors que les introversions et démarches solitaires sont sans allure. Autrui m'est cher et je sais aussi que l'on travaille mieux quand on se sait important. J'ai une priorité : éloigner la violence, ou devrais-je dire la frustration, qui s'immisce partout. Je prends soin en particulier des jeunes. Je leur fais comprendre qu'ils devront travailler beaucoup. Mais pour avoir frôlé le burn-out, je sais combien il est indispensable de se ménager du temps à soi. C'est cela qui permet du produire de l'intelligence. Il ne sert à rien d'avoir des collaborateurs desséchés à force d'avoir été pressurisés par leurs dossiers. Le jour où ils déjeunent avec un éventuel nouveau client, ils n'ont rien à leur dire, tant ils deviennent étrangers au monde. »

Sens comme sentiments : « *Are you a happy person ?* (Êtes-vous une personne heureuse ?) » avait demandé le fondateur de Vodafone à Pierre Bontemps au moment de le recruter. Devenu depuis vingt-deux ans le P.-D.G. propriétaire de l'opérateur téléphonique Coriolis Télécom, ce dernier en a fait depuis son viatique. « Pour mon interlocuteur, la question était fondamentale, se souvient-il, car de la réponse dépendait le développement harmonieux des collaborateurs et de la société. J'étais responsable de l'adhésion et de l'épanouissement de tous. Devant moi-même être heureux, je devais dispenser ce bonheur autour de moi. »

Procurer du bonheur aux collaborateurs ? C'est un rôle qu'assume pleinement Thomas Georgeon, directeur général de la Société de la Tour Eiffel, foncière cotée de bureaux : « La vie moderne a quasiment supprimé nos rites et rituels, observe-t-il. En famille, c'est de plus en plus rare, et nos politiques ne les provoquent plus. Il incombe désormais à l'entreprise de trouver pour ses collaborateurs des moments de transcendance. Pour ma part, j'y crois. »

Plus loin dans la conversation, il évoquera même l'« histoire d'amour » d'un collaborateur avec son entreprise, voire avec son dirigeant. Or, cette histoire d'amour, il importe qu'elle dure. Cela passe par de multiples manifestations d'estime, de reconnaissance.

Face au management à distance qui se profile, Patrick Errard estime qu'il faudra revenir à la séduction. « Il ne faudra mettre aux postes de dirigeants que des personnes qui ont une âme », explique-t-il. « Les recruteurs ont une responsabilité, car ils devront déceler ce supplément d'âme dans les CV. Pour ma part, il y a longtemps que je ne me fie plus aux simples dossiers. J'ai besoin de rencontrer le candidat, de converser avec lui sur ce qu'il est vraiment, au-delà de ce qu'il sait faire. Montrez-moi un beau curriculum, il ne m'inspirera guère. Mais présentez-moi une belle personne, alors oui, je prends. » Dans le même registre, Gérard Lopez, président de l'institut de sondage BVA, s'étonne et se navre du peu de cas qui est fait au potentiel d'empathie des candidats lors des entretiens de recrutement.

Pour donner une idée de la variété d'idées suggérées par ce petit mot de quatre lettres, voici une sélection de citations prononcées lors des interviews :

Trente phrases qui font sens

Auteur	**Entreprise & secteur**	**La phrase** **S : signification** **D : direction** **G : gratification**
Francis Kopp	Lenze Robotique	*S & D* : « Le **sens** est l'idée de base pérenne. Où on va ? Et pourquoi on fait ça ? Dès lors qu'on peut répondre à ces deux questions, on peut faire adhérer les équipes. Si l'on est clair sur ce que l'on attend, on est en droit de l'exiger, mais pas autrement. »
Hubert de Boisredon	Armor Solutions d'impression et nouvelles activités dans les énergies renouvelables	*S, D & G* : « Le leader est un apporteur de **sens**. » *G* : « Quand je vois le nombre de candidatures de jeunes extraordinaires de 30 à 35 ans, qui sont prêts à quitter Paris, à renoncer à leurs salaires, pour retrouver du **sens** et de l'harmonie, je suis frustré qu'Armor n'ait pas la capacité de pouvoir les accueillir tous. »
Pierrick de Ronne	Biocoop Distribution	*S, D & G* : « Si l'entreprise n'est pas en mesure de produire du **sens**, elle encourt le risque de ne plus attirer les talents. »

Auteur	Entreprise & secteur	La phrase S : signification D : direction G : gratification
Edward Arkwright	Aéroports de Paris (gestion d'infrastructures)	*S* : « Les nouvelles générations sont attentives au **sens**. Mais du moment que leurs intérêts sont alignés avec ceux de la direction générale, alors elles sont beaucoup plus rapides en exécution, plus efficaces. Grâce à elles, les poches de sous-productivité peuvent être éliminées. »
Mehdi Houas	Talan Conseil en transformation	*S & G* : « Nos collaborateurs cherchent un **sens** à leur vie, et pas seulement professionnelle. Le sens a toujours été le fil conducteur de Talan. Depuis la création, nous aidions nos consultants à réaliser leurs ambitions en favorisant l'entrepreneurship. Désormais, nous élargissons nos actions à un sens hors opérationnel. C'est ainsi que nous finançons des opérations de *street art* à Djerba. »
Pierre-Olivier Brial	Manutan Fourniture aux entreprises	*S & G* : « Nous devions changer notre modèle économique. Nous avons travaillé sur le **sens** en nous interrogeant : qui sommes-nous ? La réponse a donné notre slogan : "*All you need. With love*". »

Auteur	Entreprise & secteur	La phrase S : signification D : direction G : gratification
Anne Geisert	Miele Équipement ménager	*S & G* : « Désormais, les collaborateurs, en particulier les jeunes, réclament de comprendre et d'adhérer à ce qu'il leur est demandé de faire. Or, la preuve est faite que l'engagement conditionne la performance économique. Alors que longtemps, on a pensé que c'était l'inverse. À mon niveau, cela veut dire que je dois marier mon modèle économique, afin de parvenir à mon objectif de performance, avec **le sens** des valeurs sociétales réclamées par les jeunes, en particulier le respect de l'environnement et le bilan carbone. »
Ferréol Mayoly	Arval Services bancaires	*S & D* : « La dimension du **sens** est si importante qu'elle assigne une responsabilité inédite au dirigeant. Son rôle est fondamental pour indiquer clairement où l'on va. C'est un rôle nouveau qui fait que les pratiques du passé ne sont plus recevables. »

Auteur	Entreprise & secteur	La phrase S : signification D : direction G : gratification
Amaury Fremaux	Fremaux Delorme Textile	*D* : « Chaque collaborateur réclame de se sentir inclus. Il faut qu'il **sente** que son travail participe d'une stratégie collective. »
Hugues Le Bret	Compte Nickel Banque & fin tech	*S, D & G* : « Les convulsions qu'a connues la France depuis la fin de 2018 s'expliquent en grande partie par l'insuffisance de prise en compte, par ceux qui nous dirigent, de ce besoin de **sens.** Ce dernier implique d'être plus collaboratif avec les parties prenantes. »
Guillaume de Lavallade	Directeur général de Hub One	*S & D* : « Pour attirer les talents et les retenir, je dois pouvoir en permanence leur apporter une réponse à ces deux questions : quel **sens** a l'entreprise, quel **sens** a votre travail dans l'entreprise ? » *D :* « Le dirigeant doit montrer le chemin, mais sans se faire d'illusions sur la capacité de sa lanterne à éclairer ! »

Auteur	Entreprise & secteur	La phrase S : signification D : direction G : gratification
Pascal Nadobny	Addev Materials Fournitures à l'industrie	*S & G* : « Le besoin de **sens** a changé la frontière entre la vie professionnelle et personnelle. Désormais, il impacte le recrutement, la fidélité des collaborateurs à l'entreprise, l'évolution de carrière, l'ambition. »
Pierre Bontemps	Coriolis Télécoms	*G* : « D'ici à 2025, la demande de **sens** va réclamer davantage de tolérance, d'attention, d'amour. Le besoin d'attention est ressenti par tout le monde. »
Olivier Schiller	Septodont Matériel dentaire	*S* : « Donner du **sens** : c'est évidemment un impératif. Il demande beaucoup de volonté. Il requiert aussi que l'on s'en donne les moyens. »

Auteur	Entreprise & secteur	La phrase S : signification D : direction G : gratification
Thomas Georgeon	Compagnie de la Tour Eiffel Promotion immobilière	*G* : « Il y a huit ans, quand je parlais de bienveillance dans le management, je n'avais pas beaucoup d'échos. Quand je gagnais un gros projet, certains pensaient : "Forcément il a triché". C'est le monde de *Game of Thrones* appliqué aux affaires. Le mot, depuis, a été consacré, voire galvaudé, et c'est dommage. Mais une tendance lourde s'est installée. Vous verrez que dans dix ans, on parlera d'une dimension amoureuse dans le management. Cultiver la séduction réciproque, faire en sorte de la préserver, le plus longtemps possible. »
Antoine Meyer	Sumi Agro France Agro-Chimie	*S & D* : « Avec les équipes, nous avons dit en quoi et comment nous voulions contribuer au monde de demain ; puis nous avons défini quelle place nous souhaitions prendre dans ce nouveau monde ; enfin, nous avons décrit la route que nous souhaitions prendre. Trois pistes ont émergé : la fidélité à nos racines japonaises, l'innovation et la cocréation. »

Auteur	Entreprise & secteur	La phrase S : signification D : direction G : gratification
Rolf Heinz	Prisma Media Presse	*S & G* : « Je crois au management par l'émotion. Une équipe épanouie au quotidien est plus créative. C'est un gage de performance, qui elle-même est la clé du succès. Des choix stratégiques naîtront de cette forme de management. Par ailleurs, n'oublions pas que l'homme n'est pas fait pour l'entreprise. C'est l'inverse. »
Pascal Portelli	Delta Dore Maison connectée	*S & D* : « Notre raison d'être, c'est d'assurer la transition énergétique. Ma première préoccupation, c'est de donner du **sens** à mes collaborateurs. Parmi nos valeurs fortes, il y a celle d'avoir gardé toutes nos usines en France. *Ex post*, le choix s'est révélé bon. Cela avait un **sens** économique. Nous nous sommes organisés pour être compétitifs et créateurs de valeur ainsi. »

Auteur	**Entreprise & secteur**	**La phrase** **S : signification** **D : direction** **G : gratification**
Laurent Germain	Segula Technologies Externalisation des R&D	*S & G* : « Il faut inciter l'équipe à se dépasser, à lui dire : on revient dans le peloton et après, on accélère. C'est comme cela que l'on peut rendre accessibles des objectifs inatteignables. Quand l'objectif est atteint, tout le monde bénéficie alors d'un effet de levier. Pour les collaborateurs, il y a notamment cette fierté de pouvoir dire : je conçois le train du futur, j'aide à faire naître des moyens de transport propres. »
Mahasti Razavi,	August Debouzy Avocats	*D & G* : « Où voulons-nous aller ? Éviter le low cost et la commoditisation des professions du droit. Dans ce cadre, mon rôle de dirigeant est d'organiser un cadre sécurisant pour les avocats, avec une attention particulière envers les jeunes. Je m'intéresse à autrui. Autrui m'est cher. »

Auteur	Entreprise & secteur	La phrase S : signification D : direction G : gratification
Paul-Marie Chavanne	GeoPost Messageries	*S & D* : « Le premier rôle d'un dirigeant est de permettre à chacun de comprendre le **sens** de son action, de pouvoir l'insérer dans une action collective plus large, d'être capable de la mettre en rapport avec la mission de l'entreprise. » *G* : « Les millenials me ravissent. Ils veulent de la liberté, du **sens**, de la raison d'être. »
Édouard Fourcade	Anaplan Applications numériques	*S, D & G* : « Le **sens** d'une entreprise, dans sa finalité, est finalement de produire de la richesse humaine et sociale. »
François Guérin	Cetih Équipements de la maison	*S& D* : « Plus le monde est flou et incertain, plus il faut apporter un **sens** et un éclairage. »
Fanny Letier	GENEO Capital entrepreneur	*S, D & G* : « Le vrai leader est celui qui voit loin, plus loin qu'une vie d'homme ; et sait embarquer ses équipes dans cette vision. Notre problème en France, c'est de ne pas s'autoriser le rêve. Il est souvent cassé, précisément par ceux qui ne savent pas rêver. Parce qu'ils ont peur. »

Auteur	**Entreprise & secteur**	**La phrase S : signification D : direction G : gratification**
Emmanuel Vasseneix	Laiterie de Saint-Denis-de-l'Hôtel Agro-alimentaire	*S* : « En créant la brique de lait *C'est qui le patron ?,* nous avons reconnu le travail des producteurs en leur garantissant un revenu correct. Nous avons co-construit le produit avec les consommateurs. Nous avons obtenu la collaboration des distributeurs. Ainsi, chacun a retrouvé le **sens** de ses actions. » *S, D & G* : « Les collaborateurs attendent de moi que je leur donne le cap. Mon travail est de faire en sorte de rendre les choses possibles, et de donner l'envie aux salariés de croire au projet. Pour cela, je dois identifier le domaine d'excellence et d'expertise de chacun d'entre eux. Ainsi, ils retrouvent le **sens** de ce qu'ils font. »

Auteur	Entreprise & secteur	La phrase S : signification D : direction G : gratification
Alexandre Eruimy	PrestaShop Services de e-commerce	*S & G* : « Il faut toujours expliquer le pourquoi, le quoi, le comment. Le **sens** est indispensable, car lui seul permet d'accéder à l'étape ultime : l'acceptation de la différence et de la diversité. Il faut repenser l'entreprise à l'aune de ces deux valeurs qui sont à la fois une chance et une partie de sa raison d'être. »
Gérard Lopez	BVA Enquêtes d'opinion Fourniture et analyse de data	*D & G* : « La difficulté commune des entreprises est de se trouver un chemin. Nous sommes tous à tâtons pour passer au XXIe siècle. Dans les organisations de travail, nous devons apprendre à multiplier les libertés individuelles, à fabriquer de la reconnaissance. »
Guy Sidos	Vicat Ciments	*S* : « la raison d'être de notre activité est d'assurer un logement digne à tous les habitants de la planète. Nos efforts de quête de **sens** font que des talents frappent à notre porte. » *G* : « Le béton parle aux **sens**. »

Auteur	**Entreprise & secteur**	**La phrase** **S : signification** **D : direction** **G : gratification**
Patrick Errard	Astellas Pharmacie	*S, D & G* : « Les process n'ont plus de **sens**. Il faut en redonner aux collaborateurs. Pour le leader, cela passe par une qualité humaine : l'abnégation. »
Daniel Weizmann	VWR Fournitures aux laboratoires	*D* : « Tout ce qu'un collaborateur attend, c'est qu'on lui donne de la vision. C'est ça le **sens** pour moi. »
Laurent Zeller	Nielsen Conseil aux entreprises	*G* : « Le **sens** du métier de dirigeant à l'avenir sera d'assurer la qualité de vie, d'être psychologue, et de prendre en compte la porosité entre la vie professionnelle et personnelle. »

*
* *

Amour, séduction : le nouveau leadership emprunte décidément des sentiers inattendus sur la carte du tendre ! Ce constat s'est révélé d'autant plus marquant que nos premières rencontres avaient débuté au printemps 2019. À l'époque, en arrière-plan de l'actualité, se déroulait le procès France Telecom[1]. Il venait rappeler que la déstabilisation, voire la terreur avaient pu être préconisées dans les années 1990 comme un bon système de gestion des relations humaines. Si

1. Il s'est achevé fin décembre 2019 par une décision qui fera jurisprudence, car elle consacre le délit pénal de harcèlement.

nous cherchions une mutation profonde dans le management, d'emblée nous la tenions ! Le bonheur au travail serait-il enfin à portée de main ? Malheureusement, la réalité n'est pas aussi simple.

Certes, les esprits ont changé. Tout comme la loi : « Qui aurait parlé de risques psycho-sociaux voilà seulement quelques années ? » s'interroge un dirigeant anonyme, qui observe en parallèle des changements comportementaux. « Ce qui est aussi nouveau dans la forme, précise-t-il, c'est le ton. Il faut être bienveillant. Les gens l'attendent, il faut vraiment être gant de velours. Il faut savoir remercier. C'est une tendance lourde parce que les jeunes générations sont nées avec ces valeurs et ces comportements. Il faut y aller aussi parce que pèse l'engagement survey. Ma maison-mère allemande ne peut pas se permettre une sale réputation comme celle que traînent certains grands groupes français. »

Et puis, il est vrai que nécessité fait loi : selon Pascal Nadobny, la considération est la seule façon de faire venir les talents, de les retenir et de lutter contre le redoutable séducteur dénommé LinkedIn. Il faut soigner sa marque employeur. La chasse aux talents bat son plein. Le dirigeant résume l'enjeu en un chiffre : les personnes à recruter sont 20 à 30 % plus chères que celles qui viennent de partir. C'est dire l'importance de savoir autant retenir qu'attirer. Cela passe par la valeur du projet proposé, la reconnaissance, la capacité à grandir, et aussi par des attentions et des signes de déférence qui, hier encore, n'auraient pas été imaginables.

Par exemple, lorsqu'ils procèdent à des opérations de croissance externe, Guillaume de Lavallade, chez Hub One, et Laurent Zeller, chez Nielsen, se gardent bien de toucher à la culture de l'entreprise rachetée. Au contraire, ils sanctuarisent le cadre de travail. Il s'agit pour eux d'éviter de provoquer des hémorragies de talents. Ils ne veulent pas courir le risque d'avoir acheté une coquille vidée de sa substance. Alors, ils se font les plus discrets possible. Ils font tout pour préserver l'autonomie de leurs nouveaux collaborateurs.

Ils se montrent également proactifs en matière de bien-être au travail. Cetih, dans son usine de Roanne, a installé un espace de repos et de convivialité. Au siège de Porsche France, la décoration ressemble davantage au club house d'une bande de passionnés d'automobile de sport qu'aux bureaux directoriaux d'une entreprise industrielle lambda.

Dans ce registre de la considération, Emmanuel Vasseneix (Laiterie de Saint-Denis-de-l'Hôtel) a fait construire une maison des routiers sur le site de conditionnement du lait et des jus de fruit. Aucun modèle économique ne justifiait *a priori* cet investissement. Il y avait simplement la volonté de respecter un maillon essentiel de la chaîne logistique. Car sans chauffeurs, les produits ne sont pas installés dans les rayons des grandes surfaces. En réalité, les bienfaits collatéraux n'ont pas tardé à émerger : d'une part, LSDH ne rencontre plus de difficultés pour recruter des chauffeurs, puisque les professionnels se savent reconnus dans cette entreprise. Quant à ceux qui conduisent les camions des fournisseurs ou des clients, ils se montrent beaucoup plus respectueux de leur cargaison. Mais ce constat est apparu après coup. Au départ, il ne s'agissait que de manifester de l'attention à une catégorie de travailleurs souvent oubliés. En tous les cas, comme on le voit, les dirigeants s'adaptent aux desiderata des salariés, alors que pendant des années, ce fut exactement l'inverse !

LE DUR RAPPEL DU PRINCIPE DE RÉALITÉ

Pour autant, si la considération et la reconnaissance ont accédé au rang de vertus cardinales, elles ne constituent pas encore la solution ultime. À l'horizon de la prochaine décennie, elles ne peuvent pas, à elles seules, prétendre résoudre toutes les problématiques de management. Trois phénomènes inédits sont apparus au cours des entretiens, qui viennent confronter ces qualités au dur principe de réalité.

En premier lieu, la fidélité n'est pas systématiquement réciproque. C'est ce que souligne Daniel Weizmann, président pour la

France de VWR, leader de la fourniture de laboratoires aux industries pharmaceutiques. « La préoccupation relationnelle, je l'entends bien, note-t-il. Pour moi, cela n'a pas changé. J'ai toujours considéré que l'actif d'une entreprise, c'était l'humain. Cependant, objecte-t-il, le temps est révolu où l'on venait dans une entreprise pour le charisme du gourou qui la présidait. Je pense à l'époque de General Electric ou de Rank Xerox. Désormais, un collaborateur peut dire : je n'adhère pas à la vision que vous me proposez. »

En d'autres termes, pour danser la valse, il faut être deux. L'attachement manifesté par le recruteur ou le dirigeant n'est pas forcément partagé. Chez Talan, Mehdi Houas confirme ce phénomène particulièrement flagrant chez les jeunes. (C'est pour cela, en particulier, que le chapitre 5 est entièrement consacré aux générations dites « Y » ou milleniums, et à celle qui la suit, la « Z »). Une réalité doit être désormais prise en compte : les jeunes sont capables de partir à n'importe quel moment. « Il n'y a pas (ou plus) d'amour fou chez eux, poursuit le P.-D.G. de Talan. Ils veulent avant tout rencontrer de belles histoires. À nous de maintenir le lien, de capitaliser sur ceux qui s'en vont, puis reviennent. » Il est vrai que la conjoncture les aide. Les talents sont chassés par les entreprises. Dont acte. Mais pour tirer tous les enseignements de leurs choix de carrière, Talan demande aux démissionnaires, quand ils annoncent leur départ, de répondre à un questionnaire de motivation, qui permet de corriger, au besoin, des erreurs de management des personnes.

Le deuxième point d'achoppement réside dans la grande différence entre le vouloir et le pouvoir. Là encore, c'est Daniel Weizmann qui pointe le dilemme, entre ceux qui peuvent, et ceux qui ne peuvent vraiment pas, suivre le rythme pris désormais par les entreprises. « Je redoute que nous ne produisions une génération de sacrifiés de la technologie », résume-t-il.

Pascal Nadobny partage la même inquiétude, mais il ne la situe pas uniquement en termes de classes d'âge. Les sacrifiés selon lui peuvent être de jeunes personnes laissées pour compte de la formation. Souvent, ils ont le tort d'habiter dans des territoires perdus de la République, ou dans les déserts numériques de certains départements isolés.

Plusieurs dirigeants ont pointé un danger connexe, lié à l'inondation de notre quotidien par le numérique : quantité de personnes sont menacées par la perte de l'utilité de leur travail, avec les conséquences physiologiques et morales qui s'ensuivent. Car il n'y a pas que le burn-out. Il lui faut adjoindre le bore-out (craquer de n'avoir rien à faire). Et maintenant, le brown-out a été identifié. C'est la pathologie liée au constat de ne plus trouver de sens à son travail.

Ce motif d'inquiétude doit être pris d'autant plus au sérieux que, poursuit Daniel Weizmann, « l'accélération n'est pas finie. Avec la digitalisation, on n'a pas tout vu. À dix ans, je m'attends à une casse sociale dans un nombre important de fonctions. Je pense aux RH, à la finance, à la relation clients. »

Édouard Fourcade va encore plus loin. Au moment de notre entretien, il était directeur général d'Anaplan, spécialiste de la planification connectée. Alors que nous évoquions des menaces de disparitions de certains métiers ou entreprises, lui englobait carrément toutes les activités économiques dans son scénario du futur : « Vous voulez savoir ce que sera le monde économique dans dix ans ? Essayez d'imaginer ce que pourra donner la 5G, alors que nous n'en sommes qu'à ses tout débuts. À l'aune des bouleversements déjà engendrés par l'essor récent de l'intelligence artificielle, les ruptures seront encore plus spectaculaires. Dès lors, il est permis de s'interroger : est-ce que ce n'est pas le propre de tout secteur d'être désormais menacé de disparition ? Même les métiers d'art s'inclineront peut-être devant les performances de l'imprimante 3D ! »

Enfin, troisième facteur de relativisation de la bienveillance : si le changement de rythme essouffle certains, il en favorise d'autres. Un turbo peut être installé à la carrière de certains, des jeunes en particulier, qui ont biberonné au numérique depuis qu'ils savent marcher. Laurent Germain, alors chez Segula Technologies, ne cache pas qu'il aime s'appuyer sur ce vivier. Tout en s'efforçant, précise-t-il, de prendre appui en parallèle sur la mémoire et l'expertise des plus anciens du groupe.

Il n'empêche, le risque est réel que des promotions rapides soient perçues comme des injustices. Surtout, si en parallèle, la politique salariale évolue et privilégie l'individualisation afin de récompenser les compétences. Edward Arkwright, directeur général exécutif d'ADP (Aéroports de Paris) assume ce choix. Il est vrai que l'entreprise est l'héritière d'une longue histoire dans le giron de l'État.

Comme dans tout le secteur public, la grille indiciaire y a longtemps constitué la référence. À l'intérieur de cette dernière, chacun évoluait de façon assez régulière. Pour attirer des talents internationaux, notamment dans la génération de la relève, il fallait briser ce dogme.

Il n'en demeure pas moins que de tels changements ne s'opèrent pas sans secousse. Des quinquas peuvent être amers. Ils avaient cru au message officiel selon lequel la patience finit par être récompensée. Et ils se voient coiffer sur le poteau par des moins de 30 ans !

Nouveaux défis, nouvelles contradictions

La valeur n'attend certes pas le nombre des années. Si la jeune personne est compétente, le choix ne se discute pas sur le fond. Mais si la nomination est mal annoncée dans sa forme, toute la nécessaire considération évoquée plus haut se trouve mise à mal.

Il y a là une contradiction, que tout dirigeant devra savoir gérer, car il sera conduit à la rencontrer. Tout comme il devra en affronter bien d'autres, car plusieurs cas comparables d'injonctions paradoxales sont apparus au fil des échanges.

La conciliation de ces contraires sera l'un des défis majeurs pour les dirigeants d'ici à 2025. Leur bonne gestion figure parmi les douze nouveaux travaux d'Hercule que nous développerons dans le chapitre 3.

Mais avant de les présenter, un premier constat s'impose. Le monde a changé ces dernières années, plus vite et plus profondément qu'il ne l'avait fait durant les cent années précédentes. Le XXe siècle avait pourtant déjà été bien riche en ruptures et en révolutions. Cependant, depuis le début des années 2000, non seulement ces cassures se poursuivent, mais ce qui les caractérise, c'est l'accélération de leur fréquence.

La vitesse peut être redoutée ou au contraire accueillie dans l'enthousiasme. Elle suscite en tout cas des interrogations : sur son amplification, sa pérennité, sa stabilisation. Et pendant que ces questions restent sans réponses, le monde économique se met à ressembler à la météo : il devient erratique et déréglé. Pour le comprendre dans sa globalité, il faut additionner sans cesse des éléments de connaissance *a priori* disparates. La théorie de la complexité, chère à Edgar Morin, devient le bréviaire quotidien des dirigeants.

La variété des facteurs de ruptures énumérés par nos interlocuteurs en atteste. Chacun a fait part des révolutions qui ont transformé spécifiquement son métier ou son secteur. Nous allons les passer en revue dans le chapitre qui suit. Nul doute que tout le monde se reconnaîtra dans l'un ou l'autre des témoignages. Voire dans leur totalité ! Car c'est le nouveau paysage du monde des affaires qui a ainsi été décrit, touche par touche, celui dans lequel les dirigeants doivent désormais se mouvoir et pour lequel ils sont contraints d'adapter leurs méthodes de management. Elles sont détaillées dans les chapitres 4 et suivants.

La raison d'être, une source durable de création de valeurs

Quête de sens, RSE, entreprises à mission : toutes ces notions convergent vers l'émergence d'une valeur plus extensive et désormais cruciale. C'est la raison d'être. Elle a certes été consacrée par la loi PACTE. Mais les entrepreneurs et les salariés n'avaient pas attendu ce texte pour s'en emparer. Une évolution des esprits est désormais flagrante. Si la création de valeur a été portée au pinacle aux heures fastes de l'économie financière, elle doit maintenant céder le pas à… la création de valeurs. Le passage au pluriel change tout. Ces valeurs sont humanistes, fondées sur l'altérité, le respect d'un intérêt général, supérieur à l'addition des intérêts particuliers. Non pas que la finalité de l'entreprise ait changé, elle doit toujours être performante. C'est ainsi qu'elle garantit sa pérennité, tout en assurant, au passage, les salaires à la fin de chaque mois. Mais les moyens pour y parvenir sont autres désormais. Un signe ne trompe pas. C'est le succès recueilli auprès de plusieurs de nos dirigeants interviewés par le livre du directeur général de la MAIF, Pascal Demurger : *L'entreprise du XXIe siècle sera politique ou ne sera plus*[1].

Sa parution s'inscrit dans une tendance illustrée aussi par le livre d'Isaac Getz et Laurent Marbacher : *L'entreprise altruiste : s'enrichir en donnant tout*[2].

Concernant la MAIF, elle veut devenir la première grande entreprise à mission. À cette fin, elle a rédigé ainsi sa profession de foi : « Convaincus que seule une attention sincère portée à l'autre et au monde permet de garantir un réel mieux commun, nous la plaçons au cœur de chacun de nos engagements et de chacune de nos actions. »

Cela peut donner à certains dirigeants l'impression d'un angélisme naïf ? Que ces derniers réfléchissent à leurs difficultés actuelles pour recruter des jeunes. Un grand groupe du

1. Éditions de l'Aube (préface de Nicolas Hulot).
2. Éditions Albin Michel.

CAC 40 avait été surpris en 2019 de ne recevoir aucune demande de stage de la part des étudiants de Sciences Po. En 2020, ce sont les polytechniciens qui refusent de venir y travailler. Comme le disent plusieurs de nos grands témoins : « qui, de nos jours, a envie de travailler pour une entreprise stigmatisée ? »

Chez Biocoop, le difficile équilibre entre affaire de sens et sens des affaires

Certaines entreprises cherchent du sens, d'autres en trouvent presque trop, comme chez Biocoop. La signification de ce qu'ils font, les salariés la connaissent bien, puisque c'est précisément la raison pour laquelle ils ont postulé. S'ils ont voulu travailler dans l'un des magasins de la chaîne coopérative, c'est parce qu'ils sont engagés dans une démarche militante : en faveur de la santé, de l'alimentation responsable, de la sauvegarde de nos ressources naturelles. D'aucuns consentent des sacrifices de salaires pour trouver ce qui leur manque ailleurs : un sentiment d'utilité. Mais pour le coup, certains collaborateurs oublient qu'ils ont aussi (voire d'abord) été embauchés pour être caissiers, chefs de rayons, manutentionnaires… Le métier est le même chez Biocoop ou un autre distributeur. Le sens ne doit pas faire oublier le besoin d'être dans l'efficacité.

D'autres développent une frustration qui s'exprime de manière inattendue. Ils souffrent de ne pas être suffisamment reconnus dans leurs efforts citoyens.

Du fait de la mission qu'elle s'est donnée, Biocoop n'est assurément pas une entreprise comme les autres. Pourtant, chaque fin de mois, elle le redevient, lorsqu'elle doit honorer les salaires et les factures des fournisseurs.

Le jeune président du mouvement coopératif, Pierrick de Ronne, est bien conscient de l'étroitesse du chenal dans lequel il doit naviguer, entre ces deux écueils de chaque côté. Il le sait d'autant mieux que lui-même possède trois magasins dans la région d'Annonay, en Ardèche. Il a vécu personnellement des situations compliquées.

Une nouvelle concurrence locale imprévue impactait son activité. Des efforts étaient nécessaires pour maintenir le chiffre d'affaires. Cela passait par un recentrage sur l'activité commerciale de base et donc une moindre disponibilité de temps pour le développement du projet de Biocoop. Deux salariés ont préféré quitter l'entreprise.
La morale de cette histoire ? Quelle que soit la façon d'aborder le problème, ce dernier est le même pour tout le monde : comment trouver l'alignement des planètes entre la satisfaction des clients, des salariés, des fournisseurs, des actionnaires et de l'environnement spécifique à chaque entreprise.

Après le burn-out et le bore-out, voici le brown-out

Trop de travail, c'est le burn-out ; mourir d'ennui, c'est le bore-out. Une troisième pathologie prend la forme de brown-out. C'est le mal dont souffre le collaborateur qui ne perçoit plus le sens de son travail.

En 2015, le journaliste et coach Michael E. Kibler parle pour la première fois « d'*executive brown-out* ». Il désigne par là le désengagement progressif constaté chez les cadres supérieurs surchargés. Au sens propre, le « brown-out » est une baisse de tension électrique. Alors que le burn-out se manifeste par un effondrement soudain, le brown-out s'inscrit dans la durée, ce qui le rend moins visible : petit à petit, le salarié se dévitalise. Un surinvestissement professionnel peut déboucher sur l'épuisement ou la déception. En outre, un sentiment d'absurdité peut être éprouvé par certains employés face au décalage entre leurs valeurs personnelles et leur activité.

(source : Philonomist *: « Quand le travail sous tension nous expose à la panne »)*

Ce qu'il faut retenir

L'impératif commun à tous les dirigeants : donner du sens dans les tous les sens :

Direction : où on va ?

Signification : pourquoi on y va ?

Gratification : la satisfaction que cela procurera d'aller là où on va.

Chapitre 2.
Sept révolutions simultanées

The Black Swan (Le Cygne noir) ou « La puissance de l'imprévisible ». En 2007, avant l'explosion de la crise des *subprimes*, les traders de Wall Street n'avaient qu'un livre de chevet. C'était cet ouvrage de littérature philosophique écrit par l'essayiste, philosophe, statisticien et épistémologue Nassim Nicholas Taleb. L'auteur, américain d'origine égyptienne, passait en revue les événements imprévisibles qui impactent durablement l'économie.

Il est vrai que depuis le début du XXIe siècle, on n'en finit pas d'énumérer les attentats terroristes, les guerres, les catastrophes naturelles, les épidémies, les tsunamis, les incendies et autres tremblements de terre qui ont provoqué un stress à l'échelle de la planète.

Ils ont créé un mouvement continu de houle de grande ampleur. Mais ces vagues se trouvent elles-mêmes percutées par des lames qui leur arrivent par le travers : ce sont les tendances lourdes, comme l'invasion de notre vie quotidienne par le digital, les nouvelles aspirations des jeunes générations, la préoccupation environnementale, les attentes inédites des salariés…

« Tout cela crée du clapot », commente sobrement Édouard Fourcade. Il se rappelle combien la lecture de l'essai, à la fois philosophique et financier, l'avait marqué lors de sa parution. Le rapprochement du choc des événements avec la forme des éléments marins lui a été inspiré par sa longue pratique de la plongée extrême. Dans cette passion, il puise le calme et le recul nécessaires, selon lui, à l'attitude que tout collaborateur est en droit d'attendre de son dirigeant.

Le « clapot » est de fait un joli euphémisme pour synthétiser la trilogie de ruptures qui ont émergé des témoignages. Elles sont, dans un ordre très rapproché, la quête de sens évoquée au premier chapitre, la révolution de l'intelligence artificielle et la préoccupation environnementale. Arrivent ensuite, dans le même peloton, l'incertitude géopolitique, l'internationalisation des marchés – avec les conséquences qu'elle engendre sur les nouvelles compétences réclamées aux dirigeants – et la multiplication de concurrences imprévues. Et puis, chacun selon son métier, a pu observer de nouvelles attitudes sociétales. Elles ont affecté la nature des produits et des services, mais aussi la façon de travailler au quotidien et par voie de conséquence, la physionomie des organigrammes.

En définitive, toutes les entreprises sont impactées par ces mutations, chacune à un degré différent. Car s'il est un point sur lequel convergent tous nos interviewés, c'est bien celui qu'aucune entreprise, quelle que soit sa taille, son secteur, son lieu d'implantation, ne peut se prétendre à l'abri des révolutions actuelles ou à venir, et notamment, de celles énumérées ci-dessous.

La vague submergeante de l'intelligence artificielle

« Elle n'est pas si intelligente, mais elle est tout ce qu'il y a de plus réel : c'est l'intelligence artificielle. » L'expression est d'Hugues Le Bret, président fondateur de compte Nickel (qui rend le compte bancaire accessible à tous, en particulier aux plus démunis). Ce dernier la place en tête des mutations qui ont récemment bouleversé la planète, tout comme Patrick Errard (Astellas). Mais une quinzaine d'autres dirigeants ont aussi évoqué les innovations connexes comme les plateformes, la data, la 5G, la robotisation, et surtout, l'imbrication de ces inventions.

Tous ces mots ne sont pourtant pas synonymes. Ils ne traduisent pas des réalités identiques. C'est là d'ailleurs l'une des difficultés liées à cette mutation majeure. Comme l'explique Paul-Marie Chavanne, ex-président de GeoPost, la filiale messagerie de la Poste, « pour bien répondre au monde qui vient, il faut comprendre la nature de la transformation. Une plateforme, par exemple, qu'est-ce que c'est ? Qu'entendent par-là les gens qui emploient le terme ? » Pour lui, la phase préalable d'apprentissage des concepts est indispensable : « Ce n'est qu'une fois que l'on maîtrise les notions que l'on peut prendre appui sur la vague pour s'ouvrir à de nouveaux marchés. »

Pour en rester spécifiquement à l'IA, ce qui la rend révolutionnaire aux yeux d'Hugues Le Bret réside dans « la combinaison de trois facteurs qui interagissent et produisent des effets multiplicateurs. C'est la bande passante, la puissance de calcul et la reconnaissance des formes ».

« La bande passante permet au citoyen d'accéder à des quantités innombrables de contenus. La puissance de calcul, associée à la reconnaissance des formes, donne accès à des outils de plus en plus fiables. Je pense aux logiciels de traduction : ils commettent de moins en moins d'erreurs. Ils sont de plus en plus fidèles à la pensée du locuteur. Je pense aussi aux informations en direct sur l'état de la circulation. »

« Et puis, en versant sombre, il y a ces caméras de rue en Chine, où aujourd'hui déjà 200 millions de personnes sont scorées en fonction de leurs comportements. Si elles sont jugées conformes, elles ont droit aux aides sociales. Au moindre écart, elles perdent des points, jusqu'à se faire exclure de la société (éducation, passeport, transports). Ces révolutions dynamisent l'intelligence collective. En même temps, chaque individu devient producteur d'informations ».

De ce fait, nous tous, en tant qu'utilisateurs, devenons simultanément acteurs de l'essor de l'intelligence artificielle.

Cette auto-alimentation apparaît aussi comme le phénomène le plus frappant aux yeux de Patrick Errard (Astellas). Selon lui, « la révolution de l'IA est la mutation la plus extra-ordinaire (NdA : c'est ainsi qu'il prononce le mot, pour montrer à quel point l'événement est fort) depuis l'invention de l'automobile. (…) Elle supplante toutes les autres mutations. D'autant que la montée en puissance est exponentielle du fait de la nature même de l'IA. La croissance est autoalimentée. Processeur + data = autoalimentation. »

« Le problème, poursuit-il, c'est que je suis incapable de dire si cette innovation est un progrès. Longtemps, les deux mots étaient liés, voire synonymes. Là, je ne sais pas. Elle impacte les métiers. Elle permet à chacun de faire le métier de l'autre. Dès lors, les professions se retrouvent ubérisées. Je prédis de beaux jours à la sous-traitance, puisque quantité de tâches vont pouvoir être déléguées. Les conséquences vont aussi se voir au niveau de la mobilité dès lors que techniquement, le télétravail va être encouragé. Mais humainement, elle va instaurer une distance dans la relation. » En outre, les activités robotisées seront de plus en plus efficientes. « Elles assistent déjà la main du chirurgien, poursuit le dirigeant, qui n'oublie pas qu'il fut d'abord interne des hôpitaux. De ce fait, l'intelligence humaine va devoir se déplacer vers d'autres activités. »

Mais elle devra le faire avec célérité. Car l'onde de choc de l'IA traverse instantanément toutes les activités de l'économie. Il suffit, par exemple, qu'elle entre dans le circuit global de l'économie mondiale par le biais de la vente à distance, et aussitôt, c'est toute la supply chain qui en sort métamorphosée : les entrepôts prennent des dimensions gigantesques, les chariots élévateurs sont forcément des robots. L'opérateur prend une nouvelle dimension grâce aux exosquelettes. Quel que soit le point d'accroche, un effet d'enchaînement est systématiquement observé.

Ainsi, sur les lignes de production, l'imbrication de la robotisation et de l'intelligence artificielle a engendré une nouvelle révolution industrielle. « La rupture technologique la plus importante est pour moi l'installation de l'IA sur les produits basiques », commente un acteur de l'industrie lourde, parmi nos interlocuteurs qui ont souhaité rester anonymes. « Couplée à la généralisation des puces RFID, poursuit-il, elle aboutit à ce phénomène inédit que les pannes se règlent à distance, ou bien que l'on peut intervenir sur la machine sans l'arrêter, ou encore, que l'on est dans le prédictif, autant de réalités qui étaient inconnues il y a encore peu de temps. »

Le prédictif est en effet désormais le maître-mot. Il est illustré d'une autre manière dans l'usine de fabrication de motoréducteurs de Lenze à Béthune (Pas-de-Calais). Comme l'explique son gérant Francis Kopp, « grâce à la récolte de données, nous pouvons anticiper les soucis susceptibles de survenir sur les machines. Nous avons de moins en moins besoin de les arrêter, car nous pouvons soigner en route les incidents. De même, nous ne pratiquons la maintenance que lorsqu'elle devient vraiment nécessaire. Résultat, les gains de productivité sont tels que nous n'avons pas besoin d'accroître la taille de nos installations. L'usine avait été initialement conçue pour construire en pleine charge 50 000 auto-réducteurs. Nous en sommes actuellement à 100 000 ! »

Pour évoquer cette réalité nouvelle de l'efficience démultipliée, Edward Arkwright, chez Aéroports de Paris, parle de « dilatation des infrastructures ». Quand l'espace physique est limité, explique-t-il, le digital est un élément majeur pour pallier cette contrainte. À périmètre inchangé, il rend possible une montée en puissance de la performance opérationnelle : « Grâce à lui, on accueille plus de passagers et mieux, sur la même superficie. »

Toujours dans la mouvance de l'IA, le numérique a aussi changé le paysage de la manutention et du transport. Il est venu amplifier le mouvement déjà enclenché d'automatisation. Depuis Vélizy dans les Yvelines, Alexander Abé assure la vice-présidence de Jungheinrich pour l'Europe de l'Ouest et l'Afrique. Le groupe est l'un des leaders européens des chariots élévateurs et des systèmes de stockage automatisé. Il décrit les ruptures qui ont affecté son secteur et il en explique les raisons. Mais, comme nous allons le voir, les raisons qu'il avance sont universelles. Chacun dans son secteur s'y reconnaîtra.

Ainsi, quand il évoque la nécessité de réduire la main-d'œuvre, la réalité décrite est transversale à toute l'industrie. Il y a l'aspect économique : « Le coût d'un cariste est dix fois plus élevé que celui d'un chariot » ; mais aussi le versant social : « Il est de plus en plus difficile de trouver une main-d'œuvre qualifiée. » À cela viennent se greffer les considérations de législation sur l'ergonomie, la pénibilité, la maladie, les accidents du travail, la productivité (quand il faut tenir sept heures ou huit heures). « C'est pour cela que sur les camions de chargement, on voit de plus en plus de chariots électriques », explique le spécialiste du secteur. « Ils n'existaient pas auparavant. C'est le double effet de la contrainte économique et de la législation sociale. »

En réalité, partout, tout concourt à l'automatisation. Le phénomène est amplifié par la digitalisation. Et c'est sur ce terreau déjà fertile que commencent à pousser les germes de l'IA. Chez Septodont, leader des solutions pour effacer la douleur chez les dentistes, Oliver Schiller se prépare à l'impact de la combinaison de cinq technologies : la data, les biotech, l'IA, l'imprimante 3D, et la réalité virtuelle… « Tout va s'accélérer », se résout-il, mais à quel rythme ?

La révolution numérique étant universelle, elle impacte aussi naturellement l'univers des services. Paul-Marie Chavanne y voit une chance : « Nous vivons l'avènement de la taylorisation dans le monde des services. Un gisement d'améliorations peut en être attendu. Au quotidien, si l'on compte les sous-traitants, 120 000 personnes travaillent pour GeoPost. La data nous donne une norme plus précise de ce que nous faisons à tous les instants sur le terrain. »

Attention ! Nulle arrière-pensée de surveillance dans ses propos. Ce qu'il entrevoit, c'est l'ébauche d'une bonne réponse à ce qui est pour lui « la seule vraie question que doit se poser tout patron : comment capter le client ? » Cela suppose de savoir d'abord qui il est. Or, en l'occurrence, pour la filiale messageries de La Poste, c'est principalement le e-marchand. Quand on a pour interlocuteur cet enfant naturel de la révolution numérique, il est effectivement recommandé de parler couramment son langage et de maîtriser ses outils.

L'irruption du e-commerce a de fait périmé le modèle économique de bon nombre d'entreprises de services. Mais il s'est souvent produit un certain délai avant que l'ampleur de la disruption ne soit mesurée dans toutes ses dimensions. Nombre d'acteurs ont tardé à comprendre que l'avènement du numérique signifiait bien davantage que la simple mise en ligne d'un catalogue papier. En réalité, tout a changé, à commencer par le client, devenu parfois aussi expert que le vendeur qui lui débitait jusque-là des kilomètres de spécifications techniques. Le mode de distribution, ensuite, a été bouleversé par les arrivées successives des sites de vente. Ces nouveaux entrants ont périmé la règle du jeu qui prévalait jusque-là. « Quand vous êtes référencé sur Google, vous connaissez instantanément un pic de ventes comme vous n'en avez jamais vécu jusque-là », témoigne Pierre-Olivier Brial (Manutan). Mais quand vous cessez de l'être, plus dure est la chute.

Alors, la recette du maintien dans la course passe par une phase intermédiaire nouvelle, que les Américains appellent *« the user experience »*, pour décrire ce qu'en français on appelle « l'expérience client ». C'est une somme d'attentions pour maintenir l'acheteur en haleine entre deux acquisitions. Idéalement, il faut le séduire chaque jour, voire plusieurs fois dans la journée, même s'il est *a priori* rassasié.

Pour Porsche France, par exemple, cette stratégie se traduit par une application destinée à entretenir le sentiment d'appartenance à la communauté des Porschistes. Comme le but est qu'il soit consulté chaque jour, cela suppose que son contenu soit renouvelé souvent.

L'expérience client se traduit aussi par l'invention permanente de services autour du simple produit vendu. Si Manutan avait poursuivi dans sa voie historique d'éditer un catalogue annuel, elle ne serait sans doute plus en activité. Son offre de fournitures de bureaux s'est élargie à une palette constamment renouvelée de services souvent immatériels. C'est le sens de sa nouvelle devise : « *All you need. With Love.* » En sous-entendu, la phrase signifie : nous comprenons vos attentes, nous les anticipons. Dès que vous avez besoin d'un service, nous sommes là, et en plus, nous le faisons avec amour.

Elie Choukroun, P.-D.G. de Ricoh France, a aussi vécu cette évolution, pour l'avoir lui-même pilotée. « La transformation digitale, on s'y prépare depuis des années, explique-t-il, car quand on est responsable d'une société dont l'activité historique était la bureautique et la reprographie, ce virage est lourd de sens. D'autant que s'ils veulent se faire peur, les dirigeants de notre secteur n'ont qu'à se rappeler ce qui est arrivé à Kodak[1]. » Alors, pour continuer à se rendre indispensable, la bureautique évolue vers le cloud, vers le partage d'infos *via* le data. Elle évolue aussi vers le travail à distance. « Nous sommes donc promoteurs d'outils de visio-conférence, de grands écrans, poursuit Elie Choukroun. On passe du produit au service qu'il est supposé rendre. On passe du client à la personne dans son quotidien de collaborateur dans une organisation. Cela nous amène à sortir de notre champ historique, à nous colleter à des concurrents inédits : Microsoft, par exemple pour les tableaux interactifs, en plus des classiques (Toshiba), ou des nouveaux entrants (HP). »

C'est qu'en matière de concurrences nouvelles, il s'agit de ne pas être passif. Mieux vaut prendre l'initiative que subir celle d'un autre, qui peut très bien être un parfait inconnu. Loïc Latour, président de France Boissons, la filiale distribution de Heineken en France, a vu le moment où il aurait pu se faire préempter par un nouvel entrant. Il aurait suffi à ce dernier d'inventer une appli bon marché de prise de commandes des boissons par smartphone ou le web. Lui, il l'a fait à temps, après avoir observé que tous ses clients avaient un smartphone et l'utilisaient de plus en plus souvent à des fins professionnelles. Le fait est qu'en moins de quatre ans, 13 % du chiffre d'affaires ont migré sur cette fonctionnalité numérique.

Alexandre Eruimy, directeur général de PrestaShop, est un témoin de premier plan de cette mutation profonde. La société qu'il dirige est une start-up française qui a réussi, au point d'être actuellement le leader européen de son secteur. Elle était partie d'un écosystème local pour dynamiser sur Internet l'activité des commerçants. Elle a inventé en quelque sorte la digitalisation des petites boutiques. Mais avant d'occuper ses fonctions actuelles, le

1. Le leader mondial de la pellicule photographique argentique avait vu venir l'essor du numérique. Il en maîtrisait même la technologie. Mais il n'a pas su renoncer à temps à son activité historique. Ce naufrage industriel a été plusieurs fois mentionné au cours des interviews.

Ne plus fonctionner en silots
Maintien permanent du lien avec le lecteur.

jeune directeur général a travaillé chez Roland Berger, le cabinet de consulting. Il a vu alors des sociétés de l'ancienne économie complètement désemparées devant l'arrivée du digital.

Ces dernières n'ont pas immédiatement compris qu'elles avaient l'obligation vitale de se transformer, pour la bonne raison que le client avait changé. L'accélération de ces derniers mois l'a pourtant montré : toutes les entreprises doivent maintenant maîtriser le digital process et l'interaction avec leurs clients.

PrestaShop a commencé par la conception de sites. Mais la data n'a pas tardé à faire boule de neige. La palette de prestations s'est constamment élargie. Elle a conduit à la maîtrise d'une expérience unifiée pour aider toute entreprise à grandir. Au point que « maintenant, notre cible, ce sont les ETI, pour augmenter leur performance commerciale dans le monde entier ».

L'ambition est réalisable, car les outils sont performants, sans que le montant de l'investissement ne soit inatteignable. Mais cela suppose de se tenir informé des progrès constants. Or, en la matière, Gérard Lopez, président de BVA, observe encore des retards à l'allumage chez certains de ses clients. Des chaînes de prêt-à-porter, par exemple, récupèrent des informations sur leurs clients de trois manières : à partir de l'expérience de ces derniers dans les magasins, sur le site de l'enseigne et sur les réseaux sociaux. Mais ces trois bases de données fonctionnent en silos. À aucun moment, il n'est tenté quoi que ce soit pour les agréger. Cela éviterait les redondances coûteuses, surtout, cela permettrait de tirer encore plus d'enseignements. De fait, si on ne sait pas tout ce qu'on peut obtenir comme informations d'un ticket de caisse, on ne part pas dans la compétition avec les meilleures armes.

Daniel Weizmann (VWR) est encore plus pessimiste à l'égard de ces entreprises qui font penser au couple de singes paresseux qui ne s'étaient pas réveillés à temps pour embarquer sur l'arche de Noé. « Si les boîtes restent orientées produit, prévient-il, elles vont mourir. Elles ont une chance de survie dans le workflow (NdA : le maintien permanent du lien avec le consommateur). Mais, poursuit-il, cela suppose que vis-à-vis du client final, il y ait moins d'account manager, et davantage d'experts, notamment pour contrer l'esprit de certitude qu'engendre la fréquentation assidue des sites Internet. Il faut instaurer le doute chez les consommateurs trop sûrs d'eux. »

Pour cela, rien de tel que la data pour analyser les comportements de ces derniers. « Le futur riche dans l'entreprise est certainement le data scientist », anticipe Laurent Zeller, président pour l'Europe du Sud de Nielsen. Cependant, il poursuit cette prédiction en s'interrogeant : « Un jour viendra où lui aussi sera challengé par l'intelligence artificielle. » Et de poser la question de conscience : « Jusqu'où l'IA n'ira-t-elle pas remplacer l'humain ? »

C'est une des dimensions majeures de la révolution de l'IA : le risque prédateur de cette dernière. Il est régulièrement pointé du doigt. François Guérin (Cetih) résume en ces termes le défi qui nous attend tous : « Quand nous serons totalement habités par le digital, serons-nous toujours capables d'humanité et de solidarité ? Si l'innovation permet de partager, c'est très bien, et voilà ce que peut permettre une transformation digitale responsable. Mais si elle encourage l'individualisme, cela ne sera pas bon. Je constate des forces d'attraction des deux côtés. J'observe toutes sortes d'acteurs, dont des pirates qui surfent facilement sur toutes ces déviances possibles, nous ne sommes pas là pour être moralisateurs et en déclarant ce qui est bien ou pas bien, mais il est important de se poser toujours les questions sur un plan éthique ; qu'est-ce qui a du sens, qui est responsable et juste face à l'urgence sociale et environnementale que nous vivons ? »

Pierrick de Ronne (Biocoop) ne craint pas de mettre un nom sur les siens, de pirates. « Un emploi créé chez Amazon, ce sont deux emplois supprimés dans le commerce de proximité. » Dans le même état d'esprit, Thomas Georgeon (Société de la Tour Eiffel) avait apprécié lire dans un CV le manifeste d'une jeune femme très remontée contre le géant de la vente à distance. Celle-ci a assumé par écrit qu'elle ne travaillerait jamais pour lui en raison des saignées causées chez les salariés dans sa région d'origine. Le dirigeant a aimé ce trait de personnalité. Il a été touché par l'attachement de cette fille à son terroir, au point d'en vouloir à une entreprise qui lui a fait du mal, et de faire le serment de ne jamais travailler pour elle. Il a aimé ce trait de loyauté envers ses racines, qui la rendait vraiment différenciante à l'embauche.

Cela dit, réfuter les excès de l'innovation ne veut pas dire tourner le dos à cette dernière. Il faut regarder en face le monde changer. Justement, dans ce contexte, un décalage grandissant apparaît, entre vie publique et vie des entreprises. Il est ainsi traduit par Guillaume de Lavallade (Hub One) : « Un fossé s'est creusé, d'un point de vue de compréhension de l'évolution technologique, entre le personnel politique et le monde de l'entreprise. Nous sommes sur la digitalisation des cols bleus. Nos clients en entreprises comprennent parfaitement ces évolutions, qui ne sont pas en soi des révolutions, sauf si on les met bout à bout et qu'on se retourne sur le passé pour observer le chemin parcouru. De fait, si on n'a pas suivi régulièrement les transformations, le réveil est catastrophique. Devant des modèles simples d'applications, certains personnels politiques (pas tous) sont dépassés. Ils sont comme des poules devant un magnétoscope. »

Hugues Le Bret (Compte Nickel) partage la même analyse : « Les structures traditionnelles de représentation, la démocratie elle-même, sont percutées par ces chamboulements. Le personnel politique et les élites en sortent démonétisés. »

Chez l'opérateur télécom Coriolis, Pierre Bontemps accueille certes l'arrivée de la 5G comme l'événement le plus important dans son secteur depuis l'apparition du premier GSM au début des années 1990. Mais il admet parallèlement son versant sombre : lui et les acteurs de son secteur ne pourront pas s'exonérer de leur part de responsabilité dans une éventuelle surconsommation d'énergie et son impact sur le climat.

Il ne faut donc pas s'étonner de la place prise par la préoccupation environnementale dans la liste des principales mutations.

La prise en compte environnementale : une chance et une obligation ; un risque de divorce avec l'opinion, mais aussi une opportunité de réconciliation entre l'entreprise, ses salariés et les consommateurs

La prise de conscience écologique est généralisée. Les dirigeants la rencontrent au quotidien chez leurs clients, chez leurs collaborateurs, voire chez leurs propres enfants… Au nom de l'environnement, ils doivent trouver l'alternative à leurs produits polluants. Pareillement, leurs techniques de fabrication doivent imaginer des solutions moins énergivores. Voilà pour la contrainte. Mais la même réalité se présente aussi sous un versant positif. Elle se présente alors comme un vivier d'idées inattendues de croissance et de marchés nouveaux à explorer.

Une certitude en tout cas, le sujet a de l'avenir. « Quel que soit son secteur d'activités, plus aucun entrepreneur ne peut l'ignorer », prévient Hubert de Boisredon (Armor). Comme le résume Pascal Nadobny (Addev Materials) : « Nous sommes passés d'un monde d'abondance des ressources à une ère de pénurie. » C'est comme cela, il faut s'y faire. D'autant que la préoccupation environnementale alimente le puissant moteur de la quête de sens, analysé au chapitre précédent. Chez Addev Materials, son dirigeant y voit une inspiration pour l'évolution des business models du groupe.

De plus, elle est majoritairement portée par les 25-35 ans. Ceux-là ne sont pas enclins à faire des concessions. Ils sont tellement convaincus de l'urgence qu'ils ont adapté en conséquence leurs modes de vie.

C'est ce qui frappe en premier Hugues Le Bret (Compte Nickel) : « Les jeunes générations professent une tendance assumée à la frugalité. Elles grandissent dans la conscience de la fragilité de la planète, des inégalités du monde, d'un avenir qui sera plus dur, d'un chômage qui persistera. Comme elles ont vu leurs parents se séparer, elles sont persuadées que rien ne durera non plus pour elles et que tout est éphémère… (…) Alors, elles se raccrochent à ce qui

Atelier Net + réseaux.
Formation publics aux réseaux.

peut être pérenne, et le Net les y aide : hyperconnectées, elles recherchent les bons plans, car elles ne veulent plus se faire avoir. Elles sont éprises de convivialité, de communautarisme (comme en attestent les “like”), d’hédonisme. Ces générations sont plus ouvertes. (…) Un fait marquant qui concrétise ces constats ? Le fait que 37 % des moins de 35 ans ont voté vert aux Européennes de juin 2019. Et puis, poursuit Hugues Le Bret, une observation plus personnelle : mon fils. Après huit années d’études qui l’ont conduit à voyager partout dans le monde, à travailler en Norvège pendant un certain temps, il passe le barreau, en a vite marre, tente l’aventure d’une start-up et voit les limites d’être salarié. Il est actuellement entrepreneur. »

Comme chez de nombreux jeunes, la quête de sens est la boussole de ce jeune adulte. Avec les générations de la relève, l’être prend sa revanche sur l’avoir. C’est une des significations de leur frugalité. Elle n’est pas uniquement dictée par la préservation des ressources. Elle procède aussi d’une écologie morale : à quoi bon, par exemple, une rémunération élevée si l’on n’adhère pas aux servitudes morales indissociables du métier que l’on exerce ?

Face à ces comportements, les entreprises ont intérêt à se montrer réactives. Car les consommateurs ne sont pas les seuls à les contraindrc au changcment. Parfois, ce sont aussi leurs salariés, ou bien la législation, quand ce n’est pas l’opinion. Emmanuel Vasseneix (LSDH) se souvient très précisément du jour où l’un de ses produits alimentaires a été sévèrement jugé par l’application Yuca. Il était jugé malsain pour le consommateur, et par extension, pour l’environnement. « Nous nous sommes concertés pour analyser sa composition. L’exercice a été salutaire. Pourquoi tel colorant, pourquoi tel conservateur ? Plus personne ne savait ce qui avait justifié, en son temps, l’introduction de ces ingrédients. Nous les avons retirés de ce produit, mais aussi de l’ensemble de notre offre. »

Les clients sont devenus exigeants. Ils sanctionnent vite, et fort, grâce à la puissance de tir des réseaux sociaux. Dès lors, pour corriger les erreurs, la même vitesse de réaction est indispensable. Dans des activités fondées sur le volume, une telle agilité n’est pas aisée. Elle l'est d'autant moins qu'il faut composer avec un autre phénomène de société. En effet, si les consommateurs paraissent rassemblés derrière la bannière du bien se nourrir, ils sont en réalité morcelés dans le cortège. Ils se présentent comme autant de petites tribus de vegan, d'adeptes des anti-oxydants, d'adorateurs des potages détoxifiants. La grande distribution l'a bien compris. Chaque centrale d'achats réclame des produits segmentés pour satisfaire cette clientèle désormais plurielle. Mais leur demande survient à un moment où les hypers et les grands magasins traversent eux-mêmes une crise d'identité. Pour se différencier, Monoprix ne veut plus proposer la même offre que Carrefour ou Auchan. Cela signifie qu'en amont, l'industriel doit fournir aux uns et aux autres, une succession de petites séries limitées. Alors que ses chaînes de conditionnement avaient été conçues pour fournir de grosses quantités sans rupture de charge ! L'adaptation n'est déjà pas évidente, mais en plus elle doit être rapide. Elle requiert de la souplesse de la part des équipes. Mais il n'y a pas d'autre choix, puisque le client est roi. C'est une loi d'airain.

Et puis, il n'y a pas que le client final. Le salarié peut aussi se montrer revendicatif dès qu'il est question d'environnement. Et pour cause, lui aussi est un consommateur une fois rentré chez lui. Chez France Boissons, Loïc Latour note, chez les plus jeunes de ses collaborateurs, un « plastique bashing » qui l'oblige, en tant que président, à faire de la pédagogie. « Je leur dis qu'ils ont raison de souligner le problème. Mais je dois leur faire comprendre que nos fournisseurs ont besoin d'un temps d'adaptation. Il n'est pas possible d'imposer du jour au lendemain le principe de la bouteille consignée réutilisable. »

Ce type de situation n'est pas isolé. Régulièrement, les dirigeants se retrouvent dans une situation inconfortable : d'un côté, ils doivent comprendre les contraintes de leurs fournisseurs et clients sur l'ensemble de la chaîne de création de valeur. De l'autre, ils doivent veiller à ne pas laisser s'instaurer un hiatus chez les salariés, entre leurs aspirations personnelles de consommateurs, voire de citoyens de la planète, et la réalité de ce qu'ils vivent au quotidien dans leur entreprise.

Enfin, l'obligation de se réformer arrive par une troisième source, celle de la législation. Depuis plusieurs années, des lois environnementales et des directives européennes se succèdent au pas de course. Elles sont assorties de délais de mise en conformité de plus en plus courts. Or, en remontant à la source, il apparaît bien souvent que ces textes ont été inspirés par d'efficaces ONG rompues aux techniques du lobbying. Dans les débats préparatoires, leurs représentants ont fait valoir leurs arguments sans rencontrer beaucoup de contradicteurs. En face d'elles, les parlementaires reconnaissent qu'ils ne sont pas des spécialistes. Quant aux organisations professionnelles, d'abord, elles sont pratiquement toujours numériquement minoritaires. Mais en plus, elles sont *a priori* coupables aux yeux des autres représentants autour de la table.

Les textes sont donc très souvent votés selon l'orientation préconisée par les experts. Mais quel est le degré d'indépendance et de compétence de ces derniers ? C'est ce que voudraient savoir nombre de nos dirigeants interrogés. Au point que plusieurs expriment leur rêve de voir un jour les experts… expertisés ! L'un d'eux décrit de la façon suivante le processus d'élaboration d'un texte : d'abord, au sens propre et figuré, les ONG font la loi. Malheureusement, il arrive que certaines fassent preuve d'une ignorance préoccupante. Elles s'arrangent néanmoins pour faire avaliser leurs propositions par le Parlement européen. De loin en loin, sous la pression des mêmes acteurs, relayés par des associations nationales de consommateurs, une proposition de texte finit par arriver devant les députés français. Entre-temps, l'idée lancée dans les institutions européennes a pu se transformer en directive qui elle-même finira par être transposée dans les droits nationaux.

« Mais à aucun moment, déplore Antoine Meyer, président de Sumi Agro France, les industriels, dont on dit pourtant que leurs lobbies orientent les textes, n'ont été sollicités. » Ils doivent alors supporter les conséquences d'un manque total de discernement, triplé d'une absence de culture économique et scientifique. « Cela peut se traduire, par exemple, par une taxe de 3 % sur le chiffre d'affaires, alors que la marge du secteur ne dépasse pas 3,5 %. » Quant à la culture scientifique, elle est « sabordée par le principe de précaution. Alors que le vrai moteur du développement durable réside dans l'innovation ».

Guy Sidos, président des ciments Vicat, a déjà eu l'occasion de s'exprimer sur les dégâts causés par cette mécanique de méconnaissance, lorsqu'elle vire au péremptoire : « C'est le propre du croyant environnemental, expliquait-il déjà plus haut. Plus il est ignorant, plus il est affirmatif. »

Emmanuel Vasseneix abonde en ce sens. Il aimerait qu'existe en matière environnementale l'équivalent d'une Cour des comptes. Sans attendre l'avènement de cette juridiction, il a trouvé une manière d'entretenir le lien avec les consommateurs versatiles et imprévisibles. Il envisage d'en faire siéger deux dans son conseil d'administration.

En revanche, pour une proportion non négligeable de dirigeants, le pire n'est jamais sûr. Ainsi, Patrick Errard fait confiance aux jeunes « pour qu'ils transforment l'écologie en source de progrès et d'innovation ».

Pascal Nadobny (Addev Materials) partage le même état d'esprit et joint l'action à sa pensée. Son activité relève pourtant de l'industrie chimique. Elle est donc *a priori* polluante. Elle consiste à fournir les équipementiers en films, adhésifs, colles et peintures, notamment dans l'aéronautique. Aux acheteurs qui réclament à ses commerciaux des rafales de ristournes de 5 % à coups de négociations réitérées, il leur dit : « Pourquoi ne souhaitez-vous pas tout de suite une économie de 30 % ? Je vous propose un marché : faisons mieux ensemble, avec moins. Nous dépensons moins en consommation de matières et d'énergie, nous choisissons des produits moins polluants, réduisons le gaspillage et les chutes, et nous bénéficions ensemble de l'économie réalisée, à due proportion. De la sorte, nous créons conjointement une chaîne de valeur plus vertueuse et créatrice de valeur. Le projet n'est pas de faire de la décroissance, mais bien au contraire de trouver ensemble de nouvelles sources d'innovation et de progrès. L'accueil est généralement excellent. Toutes les entreprises que je connais prennent en compte la

Synergie patrimoniale
Ascytologie

dimension environnementale. En dépit de l'affirmation de certains discours politiques populistes, les entreprises sont de plus en plus citoyennes, y compris dans le monde anglo-saxon. »

Cette démarche vertueuse peut être aussi propice à l'invention de nouveaux produits. Vicat a été partie prenante dans la conception de coraux imprimés pour favoriser le repeuplement des fonds marins. Le procédé vient de la collaboration du cimentier avec une start-up et un spécialiste de l'imprimante 3D. En tant qu'ancien commandant de sous-marins nucléaires, Guy Sidos est passionné par les univers sous-marins. Mais comme dirigeant et stratège, il a vu là un nouvel usage possible du béton. Il a fourni la matière première. Trois jours après son immersion au large du Cap d'Agde, les populations sous-marines s'y étaient si bien adaptées qu'une nouvelle faune pouvait déjà y être observée.

« Le but n'était pas d'obtenir un retour sur investissement immédiat, explique le P.-D.G., mais d'envisager de nouveaux usages pour nos matériaux, de la même manière que la prise en compte de la dimension écologique nous conduit à changer nos process et nos usines. » Il n'est pas bon parfois d'avoir raison trop tôt. Mais en l'occurrence, il ne faudra pas forcément attendre longtemps pour découvrir que la régénération de la biodiversité urbaine est un enjeu majeur pour la survie de certaines populations.

En revanche, un investissement de rentabilité immédiate a pu être opéré dans le groupe. Il a consisté à transformer des déchets de chantiers en matériaux de substitution au calcaire utilisé en cimenteries. La récupération vertueuse engendre ainsi un nouveau débouché. L'exploitation des usines est donc doublement rentable, en plus d'être un modèle de développement durable. « C'est la preuve que l'on arrive à joindre les logiques de l'économique et de l'écologique », conclut Guy Sidos.

Être plus rentable avec l'innovation environnementale ? Cetih en apporte aussi la preuve. Et elle ne craint pas pour cela d'ajouter une difficulté en revisitant l'univers controversé du panneau photovoltaïque. Le groupe a inventé un système dit « aérovoltaïque ». Il capte simultanément les volts et les calories du soleil. C'est pourquoi il est équipé d'un système de batterie pour emmagasiner la chaleur. Pour le produire, le groupe a consenti un investissement de 7 millions d'euros afin d'ouvrir une usine de 9 600 mètres carrés à Machecoul près de Nantes. Cette dernière transforme les cellules de silicium importées d'Asie en panneaux *made in France*. En bout de chaîne, il en sort une forme de « toiture active », pilotée par domotique. Sa vocation affichée est claire : neutraliser à terme la facture chauffage des particuliers.

Par ailleurs, dès lors qu'elle est sincère, la marque verte est un vrai argument commercial. Le fabricant d'électro-ménager Miele possède historiquement une réputation de durabilité. Il est fondé à se positionner dans le combat contre l'obsolescence programmée. Même chose chez Delta Dore qui prend soin de toujours maintenir la compatibilité des pièces détachées entre anciens et nouveaux modèles de robots.

Enfin, la préoccupation environnementale peut être propice à des innovations managériales. Gérard Lopez (BVA) en est persuadé : « L'entreprise doit être le théâtre privilégié d'initiatives citoyennes. » Parmi celles qui ont pu être observées au cours de l'enquête, telle entreprise a renoncé à ses goodies, en signe de chasse aux gaspillages. Les collaborateurs ont trouvé à la place des outils de promotion plus neutres en CO2 et finalement plus imaginatifs. Dans telle autre, les milliers de gobelets près des machines à café ont été remplacés par des verres durables, fabriqués dans un matériau recyclable sur lequel il est possible d'imprimer des messages. Du coup, chaque collaborateur dispose du sien, décoré de mots inspirants qui traduisent les valeurs du groupe. En l'occurrence, l'idée provenait d'un stagiaire affecté à la Direction des ressources humaines. L'exemplarité du geste a été soulignée, ainsi que la volonté d'intégration. Là encore, il était question de quête de sens, et en l'espèce, une réponse collectivement motivante a été trouvée.

« Les entreprises sont plus citoyennes qu'on ne veut bien le dire », insiste Pascal Nadobny, conscient du déni de l'opinion sur ce sujet. Mais il n'y a pas qu'en écologie que ce constat peut être dressé. Dans de multiples circonstances, les dirigeants sont amenés à être comme des acteurs de la vie publique. À l'instar de diplomates, par exemple, ils ont l'obligation d'être attentifs aux convulsions du monde. C'est la troisième principale mutation observée par bon nombre de nos interviewés.

La contrainte géopolitique

À Béthune, dans le Pas-de-Calais, le temps semble s'être arrêté. Le silence enveloppe la place de la gare. De temps en temps, une voiture passe, mais c'est là toute l'animation. Pourtant, dans la zone industrielle voisine, un dirigeant d'entreprise est connecté à la planète entière. Ses préoccupations le font ressembler à un spécialiste de la gestion de crise au Quai d'Orsay. Il s'agit de Francis Kopp, gérant de Lenze. Il s'explique : « Ce qui me frappe en premier, c'est la rapidité de remise en cause des équilibres géopolitiques. Notre usine est installée ici depuis 2004, parce qu'elle est à vingt heures par la route de notre maison-mère, en Allemagne. Mais quinze ans plus tard, à l'aune des mêmes critères, elle aurait probablement été installée dans un des anciens pays du rideau de fer (Pologne, République tchèque, voire Roumanie). »

Dans cette partie de la région des Hauts-de-France, tous les dossiers brûlants de l'Europe sont concentrés dans une unité de lieu. Il y a bien sûr les mutations industrielles qui ont installé le chômage, et répandu le vote extrême. La Jungle de Calais n'est pas très éloignée non plus. Mais l'impact principal a pour nom le Brexit. Lenze exporte 90 % de sa production. Quand les pays destinataires appartiennent au Commonwealth, jusqu'à présent un document douanier unique établi à Londres suffisait. Si, désormais, il faut d'abord passer par la Grande-Bretagne, puis en faire signer un différent quand il s'agira du Canada, de l'Australie ou de la Nouvelle-Zélande, c'est la chronique d'un ralentissement assuré des activités.

« En outre, poursuit Francis Kopp, nous subissons directement l'impact du bras de fer sino-américain[1], en particulier parce que nous sommes allemands. De plus en plus, nos activités ressentent un préjudice en raison d'événements extérieurs à la conjoncture. » C'est une autre illustration du « *Black Swan* ». Il vient compliquer une quatrième mutation majeure : l'internationalisation de la vie des affaires.

L'INTERNATIONALISATION DE LA VIE DES AFFAIRES

Laurent Germain (précédemment DG de Segula Technologies) la place en tête des grandes mutations contemporaines. Elle se résume par cette équation : quand la croissance ralentit sur leurs marchés domestiques, les ETI doivent viser plus loin que la vieille Europe si elles veulent être portées par une expansion à deux chiffres. Nombre de pays émergents bénéficient d'une hausse annuelle de leur PIB supérieure à 10 %.

Du coup, des enjeux inédits se posent. À commencer par le choix des dirigeants pour prendre en main les implantations sur place. Paul-Marie Chavanne, quand il était à la tête de GeoPost, a développé l'entreprise en Inde, en Russie, en Asie du Sud-Est, en Afrique ou encore au Brésil. Sa préférence allait clairement au recrutement sur place. « Nous sommes dans des métiers de services, expliquait-il au moment de notre entretien, en novembre 2019. Il faut comprendre les spécificités des mentalités locales. Cela suppose d'être indien en Inde, allemand en Allemagne, voire wallon en Wallonie, etc. »

Un visage tout autre de la mondialisation apparaît là. La globalisation avait pu être présentée comme la standardisation à l'échelle planétaire. Ce n'est pas ça, c'est la reconnaissance d'une Humanité commune, constituée d'une infinie diversité, tant individuelle que culturelle. Cette variété peut aussi se retrouver dans le type de statuts juridiques. Quand on a pour métier de gérer, partout dans le

1. Cette interview a été réalisée en juin 2019.

monde, des aéroports internationaux, le multiculturalisme est comme une seconde nature. Mais à cette agilité nécessaire, Edward Arkwright, directeur général exécutif d'ADP (Aéroports de Paris) doit ajouter d'autres talents d'acrobate. Pour assumer ses fonctions opérationnelles dans 40 pays où 70 établissements sont en gestion, il convient de passer sans transition du secteur public au droit privé, du management direct à la délégation, d'une situation de monopole à une concurrence féroce, d'une mission de diplomate à un exercice de professionnel de la communication financière…

Cela fait beaucoup de casquettes pour la même personne. Mais le cas de figure est fréquent, et il le sera de plus en plus. Il arrive souvent que la nature du besoin des entreprises réclame d'exporter des compétences rares, qui ne peuvent pas être immédiatement trouvées sur place. C'est le cas de la R&D. Comme l'explique en substance Laurent Germain, voilà un marché qui pèse mondialement 250 milliards d'euros, dont 10 % sont externalisés. Or, précise-t-il, le secteur de l'automobile pèse à lui seul la moitié de ce phénomène de propension à la sous-traitance.

Cela supposera donc, de plus en plus, l'envoi de talents particuliers dans des pays émergents. Mais le savoir-faire technique n'est plus suffisant. Des qualités plus littéraires sont désormais aussi requises. Elles réclament la maîtrise du parler local. L'aptitude à posséder rapidement des langues rares est donc un prérequis. Et cela, dans une variété bien plus vaste que ce qui était autrefois demandé aux aînés. Eux pouvaient faire de brillantes carrières « d'expats » en bredouillant quelques mots d'anglais. Cette époque est révolue. Déjà, dans deux entreprises de notre panel – Aéroports de Paris et Septodont –, la langue principale est désormais l'anglais. C'est dire si la remise à niveau permanente est désormais vitale.

Non seulement il faut posséder le parler local, mais il faut être au fait des structures politiques et administratives du pays. Une connaissance de la cartographie religieuse est également indispensable, de même qu'une idée assez précise de l'intensité de la menace terroriste. Cependant, cette immersion culturelle ne doit pas s'effectuer au détriment de ses valeurs personnelles ni de celles de son employeur. C'est pourquoi la conscience de l'éthique doit atteindre son point le plus élevé.

Concrètement, quelles sont les bonnes conduites préconisées par les dirigeants auprès de leurs collaborateurs ? « Qu'ils respectent le droit du pays où ils travaillent », conseille Mehdi Houas (Talan). Cela suppose bien souvent qu'ils ne succombent pas aux délices et poisons de la corruption.

« Qu'ils sachent dire non », ajoute Guy Sidos (Vicat). Il tient à souligner ce point, car il présuppose du courage – celui de savoir tenir tête ; et un sens de l'engagement – celui qui permet de rester fidèle aux valeurs de l'entreprise que l'on représente.

L'IRRUPTION DE CONCURRENCES INATTENDUES

Quand le monde bouge, des seconds rôles d'hier apparaissent soudain en pleine lumière. La place désormais tenue par la Chine aurait pu être illustrée par la totalité de nos interviewés, à l'exemple d'Alexander Abé (Jungheinrich) qui a vu arriver de redoutables compétiteurs dans l'entrée de gamme de ses chariots élévateurs. Mais même si ce phénomène est fort, il est relativement sans surprise. Plus insidieuse est l'irruption de concurrences que l'on n'aurait vraiment pas imaginées. L'exercice est désormais obligatoire de savoir les détecter toutes, même les plus inattendues.

Cet entraînement régulier est indispensable pour toutes les entreprises. Mais il l'est encore davantage quand ces dernières ont longtemps vécu dans une culture de monopole du service public. En charge notamment de l'international chez Aéroports de Paris, Edward Arkwright le sait bien. Historiquement, l'entreprise était principalement franco-française, avec une filiale d'ingénierie qui exportait son savoir-faire. Et puis, le marché s'est ouvert, d'une manière d'autant plus spectaculaire que le secteur est attractif. L'activité laisse entrevoir en effet des perspectives de recettes récurrentes.

Or, c'est ce que recherchent en priorité les géants du BTP. Ces derniers peuvent être français. Ils présentent alors l'avantage d'être bien connus. Mais ils peuvent aussi bien être turcs, américains ou chinois. Dès lors, il faut apprendre à les jauger, au niveau de leur taille, de leurs pratiques commerciales et de leur savoir-faire. Et choisir le meilleur pour chaque projet.

La diversité des concurrences est un élément fondamental, leurs interactions en constituent un autre. C'est ce qu'explique Hugues Le Bret, quand il souligne qu'il faut « prendre en compte l'entrechoc de tous les écosystèmes » : quand il a créé Compte Nickel, destiné aux laissés pour compte du système bancaire, il a bien sûr trouvé en face de lui les acteurs traditionnels du secteur. C'était prévisible. Il a aussi ferraillé avec les Fin Techs. Là encore, c'était de bonne guerre. Mais qu'il trouve face à lui une alliance hostile de circonstance, constituée de ceux qui ont pour mission de s'occuper des plus fragiles comme La Poste, de certaines associations de consommateurs, mais aussi des associations caritatives ou des institutions publiques, cela était moins attendu ! Une réponse adaptée à chacun des protagonistes devait être imaginée, sans jamais donner l'impression d'être pris de court.

De même, quand Pascal Portelli (Delta Dore) détaille ses concurrents, il énumère des acteurs pour le moins hétéroclites. Ce faisant, il fait apparaître un nouvel aspect de la compétition. Quelle que soit sa taille, il faut avoir le courage de regarder dans les yeux chacun de ses potentiels adversaires. Et cela, même quand ces derniers concourent dans la catégorie des géants. Ainsi, alors que ses usines sont situées dans la campagne, entre Rennes et Saint-Malo, il commence par citer les nouveaux entrants sur le marché de la Smart Home, dont les stars de Californie : « Il y a d'abord les GAFAM, souligne le président du directoire de la société, sachant qu'Amazon est aussi fournisseur et partenaire, en plus d'être concurrent. Car si leur assistant vocal Alexa est un enjeu pour eux, il l'est aussi pour nous. Viennent ensuite les grandes sociétés de l'électronique, fortes de leurs 100 milliards de chiffre d'affaires. Autres nouveaux entrants, les start-up. Elles sont souvent bien financées, jusqu'à 50 millions d'euros, soit plus que nos bénéfices ! Enfin, dernièrement, sont apparus les fournisseurs d'énergie, avec, par exemple, Sowee, le nouveau service connecté de gestion de l'énergie d'EDF. À côté de cette multitude de nouveaux entrants, nos compétiteurs historiques tels Somfy, Legrand et Schneider, qui est aussi un actionnaire, sont eux aussi actifs sur ce marché porteur. »

Chez Ricoh France, Elie Choukroun ne craint pas non plus d'affronter des têtes de série. Pour survivre aux mutations de son secteur, il a dû comprendre les nouvelles attentes de sa clientèle. Il a été conduit à sortir de son champ historique. Il s'est alors trouvé dans le pré carré d'acteurs costauds : Microsoft pour les tableaux interactifs, en plus de nouveaux entrants comme HP qui doit lui aussi élargir ses prestations pour rester dans la course. Sans oublier les concurrents classiques, comme Toshiba qui rivalise également d'imagination en matière de services pour continuer à séduire sa clientèle historique.

Chez Septodont, les nouveaux concurrents d'aujourd'hui sont les anciens gros clients d'hier. En effet, pour continuer de croître, des distributeurs se sont mis à racheter des fournisseurs. Ils marchent donc sur les brisées des fabricants, à l'exemple de Septodont. De toute façon, ce dernier voit son modèle traditionnel se transformer de partout. Ainsi, les praticiens : ils exercent de plus en plus souvent au sein de chaînes de cabinets dentaires, à la façon de magasins franchisés. Ils ont alors généralement un statut de salariés. Une évolution sociologique l'a d'abord voulu : le métier se féminise. Or, pour de multiples raisons d'équations personnelles, les femmes préfèrent être ainsi rémunérées, plutôt que d'opter pour la formule libérale et se rapprocher ainsi de la vie d'entrepreneures. Ces réseaux leur conviennent donc. Du coup, il faut s'adapter à ces interlocuteurs d'un genre inédit. Par leur poids grandissant, ils rappellent l'avènement, dans les années 1980, des puissantes centrales d'achat de la grande distribution dans l'univers jusqu'alors confortable des produits de grande consommation.

Pour continuer à être identifié comme un créateur de valeur dans son univers, Septodont s'est progressivement mué en fournisseur de services plutôt que de produits. Sa force réside dans le management efficient de la douleur dentaire. En apportant des solutions rapidement opérationnelles, l'entreprise fait gagner du temps sur chaque patient. Grâce à quoi, le professionnel peut accroître son chiffre d'affaires de 10 %. D'autant que ces prestations servicielles peuvent être facturées.

Chez Arval, spécialiste de la gestion de flottes automobiles d'entreprise, le concurrent inédit prend toutes les formes de mobilité dite douce : la trottinette, le vélo électrique… Mais il s'incarne aussi dans le collaborateur de nouvelle génération, désormais indifférent à l'avantage salarial de la voiture de fonction. Comme l'explique Ferréol Mayoly, directeur général d'Arval France, « de plus en plus de personnes, à l'embauche, préviennent qu'elles ne veulent pas d'une voiture de fonction, mais à la place, souhaitent disposer d'un budget Mobilité ». Ce budget leur permettra de mettre en œuvre leurs déplacements de la manière dont elles l'entendent, notamment par rapport à leurs options environnementales. Le client « non-client » est aussi une forme de concurrence. Il faut bien sûr le prendre en compte, et encore plus important, trouver comment le conquérir ou le séduire à nouveau, différemment.

En prenant la présidence de Sumi Agro France, Antoine Meyer savait que la compétition serait rude. Le secteur de la protection des cultures en France est indicé sur la courbe de croissance de l'agriculture. En outre, l'image du pesticide est détériorée dans l'opinion. Il a rapidement identifié ses compétiteurs naturels : les autres acteurs du secteur. Il en a découvert d'autres, logiques, comme les professionnels de la fermentation, qui utilisent leur savoir-faire en fabriquant des micro-organismes. Mais lors d'un salon dédié au matériel viticole, il a découvert l'alliance objective de deux créatures radicalement opposées. Chacune avait un stand. Elles n'avaient aucun point commun, sauf celui de contester le modèle économique de Sumi Agro France. Le premier ennemi potentiel était un robot, le second, un cheval. Deux modèles de travail de la vigne, mais avec ce point commun : les deux se font sans désherbant, c'est-à-dire le produit que la société présidée par Antoine Meyer commercialise en priorité. « Clairement, commente ce dernier, une, voire deux agricultures se dessinaient sous mes yeux. » Et de conclure : « Pour ma part, vers où dois-je aller pour continuer à exister ? ».

Le danger de se laisser dépasser est constant. C'est pourquoi Loïc Latour (France Boissons) donne ce conseil : avoir toujours présent à l'esprit qu'un concurrent imprévu peut surgir. Lui, comme expliqué précédemment, a vu de près le danger avec la prise de commandes par Smartphone, mais il l'a aussi vécu à travers l'émergence de nouvelles réclamations sociétales chez les consommateurs. C'est pourquoi il place en tête des principales mutations récentes ce phénomène de demandes inédites de la part de clients à la fois consommateurs et citoyens.

L'APPARITION DE NOUVEAUX COMPORTEMENTS

Au sortir de la guerre, le pouvoir de consommer sans se priver apparaissait comme le luxe suprême. Cet art de vivre s'est poursuivi pendant des décennies, encouragé par la culture du mass market. Et puis, une génération est arrivée à l'âge adulte, qui n'avait pris connaissance de l'Occupation que dans ses cours d'Histoire. Son rapport à l'alimentation avait radicalement changé. On avait pu craindre de cette classe d'âge qu'elle soit sacrifiée sur l'autel de la « malbouffe ». Elle incarne au contraire ce que Loïc Latour appelle le « refus de la standardisation ».

Dans son secteur de la distribution de boissons, il a vu les points de vente se mettre à réclamer du local, du typé, du sain. Désormais, les bières locales inondent les régions, même quand elles sont dépourvues de tradition brassicole. Les jeunes citadins sont prêts à débourser pour des jus de fruits ou des vins pourvu qu'ils soient premium et bio. L'intérêt pour le locavore est tel que, récemment, un hypermarché ne voulait mettre en rayons que des produits alimentaires fabriqués dans un rayon de cent kilomètres ! Mais comment concilier cette nouvelle demande avec l'obligation de faire du volume pour réaliser ses marges ? On a vu plus haut la complexité chez les industriels, avec l'exemple de LSDH. Elle se traduit de la même manière en aval chez les distributeurs. La réponse réside là aussi dans l'agilité.

O tempora o mores, comme les plus anciens d'entre nous apprenaient en cours de latin. De fait, « d'autres mœurs » peuvent percuter les stratégies commerciales les plus éprouvées. Pour le coup, elles semblent dater d'autres temps, tant le mouvement est rapide. Le président de Porsche France, Marc Meurer, a dû se rendre à l'évidence que quelque chose avait changé dans l'automobile haut de gamme quand, en 2014, alors en charge du marketing de Volkswagen en France, il a lancé un programme fort axé sur la LOA. Cela signifiait la fin de plusieurs époques : celle de la fidélité absolue à des marques légendaires, la fin aussi de la conception statutaire, voire patrimoniale que constitue la propriété de voitures de luxe. Même si chez Porsche, les 911 continuent à se transmettre de génération en génération, un mouvement est quand même enclenché.

Du reste, chacun peut le constater. Insensiblement, nos comportements glissent de la propriété vers l'usage, et bousculent tous les schémas antérieurs : celui de la possession, du financement, de la manière d'utiliser les produits, de consommer tout simplement… L'automobile est entrée dans cette nouvelle ère. Mais partout, elle s'insinue. À Paris et dans les grandes villes, la commande des repas et la livraison à domicile sont devenues banalement communes. À tel point qu'Antoine Meyer (Sumi Agro France), étude de l'ONU à l'appui, s'interroge sérieusement sur la pérennité des cuisines dans les appartements urbains. De toute façon, l'habitat est lui aussi totalement chamboulé par le monde qui vient. Le célibat progresse, tout comme, en parallèle, la colocation à tous âges. De son côté, le modèle de la famille stable est dépassé par celui des familles recomposées. Dès lors, dans le nombre et la disposition des chambres, les programmes de logements neufs doivent intégrer ces besoins qui émergent.

L'ACCÉLÉRATION QUI NE S'ARRÊTE PAS

La septième grande révolution est celle de la vitesse. L'organisation des entreprises se trouve transformée par le raccourcissement des cycles de renouvellement des produits. « Cela demande un surcroît de réactivité pour adapter l'offre », note Laurent Germain (ex-Segula Technologies). « Cela augmente aussi le rythme de l'entreprise », poursuit-il.

Chez les dirigeants, cette augmentation des cadences est diversement vécue. Elle passe de la curiosité à l'incrédulité, en passant par l'enthousiasme, l'adaptation, le bien-être retrouvé, ou au contraire, l'appréhension.

La curiosité : « J'essaie d'imaginer la rupture technologique qui changera la vie de mes petites-filles », explique Édouard Fourcade (Anaplan). « Il y aura bien quelque chose. Nous, nous avons eu Internet, mais pour elles, qu'est-ce que ça sera ? » Le dirigeant s'interroge d'autant plus qu'à chaque grande invention, il est bien amené à constater des changements comportementaux parmi les générations qui suivent. Il se demande même parfois si la conformation de leurs cerveaux n'a pas changé. « Les trentenaires ne savent pas faire les choses de manière séquentielle. Ils font tout en parallèle. Ils échangent sur WhatsApp en même temps qu'ils suivent un cours, ils regardent un match à la fois sur grand écran et sur leur smart. Nous, nous avons vu arriver le numérique. Arrive maintenant une génération qui est née dedans. » Et la suivante, quelle sera la révolution qui changera leurs synapses ?

L'enthousiasme : il est manifesté par Pascal Nadobny (Addev Materials) et par Francis Kopp (Lenze). Le premier réagit en sportif où, dans la pratique de ses loisirs préférés, le danger réside plutôt dans la lenteur. « En ski ou à vélo, explique-t-il, les plus mauvaises chutes se produisent quand vous êtes à l'arrêt ; en rugby, les chocs font toujours moins mal en mouvement. » Au niveau de ses affaires, il voit plutôt dans l'accélération l'opportunité d'accéder à de nouveaux marchés, de transformer l'entreprise, de faire grandir les hommes. « Le corps et l'esprit sont faits pour avancer. » De même, pour le second, la vitesse est consubstantielle à son écosystème. Il construit des motoréducteurs. Pour satisfaire la demande, il est en mesure de proposer instantanément des adaptations de ses produits dans la quantité d'options que l'on ne peut même pas visualiser de 10^{21}.

L'acceptation : pour Elie Choukroun (Ricoh France), si un seul mot doit résumer l'environnement qui s'impose désormais à tout dirigeant, c'est celui qu'emploient les Anglo-Saxons : « *uncertaincy* », pour incertitude. « C'est le résumé de notre métier, explique-t-il. Une fois accepté le postulat que l'on ne reviendra pas à la stabilité, et que la seule chose qui ne change pas, c'est le changement, on avance. »

L'acceptation, au nom du réalisme pragmatique : selon Paul-Marie Chavanne (GeoPost), si on veut maîtriser l'accélération, il ne faut pas être lent soi-même, et cette attitude ne peut pas non plus être admise chez les collaborateurs. C'est pourquoi, explique-t-il, « il ne faut confier les responsabilités qu'à des gens qui n'ont pas de temps à perdre ».

La prudence ou attention aux effets secondaires : « Nous avons été rachetés en décembre 2017 par un fonds d'investissement », témoigne Daniel Weizmann (WVR). « Ses dirigeants nous ont dit : "Préparez-vous à entrer en Bourse d'ici à trois ans", donc en décembre 2020. En réalité, nous avons réalisé notre introduction au New York Stock Exchange en mai 2019. Quand les échéances s'accélèrent ainsi, étonnez-vous après que les dirigeants soient amenés à se dédire auprès de leurs équipes. »

La vigilance : pour Gérard Lopez (BVA), « les changements rapprochés sont en contradiction avec le principe de base que le rythme physiologique doit respecter l'être humain ». Il convient donc selon lui de s'interroger sur le sens de vouloir tout rendre urgent.

De son côté, Ferreol Mayoly (Arval France) souhaiterait que « la vitesse ne se poursuive pas à l'infini, ce qui d'ailleurs, précise-t-il, est impossible en physique. » Mais la seule certitude dont il dispose en la matière, c'est que « nul ne sait pas quand le rythme ralentira ». En attendant, cela produit un effet stressant, qu'il devient de plus en plus essentiel et difficile de ne pas transmettre aux collaborateurs. D'où l'importance, justement, « de montrer qu'on a un cap, qu'il est cohérent de vouloir le tenir », et que, pour les collaborateurs, cela peut donner du sens à leur vie d'homme, de femme, de salarié(e), de citoyen(ne) du monde à travers sa fonction dans l'entreprise.

Dans cette même logique de procurer une sécurité aux collaborateurs, Hubert de Boisredon voit dans l'accélération une invitation à modifier son style de management, en vue d'une plus grande harmonie. Il s'explique : « Il est évident que tout va plus vite. On n'arrive même plus à prendre le temps d'écrire des cartes de vœux ! Face à cette réalité qui s'impose à nous, je sais que je ne peux plus tout faire. Je ne peux plus gérer comme avant. Je dois donc m'appuyer sur un management par la confiance. C'est la base de tout. Si un collaborateur a sa place dans l'entreprise, c'est qu'il a ma confiance. S'il ne l'a plus, sa place n'est pas dans l'entreprise. Partant de ce constat, je délègue. La délégation par la confiance peut aller loin. Je peux par exemple confier à quelqu'un d'autre que moi la négociation d'une acquisition stratégique. Je crois à l'empowerment et à l'intrapreneuriat. (…) En définitive, poursuit-il, parce que j'ai renoncé à tout faire, du fait de l'accélération, je me sens plus posé, plus présent, plus unifié. Mon rôle est d'accompagner les personnes, plus que les projets. Je dois être le roc qui rassure. Mais attention, pour prétendre à ce rôle, il faut avoir opéré un travail sur soi-même. Il faut accepter ses points de fragilité, ne pas mentir là-dessus. Sinon, on projette au contraire une insécurité. » Cela produirait l'inverse de l'effet recherché dans cette phase d'accélération !

Parmi la diversité des réactions en face de l'accélération, celle de Guillaume de Lavallade (Hub One) est l'incrédulité. Pour lui, la perception de la vitesse est subjective. « Notre secteur est toujours en mouvement, explique-t-il. Va-t-il plus vite ou moins vite que par le passé ? Je ne sais pas. En tout cas, je souscris à la nécessité de se projeter constamment à trois ou cinq ans, même si c'est difficile. Sans cela, on s'éloigne des vrais enjeux et de la réalité. »

S'agissant de l'immobilier, qui est le secteur d'activité de la Société de la Tour Eiffel, Thomas Georgeon souligne que le mot partage sa racine avec « immobile ». Dès lors, le secteur sait se prémunir contre les dangers de la vitesse inutile et irraisonnée.

Anne Geisert (Miele France) se montre également dubitative en matière d'accélération. Mais c'est pour une raison qui tient à la nature humaine. « Je vois bien le potentiel d'accélération apporté par la 5G, reconnaît-elle, mais quand je le compare à l'évolution de l'intelligence humaine, je me dis : au fond, qu'est-ce que cela change ? »

En définitive, la synthèse appartient à François Guérin (Cetih) : « Je pense que nous sommes en transition vers un nouveau monde, avec sûrement moins de vitesse et de consommation et plus connecté au vivant. Nous démarrons doucement cette transition, nos enfants en seront les acteurs majeurs. À nous de leur donner toutes les chances de réussir. »

Le jour où…

… Laurent Germain a pris la pleine mesure de la puissance chinoise.

Segula Technologies est spécialiste de l'externalisation dc la R&D dans l'automobile. C'est ce qui a valu cette rencontre improbable à Laurent Germain, son ancien directeur général. Un Chinois, totalement inconnu, en tout cas dans le monde de la voiture, l'a récemment abordé pour lui demander de l'aider à devenir en dix ans le leader mondial du véhicule électrique. Il était bien sûr tout à fait sérieux, et au regard de la puissance de feu de son pays désormais, il se pourrait bien qu'il trouve sur place à la fois les moyens technologiques et financiers.

Le jour où…

… le P.-D.G. de Ricoh France a bien dû admettre l'avènement du bureau sans papier.

Si des jeunes personnes sont privilégiées pour éditer les documents utiles à leurs études, ce sont bien les filles du P.-D.G. de Ricoh France. À la maison, elles peuvent accéder au dernier cri des équipements commercialisés par l'entreprise que dirige leur père. Pourtant, ce dernier a remarqué que ses filles n'utilisaient pratiquement jamais l'imprimante ! Comme beaucoup de gens de leur génération, elles n'ont pas besoin de procéder à des sorties sur papier pour mémoriser ce qu'elles viennent d'apprendre. L'enseignement qu'elles engrangent, elles le gardent dans leur cloud à elles, c'est-à-dire la mémoire de leur cerveau. Une nouvelle catégorie de personnes émergerait-elle, dont on pourrait dire, au sens propre, et sans aucune connotation péjorative, qu'elles n'impriment pas ?

Le jour où…

… Alexandre Eruimy a vécu en direct la consécration du smartphone.

En août 2017, un événement est passé inaperçu. Il restera pourtant comme un marqueur dans l'histoire de la révolution contemporaine. Ce mois-là, Google en France a davantage été consulté sur smartphone que sur ordinateur. Ce « mobile moment », comme on l'a appelé, est riche de significations. Pour le directeur général de PrestaShop, il traduit des évolutions comportementales, tant de la part des consommateurs que des salariés ou des clients des entreprises. « On est passés de *mainly* à *only*, tout en maintenant le côté *friendly*. » Le smart est en effet plus personnalisé que l'ordinateur. Il dégage une dimension plus affective, plus individualisée. Pourtant, il est aussi un outil de travail. Mais justement, il contribue à changer la nature de la relation du salarié avec son environnement professionnel aussi bien que personnel. C'est toute la question du droit à la déconnexion qui est ainsi soulevée par le smart. Ce dernier accompagne chacun d'entre nous en tout lieu, à chaque instant de notre vie. Dès lors, à partir de quand commence la vie privée, jusqu'où va la vie professionnelle ? Le « mobile moment » suscite ce débat. C'est pourquoi il est un jalon aussi important.

Le jour où…

… Francis Kopp a bien dû convenir que Français et Allemands sont différents.

L'internationalisation de la vie des affaires conduit à se familiariser avec des cultures différentes. Mais il n'est pas nécessaire d'aller loin pour être confronté à certaines barrières mentales. Francis Kopp est franco-allemand, et il gère en France l'usine d'un groupe d'outre-Rhin. C'est dire s'il est familier des réunions biculturelles. Il est arrivé à ce constat que chaque fois, les participants ressortent déçus. « Les Français disent : tout était déjà prévu, et les Allemands : ils n'avaient rien préparé. » Et le gérant de confier son mode d'emploi : « J'ai fini par demander aux Français de me donner un squelette des interventions qu'ils prévoient, et aux Allemands d'accepter la part d'inconnu. »
Au fond, la synthèse idéale serait un mix entre l'esprit procédurier des Saxons et la créativité intuitive, ou le « French flair », que l'on nous prête. À quand un troc entre la méthodologie de nos voisins contre un peu de notre souplesse ? « Nous serions alors très bons », conclut Francis Kopp.

Ce qu'il faut retenir

Un nombre croissant de « Black Swans » viennent percuter la vie des entreprises. Ce sont des événements hors-conjoncture dont l'impact sur la vie des affaires est pourtant fort.

Parallèlement, les modèles économiques sont bouleversés par de multiples mutations de grande ampleur :

– la présence multiformes de l'intelligence artificielle dans nos vies quotidiennes ;

– la nouvelle donne environnementale. Elle est aussi bien une opportunité de nouveaux marchés qu'une contrainte réglementaire ;

– l'impact immédiat de l'international dans toutes les activités, y compris les plus locales ;

– l'irruption de concurrences inédites ;

– l'émergence de nouvelles demandes sociétales et de nouveaux comportements ;

– l'accélération de tous ces événements : une innovation, une mode, une exigence apparues loin de nos bases se diffuse, *via* les réseaux, à une vitesse sans commune mesure avec les cycles précédents.

Chapitre 3.
Les douze nouveaux travaux d'Hercule du dirigeant

Nos interviewés distinguent tous une différence entre le leader et le dirigeant. Le premier a quelque chose en plus, il emmène avec lui des équipes. Il possède en lui un projet qui va loin, si loin qu'il a vocation à lui survivre. Le dirigeant est d'abord un champion de l'excellence opérationnelle. Mais son potentiel de leader peut trouver à s'exprimer. Il s'épanouira en particulier s'il sort victorieux des douze épreuves qui vont être développées dans ce chapitre. Des quarante interviews, il ressort en effet qu'il ne sera pas possible en 2025 d'accéder à un leadership digne de ce nom s'il n'est pas à la fois : partagé, collaboratif, fluide, global, incarné, humaniste (en même temps que féministe), ouvert, curieux, congruent (ce n'est pas un gros mot !), complexe, citoyen et travailleur. Soit douze qualités à réunir, à des niveaux certes différents, dans une même personne. Ce sont les nouveaux travaux d'Hercule pour être un bon dirigeant. Des leaders émergeront peut-être. Mais surtout, des entreprises se développeront, à l'intérieur desquelles il fera bon être follower.

UN LEADERSHIP PARTAGÉ

Le modèle du dirigeant omniscient, qui tient son pouvoir du savoir concentré dans sa seule personne : ce personnage appartient à une époque révolue, du moins dans le monde de l'entreprise.

Si le leadership doit être partagé dans l'entreprise, c'est parce que non seulement le dirigeant ne sait plus tout faire, mais il ne peut plus tout faire, et en réalité, il ne doit plus tout faire. Fanny Letier, jeune fondatrice de la société d'investissement GENEO, après avoir dirigé, dans le public, le CIRI et BPI France, explique que si elle n'avait qu'une phrase pour résumer la seule bonne chose qu'un patron doit réussir, ce serait celle de Carnegie : « Chaque dirigeant doit créer son cerveau collectif. » Autrement dit, son talent se mesure à son art de faire travailler autour de lui des personnalités parfois plus compétentes que lui, mais surtout, précise-t-elle, « de les emmener dans un collectif puissant, moteur de l'entreprise, sous l'impulsion d'une même vision ».

Pour Anne Geisert (Miele France), « comme on ne peut plus tout faire soi-même, à l'image d'une super woman, le management commence dès qu'on a la responsabilité de cinq personnes. La délégation commence là. Le danger que j'ai appris à éviter au sein de ma précédente expérience, chez Mars, c'est de ne pas cloner les personnes (comme les Biomen de la série télé, qui ne se différenciaient que par la couleur criarde de leur juste-au-corps). Il faut apprendre à déceler les superpouvoirs de chacun et les inscrire dans la complémentarité des autres, pour former un tout supérieur à l'addition des individualités. »

Ce partage assumé, c'est ce que Pascal Portelli (Delta Dore) résume en disant que « chez nous, vous trouverez du leadership à tous les étages ». De même, Marc Meurer, chez Porsche France, organise plusieurs fois par mois des réunions sur des thèmes précis où un expert (ou groupe d'experts) prend le lead. La plus grande satisfaction d'Anne Geisert serait qu'un visiteur entre un jour dans une réunion du Codir et qu'il soit mis au défi de dire qui est le chef, tant le leader change en fonction des sujets traités.

La réalité ainsi décrite peut sembler lisse. Attention, il n'est évidemment pas indifférent de travailler ainsi. La plupart de nos interviewés le soulignent : la conséquence principale, c'est que les matrices traditionnelles sautent alors. « Notre rôle n'est plus le même », observe Patrick Errard (Astellas). « Il s'agit de rester garant de l'unité même dans la désunion. L'union perdue doit être renforcée par le leadership, non par le pouvoir. »

Guy Sidos (Vicat) abonde en ce sens en parlant « d'harmoniser les rythmes ». Il entend par là que le temps n'est pas le même, entre certaines fonctions de l'entreprise, voire entre certaines filiales. Les unes sont en pleine puissance, d'autres sont prometteuses, mais peinent à décoller. Il n'est pas possible de réclamer les mêmes efforts à chacune. Des disparités de traitement peuvent alors être pointées par les collaborateurs. Il revient au dirigeant de faire apparaître la cohérence d'ensemble.

Fanny Letier (GENEO) parle, pour sa part, de superposer les temps : « Le court, le moyen et le long terme. C'est cela qui, à ses yeux, fait un leader : cette capacité à gérer en permanence ces trois dimensions, ce savoir-faire pour les exécuter. Car, poursuit-elle, il ne suffit pas d'avoir une stratégie, encore faut-il savoir la mettre en œuvre. »

C'est ce que Patrick Errard traduit en s'exprimant ainsi : « Vous devez garder un regard bienveillant et critique. Il faut avoir l'obsession de la cohérence, garder le bon sens que l'IA n'aura jamais, sentir venir dans les équipes la tentation de créer des silos. Vous devez accepter l'idée de faire travailler des gens qui ne rapportent plus à vous. »

En définitive, il reste au leader une responsabilité. Elle sera analysée plus loin au regard notamment de ces nouveaux modes de fonctionnement, mais déjà, on peut l'évoquer ici, tant la chose est importante : c'est à lui qu'incombe de prendre la décision en dernier ressort ; et surtout, le courage de l'assumer seul si elle se solde par un échec. Paul-Marie Chavanne, Guy Sidos, Patrick Errard, Édouard Fourcade, Ferréol Mayoly : tous soulignent cette charge. Plusieurs disent même : « Si elle n'est pas assumée, alors le dirigeant n'est pas un leader. »

En deuxième lieu, le dirigeant ne peut plus tout faire. C'est déjà une réalité. Alors, que dire de 2025 ! « Le monde ira encore plus vite », confirme Alexander Abé (Jungheinrich). « La Direction

Générale ne pourra plus tout faire. Il faudra que le problème soit réglé là où il se manifeste. Alors, certes, le management est un mouvement permanent d'accordéon : tantôt nous revenons au recentrage, tantôt nous allons vers l'autonomisation. Tout de même, je pense que la tendance sera de laisser l'emporter l'initiative. »

Enfin, le dirigeant ne doit plus tout faire. L'un des dirigeants anonymes reprend à son compte cette phrase entendue chez Engie : « Si quelqu'un dans l'entreprise est payé à faire une tâche, alors le CEO n'a pas à la faire. » Attention cependant à l'interprétation de cette phrase. Elle signifie simplement qu'il faut apprendre à déléguer, surtout si l'on a en soi la tentation naturelle de se dire : je le ferai aussi vite moi-même, ou, plus insidieux : avec moi, ce sera mieux fait. S'il existe dans l'entreprise un collaborateur qui possède dans sa feuille de route la mission d'effectuer telle ou telle tâche, les minutes d'un CEO sont trop précieuses pour qu'elles soient utilisées en redondance. C'est la seule signification de : « le dirigeant ne doit pas tout faire ».

Elle ne veut surtout pas dire qu'étant donné son statut, le patron ne doit pas condescendre à effectuer telle ou telle tâche. Loïc Latour (France Boissons), soulève cette ambigüité. Lui, au contraire, s'oblige à prendre régulièrement des dossiers qu'il traite jusqu'à la résolution du problème. Le dernier en date était celui du mauvais suivi des frais de vie. La question avait été soulevée en Codir. Il a mené l'enquête, qui l'a conduit de la comptabilité aux ressources humaines en passant par les services informatiques. Ce faisant, il a favorisé la transversalité, toujours préférable en entreprise, au cloisonnement. Il a aussi mieux compris les contraintes des uns et des autres. De surcroît, il a fait montre de son intérêt réel pour le travail des autres et pour la bonne marche de la société. Enfin, ce qui ne gâte rien, il a contribué à l'amélioration permanente de la performance.

De la même manière, Rolf Heinz, chez Prisma Media, s'efforce de découvrir chaque année la réalité d'un nouveau métier. Le journaliste qu'il demeure dans sa tête peut ainsi comprendre la vision qu'ont de la même réalité le DRH, le responsable de la transformation numérique, le spécialiste du marketing ou le directeur administratif et financier. Hors de question évidemment qu'il remplisse toutes ces fonctions, et simultanément qui plus est ! Mais il peut ainsi mieux partager la variété des points de vue.

Enfin, il y a un dernier écueil à mal comprendre le conseil : « ne doit pas tout faire ». D'aucuns peuvent y voir une forme de déférence qui serait due aux P.-D.G. En ce cas, qu'ils sachent que cette condescendance n'est déjà plus dans l'air du temps. Elle le sera donc encore moins en 2025. À ce moment-là, les milleniums arriveront aux responsabilités, élevés dans l'évidence que les formations de terrain, au rythme des innovations, peuvent apporter plus de vision, plus d'acuité que les diplômes classiques. Lorsque Emmanuel Vasseneix (Laiterie de Saint-Denis-de-l'Hôtel) nous a reçus dans son bureau parisien, qui est en fait un appartement familial, non loin du ministère de l'Agriculture, il nous a servi lui-même le café. Puis en partant, il n'a laissé à personne d'autre le soin de nettoyer les tasses. Illustration simple que le leadership partagé ne s'encombre pas de formalisme.

Le même triptyque savoir-pouvoir-devoir vaut pour les entreprises elles-mêmes : elles ne savent plus tout faire, elles ne le peuvent plus, et elles n'y ont pas intérêt. Dans tous les métiers, les schémas de collaboration se multiplient sur des offres inédites, sur des developpements qui n'auraient pas été imaginables hier. Ce faisant, ils modifient les organisations, et donc, le fonctionnement des hiérarchies. Mais une fois formulé ce constat, quelles sont les répercussions sur le leadership ? Prenons l'exemple de la voiture. Elle est devenue selon l'expression de Marc Meurer (Porsche France) « un smartphone à quatre roues, en particulier pour les voitures électriques ». Il entend par là qu'un nombre croissant d'automobilistes attendent désormais de leur voiture qu'elle soit davantage un prolongement de leur bureau, ou de leur salon, qu'un véhicule qui les déplace d'un point A à un point B. Il faut donc ajouter sans cesse des fonctionnalités de télécommunications, quitte à faire passer le moteur et la carrosserie au second plan des valeurs ajoutées. Mais dans ces conditions, qui détient la haute main : Google ou PSA ?

Ce constat industriel vaut pour une variété infinie d'objets puisque la plupart sont désormais connectés. Cela s'applique même à des secteurs entiers. Dans le bâtiment, le BIM (Building Information Modeling) a consacré la numérisation des chantiers. La continuité numérique est à l'œuvre dès la conception, elle se poursuit sans interruption dans la consruction et elle se prolonge durant la gestion et l'exploitation « Voire au-delà, précise Thomas Georgeon, puisqu'elle permet d'anticiper le recyclage de certains éléments obsolètes. »

Du fait de ses spécificités trapues, la numérisation impose de faire entrer dans l'entreprise des compétences qui n'existaient pas jusque-là. Or, cette nouvelle pratique se heurte à un trait de tempérament persistant. Longtemps, dans nombre d'entreprises, dont certaines prestigieuses, le recours à un savoir venu du dehors était vécu comme une faute ou, en tout cas, comme un aveu de faiblesse. Si on a dû faire appel à l'autre, c'est qu'on n'a pas su tout faire, et la preuve est ainsi administrée qu'on est moins compétitif.

Alexander Abé résume bien le changement de mentalité qu'il a dû instaurer chez Jungheinrich. La problématique est apparue quand il a été amené à faire admettre à certains de ses collaborateurs que le « time-to-market » s'imposait désormais. « Alors qu'auparavant, nous étions dans le cycle trois ans de développement, un an de lancement, maintenant, nous devons mettre sur le marché sans attendre. Sinon, le concurrent nous aura définitivement devancés. Il a fallu imposer ce nouvel état d'esprit de mettre le produit le plus tôt possible en commercialisation. »

Cela supposait de faire entrer cette idée dans les cerveaux que nous étions passés du coût de la sous-qualité à celui, évidemment beaucoup plus difficile à conceptualiser, de la sur-qualité. « Concrètement, poursuit Alexander Abé, nous réparons, nous adaptons sans cesse, nous prenons bonne note des idées astucieuses qui remontent du client. » C'est un développement dit agile. Il réclame donc de l'agilité managériale. « Mais c'est une obligation si nous ne voulons pas louper le train. »

Alors, certes, la méthode est à l'opposé de la pratique historique qui consistait « à vérifier à mort le produit avant de le mettre sur le marché ». Dans certains cas, cela peut passer pour une trahison des valeurs historiques de la société. Mais surtout, et c'est pour cela qu'elle rencontre parfois des oppositions, elle revient, comme l'explique le dirigeant de Jungheinrich « à encourager les collaborateurs à prendre des risques ».

« Pour les convaincre, poursuit-il, il est impératif de leur expliquer le contexte : comment l'évolution accélérée nous impacte, comment on réagit. Il faut expliquer la stratégie, et obtenir une adhésion. Pour l'obtenir durablement, il faut être en mesure de démontrer que l'on obtient des succès à l'avoir déployée. »

Le time-to-market impose aussi de procéder à des joint-ventures, notamment dans tout ce qui n'a de valeur ajoutée, mais aussi dans ce qu'on ne sait pas faire. Jungheinrich en a créé une pour produire à grande échelle des batteries électriques pour les chariots. L'entreprise a aussi installé une coopération en Chine, avec une société locale, pour développer la location de matériel. « Comme nous sommes confrontés aux montants considérables des investissements que nous devons opérer, y aller à plusieurs diminue les coûts pour tout le monde », commente notre interlocuteur. La coopération opérationnelle impose ainsi des associations stratégiques. Les nouveaux modes imprègnent les entreprises à tous les niveaux. Du terrain aux directions, par la remontée des réalités – grâce à la data et l'IA notamment ; et des directions aux opérationnels par la nécessité de ne pas manquer des mutations. Bien sûr, à l'épreuve des faits, il arrive parfois que ces grosses dépenses d'équipement ne soient pas récompensées à la hauteur de l'effort. « C'est sûr que l'agilité a un prix, conclut Alexander Abé, mais il faut en accepter l'idée. Reconnaître le droit à l'erreur, cela ne veut pas dire accepter l'échec. »

Ainsi donc, les entreprises vont de plus en plus souvent travailler ensemble. Le monde entre dans un marché de coopérations. Au cours de l'enquête, il a même été question de coopétition, sans que le concept ne soit encore très clair. En tout cas, il préfigure la deuxième évolution du leadership, qui sera de plus en plus collaboratif.

UN LEADERSHIP COLLABORATIF

Le mot fleure bon l'esprit start-up, il a un côté générationnel, mais ce n'est pas de cela qu'il s'agit. C'est une autre illustration de la nouvelle réalité industrielle. Les produits à venir sur le marché imposent de collaborer. Des collaborations interentreprises sont nouées, qui sont autant d'étonnants mélanges de cultures. Ainsi, Hub One, fort de sa maîtrise des puces RFID, en loge dans les oreilles de cochons d'une coopérative d'éleveurs d'Ille-et-Vilaine. Cela permet de trier les porcs traités sans antibiotiques. Ceux-là relèvent alors d'une catégorie premium qui justifie de vendre plus cher le jambon qui en est tiré. Ces mêmes puces sont aussi posées sur les sous-vêtements féminins des magasins ETAM ! « Les informations ainsi recueillies, permettent une gestion temps réel des stocks et transforment chaque point de vente physique en autant de plate-forme d'expédition de e-commerce », explique Guillaume de Lavallade. À l'origine, le savoir-faire de Hub One provient de sa filiation historique avec Aéroports de Paris. La méthode appliquée aux animaux et aux articles textiles est un dérivé d'une technique mise au point pour assurer le suivi en temps réel des bagages sur les tapis roulants et dans les soutes d'avion. Cela inspire cette réflexion à Gérard Lopez (BVA) que « désormais, on ne peut plus travailler seul. On transfère, on importe du savoir. C'est l'ère de l'intelligence collective. C'est cela qui donne la capacité d'aller plus vite ».

Par ailleurs, les nouvelles façons de travailler imposent de collaborer : à côté des joint-ventures et des coentreprises, une tendance s'instaure de mutualiser les moyens humains ou techniques. Les groupements d'employeurs vont dans ce sens. Francis Kopp (Lenze) s'en inspire pour suggérer des échanges de collaborateurs sur les chaînes de production. Il est vrai qu'il vit la difficulté spécifique aux industriels des Hauts-de-France de manquer de personnel qualifié.

Une autre tendance lourde est une conséquence du « time-to-market » précédemment cité. L'essence de ce concept suppose en effet de collaborer avec le client final. Comme l'explique Laurent Germain (ex-Segula Technologies), « on est passés d'une situation de techno push à une situation de market pull. Cela veut dire que c'est le consommateur qui influence le produit ». En conséquence, il est impératif d'écouter le client, mais aussi ceux qui, dans l'entreprise, sont à son contact. Concrètement, les équilibres se déplacent entre producteurs et distributeurs. Une marque peut vouloir la haute main sur ses distributions et un distributeur souhaiter maîtriser la fabrication des produits qu'il met en rayons. Le numérique, la traçabilité, les Supply Chain modernes bousculent les rapports de force, le contenu des métiers et des chaines de valeurs. De nouveaux organigrammes vont en découler, ainsi que des modes inédits de collaborations, entre entreprises et aussi entre salariés.

Une troisième tendance lourde réside dans la montée en puissance des consultants. Ces derniers représenteront d'ici à dix ans 30 % des actifs[1]. Est-ce la fin du salariat pour les cadres ? La perspective n'est pas écartée par certains sociologues du travail. En tout cas, pour fixer ce nouveau cadre, l'actuel droit du travail présente pour le moins des lacunes. En outre, en termes de savoir être, les talents qui vendront ainsi leurs compétences devront faire preuve d'une grande souplesse intellectuelle et psychologique. Ils auront à s'adapter dans l'instant à une variété de cultures d'entreprises. Mais en sens inverse, comment réagiront les employeurs face aux recours croissants de compétences extérieures ? Ici aussi, des chicanes juridiques sont à prévoir. Certaines seront héritées des archaïsmes du droit du travail, sur la nature du lien de subordination entre le client et le prestataire. D'autres auront trait à la propriété intellectuelle : quand des innovations naîtront de ces collaborations, quelle part reviendra aux entreprises, à leurs développeurs en interne et aux consultants extérieurs ? Vaste programme !

Le mouvement, déjà bien enclenché d'externalisation de la R&D, pourrait être cité comme une quatrième tendance lourde. Face à ces reconfigurations, le défi du dirigeant consiste à mixer comme il faut les compétences. Il ne lui suffit pas de détecter les meilleurs

---

1. C'est le chiffre sur lequel s'appuient les spécialistes de l'intérim pour adapter leur offre commerciale.

éléments, il doit encore faire en sorte qu'ils s'accordent. L'enjeu est ainsi décrit par Laurent Zeller (Nielsen) : « La réussite du plat tient à la qualité des ingrédients. » C'est la raison pour laquelle il définit de la manière suivante le bon dirigeant pour les dix prochaines années : « Un décodeur de gens et un accordeur de talents. »

De fait, au fil des témoignages, des tandems, improbables hier, sont présentés comme des évidences actuelles : un journaliste et un commercial chez Prisma Media, des ingénieurs et des vendeurs chez Vicat, Compte Nickel et Hub One. Chez le premier, Guy Sidos dit à ses équipes : « Arrêtez d'être trop ingénieurs, écoutez la demande du client, et par la même occasion, apprenez des commerciaux. » À l'inverse, dans la deuxième entreprise, Hugues Le Bret enjoint en substance à ses commerciaux d'être en quelque sorte plus geeks. Dans la troisième, Guillaume de Lavallade ajoute une troisième collaboration indispensable, sans doute parce qu'elle est primordiale dans son secteur : « Ayez tout de suite une réflexion RGPD, enjoint-il aux chercheurs et aux vendeurs. N'attendez pas que les juristes vous le rappellent en fin de boucle. » Mais, reconnaît-il, ce n'est pas facile : « C'est une hygiène quotidienne que de comprendre la nécessité d'intégrer l'angle de la cybersécurité dès la conception des objets connectés, *via* Internet. »

Ces processus collaboratifs consacrent les notions de mode projet, de design thinking, de « two-pizza team » (une équipe suffisamment réduite qu'elle puisse se nourrir de deux pizzas). Comme nous le verrons de manière approfondie dans le chapitre suivant, ils bouleversent les organigrammes et inspirent de nouvelles pratiques.

Mais une condition *sine qua non* doit déjà être énoncée. Ces modes collaboratifs ne seront possibles que si les entreprises n'ont pas laissé perdurer des organisations en silos, qui les privent d'entrée de l'agilité nécessaire à leur compétitivité. C'est pourquoi, d'ici à 2025, le troisième enjeu du dirigeant sera de parvenir à un leadership fluide.

UN LEADERSHIP FLUIDE

« Le silo et la matrice sont les deux mamelles du mis-management » : voilà identifiés par Laurent Zeller (Nielsen), les deux ennemis de l'entreprise. Son confrère Gérard Lopez (BVA) partage exactement la même analyse : « On ne peut pas riposter au changement si l'on reste dans la posture du silo et du stock. Il est impossible d'être agile dans ces conditions. La seule solution est d'être dans le flux. » De même, Guillaume de Lavallade se met tout de suite en alerte dès qu'il entend le mot « process ». Pour lui, « c'est le début de la sclérose ».

Alors en poste chez GeoPost, Paul-Marie Chavanne est encore plus sévère : « La culture bureaucratique définit la bonne façon de travailler… pour les autres ! Elle dévitalise. » Dans la société qu'il préside, 60 % du temps est consacré à répondre à l'urgence quotidienne (les grèves, les embouteillages). « Si ça bouchonne, alors que des millions de colis sont traités par jour, c'est l'asphyxie. » C'est pourquoi il développe une allergie aux menaces de thrombose. Son diagnostic est radical : « Quand vous avez installé un système bureaucratique, on ne le réforme pas. On le détruit. »

L'ensemble des dirigeants de notre panel partagent ce constat. Ils suivent notamment Paul-Marie Chavanne quand il présente ainsi le grand danger du silo : « C'est de légitimer le repli sur soi, de créer un monde clos. Il peut être cohérent par lui-même, mais totalement coupé de l'extérieur, et par voie de conséquence, du client. »

Face à l'énorme chantier d'abattre les murs et de rendre les services plus ouverts, il y a de quoi être découragé. Mais si le dirigeant laisse entrevoir son abattement, les équipes vont se méfier, elles ne vont pas vouloir embarquer dans son projet. C'est pourquoi, à défaut d'une méthode souveraine pour abattre les silos, une bonne pratique consiste à commencer par appliquer le changement à soi-même, en veillant à sa propre attitude en tant que dirigeant.

C'est ce qu'explique Anne Geisert (Miele France) : « J'ai appris à savoir qui je suis. Mon ambition est d'installer une forme de leadership liquide. Personne n'y parvient du début à la fin de ses tâches, mais il faut apprendre à l'être le plus longtemps possible et s'efforcer de l'être toujours. » C'est ce qu'elle illustrait voici quelques pages, quand elle disait : « En entrant dans une réunion, personne ne doit savoir d'entrée qui est le président, parce que tout le monde peut être leader à un moment donné du travail en groupe… »

On le voit, les apprentissages successifs du leadership partagé, puis du leadership collaboratif préparent à l'abolition des silos et à l'avènement du management fluide. Alexander Abé (Jungheinrich) le confirme : « Travailler en mode projet, avec une consécration de la multidisciplinarité, cela casse la tradition du silo. Chez nous, par exemple, il y a six univers : vente des chariots, réalisation de solutions automatiques, location, occasion, service après-vente, financement. Il faut leur donner l'habitude de travailler ensemble. Il faut aussi que tous acceptent qu'une chef de projet puisse être dotée de prérogatives et de responsabilités qui viennent percuter l'organigramme. » Habitudes, blocages ou adhésion : la palette des réactions est évidemment large.

« Certains n'attendaient que ça, d'autres ont été déstabilisés, continue-t-il. Il a fallu les rassurer. D'autres ne voulaient pas ou ne pouvaient pas. En tout cas, nous avons retenu la leçon pour le futur : nous devrons tous apprendre à nous faire confiance entre strates et services. »

Cependant, le dur principe de réalité vient encore se rappeler aux acteurs de l'entreprise. « Tout le monde plaide pour la simplification, la transparence, le circuit court dans les décisions, la fin des silos… », note Thomas Georgeon (Société de la Tour Eiffel), « mais dans le même temps, on empile les procédures de contrôle interne et de gestion du risque. La prise de décision devient un Rubik's Cube© et à la fin, personne n'ose la prendre, ou bien on la prend en perdant tout bon sens. »

La logique du flux qui l'emporte sur celle du stock reste cependant admise par tous comme le nouvel axiome. Cela suppose que l'entreprise travaille vite et mieux et cela, tout au long de l'année, même en l'absence de son dirigeant. Chez Coriolis, Pierre

Bontemps en est à ce point convaincu qu'il voit la fonction de P.-D.G. s'équilibrer au profit des directeurs opérationnels et de leurs équipes. Alors, il habitue ses collaborateurs à son absence. Francis Kopp, chez Lenze, dessine de manière assez identique son idéal de dirigeant à l'horizon 2025 : « Qu'il se retire, délègue, consacre plus de temps à la stratégie et à la coopération entre sites. »

Quant à Amaury Fremaux (Fremaux-Delorme), il s'interroge à la lumière de son expérience lorsqu'il a repris le flambeau transmis par son père : « Il ne faudra pas que je sois un frein », analyse-t-il. De même, pour être sûr de régénérer à intervalles réguliers l'entreprise par son sommet, il réfléchit à des rotations plus fréquentes à la direction générale.

Toutes ces questions tournent en fait autour d'une seule : quelle place à l'avenir pour le patron ? Le quatrième de nos travaux d'Hercule apporte une partie de la réponse. Il devra devenir un leader global. Alors que trop souvent, il campe encore dans une posture verticale.

Un leadership global et non vertical

Pour comprendre la différence entre ces deux notions, écoutons la démonstration d'Hugues Le Bret. Bon nombre de dirigeants se retrouveront dans son analyse. À travers l'aventure de Compte Nickel, il émet un certain nombre d'idées-forces. Elles prennent encore plus de relief à la lumière des enseignements des trois premiers travaux.

« Toute entreprise a quatre histoires, explique-t-il. La première, faciale, raconte l'activité, l'histoire du fondateur, le chiffre d'affaires, les marges. La deuxième, c'est la vie quotidienne, vue de l'intérieur : les fournisseurs qui font défaut, le client pressé, les contraintes administratives et réglementaires. Dans une activité comme Nickel, où les clients attendent à la seconde près le moment où ils vont être crédités du RSA pour pouvoir à nouveau consommer, notre prestation doit être d'une qualité sans défaut, mais elle conditionnée par tellement de prestataires extérieurs ! La troisième, c'est l'histoire du capital. Avec ces partenaires, c'est l'entente cordiale. Ils veulent le maximum de pouvoir avec le minimum de mise. C'est souvent le drame des start-up de ne pas avoir compris cette réalité. La quatrième histoire, c'est l'entrechoc de tous les écosystèmes. Compte Nickel, par exemple, fait concurrence aux banques traditionnelles, aux fintechs, mais elle gêne aussi les associations humanitaires, sans parler de ceux qui ont mis en place le fameux et si peu populaire droit au compte dans les banques. (…) Tout cela pour dire que le dirigeant, demain, devra être global, alors qu'actuellement, il est vertical. Sans prétendre savoir tout faire, il devra être super bon en techno, pour être toujours connecté en temps réel aux évolutions. Il devra aussi maîtriser les outils de conquête et de fidélisation des clients. (…) Cela supposera qu'il développe des compétences en marketing, afin de comprendre les codes des nouvelles générations. Concrètement, par exemple, il devra pouvoir se faire comprendre de ses collaborateurs de moins de 35 ans qui votent écolo. Mais il devra savoir que chaque tranche d'âge, chaque tribu, a son langage. Troisièmement, mais sans qu'il y ait un ordre de priorité, il devra savoir parler avec toutes les parties prenantes. Il devra être capable de tenir un vrai discours d'entreprise, en interne, comme en externe. Quatrièmement, il devra maîtriser la finance : c'est la condition de l'avenir de l'entreprise. »

De nombreux dirigeants partagent cette notion de leadership global. Ils la traduisent à leur manière, par ces bonnes pratiques :

– savoir rester dans le rôle de celui qui pose les questions : c'est une résultante du leadership partagé. « Il ne s'agit pas d'avoir les réponses, confirme Paul-Marie Chavanne (ex-GeoPost), mais de les provoquer. Aller chercher les bonnes idées dans le ventre de l'entreprise, c'est ça, le leadership. »

– écouter avant de décider. Le dirigeant doit être humble et leader quand même. Cela ressemble à un oxymore ? Pourtant, c'est la réalité que décrit le leadership partagé : comme le dirigeant ne sait pas tout, il s'entoure d'experts. Cependant, à la fin des fins, c'est lui qui prend la décision. Dès lors, il doit se tenir suffisamment au courant. D'une part, pour rester performant ; d'autre part, pour ne pas décider, accepter ou signer n'importe quoi. Par exemple, des « housses à protéger les cathédrales », selon l'expression de Guillaume de Lavallade. Ou des avions renifleurs pour remémorer l'arnaque incroyable d'une autre époque dans laquelle étaient tombés des esprits parmi les plus brillants et les plus respectés de l'État. Mais attention, à l'heure où les innovations se multiplient, l'enjeu de comprendre est crucial, et les prises de décisions fréquentes. La responsabilité de dire parfois non peut aussi porter sur une bonne technologie.

Si la décision suppose des investissements lourds, dont l'amortissement repose sur des prévisions de commercialisation trop optimistes, l'accident industriel sera vite arrivé. Pierre Bontemps (Coriolis) se souvient de l'avoir évité avec la Wimax (la boucle locale radio). Cette invention était pourtant prometteuse. Le P.-D.G. avait écouté les arguments qui plaidaient pour elle. Il était sur le point de signer, mais il a eu le flair d'écouter avec attention le directeur technique dressant un portrait-robot de l'acquéreur de Wimax : « Nous allons susciter l'intérêt, mais aussi la prudence. Notre client ne mettra pas tous ses œufs dans le même panier. Il n'utilisera cette nouvelle technologie que pour la moitié de ses besoins. » Dans ces conditions, le chiffre d'affaires du business plan se trouvait divisé par deux. Le modèle s'effondrait : « Je n'ai donc pas signé », confie Pierre Bontemps.

La conclusion du leadership global revient à Patrick Errard : « Il faut accompagner sans être gourou, et garder le bon sens que l'IA n'aura jamais. » Autrement dit, rien ne doit ni ne peut remplacer l'humain. C'est tout le sens du cinquième travail, qui sera de parvenir à un leadership incarné.

UN LEADERSHIP INCARNÉ

« Plus je digitalise, plus j'humanise » : si la phrase n'a pas été prononcée au moins quarante fois au cours des entretiens ! L'attitude globalement préconisée se trouve bien résumée par Paul-Marie

Chavanne : « Dans le monde technologique à venir, il faut créer une ambiance sympa, pas normée, où la liberté, la responsabilité, l'attention à l'autre sont consacrées. » En un mot, il faut développer la bienveillance en entreprise. Il a même coécrit un livre sur le sujet[1].

Laurent Zeller (Nielsen) renforce le trait en soulignant cet écueil possible : « Le dirigeant qui se maintiendra en retrait ne sera pas dans la bonne attitude. » Dans la même veine, Pascal Nadobny (Addev Materials) préconise de s'appliquer à « prendre part aux after-hours des jeunes collaborateurs. On y apprend tellement sur notre monde qui bouge ».

Comme les nouvelles formes de travail vont raréfier les occasions d'être tous ensemble en un même lieu, il va falloir solenniser ces moments. À cette fin, des temples, rites, séminaires et autres messes profanes s'installent progressivement. Ils méritent d'être analysés, car ils deviennent les nouveaux repères de l'entreprise. Ils seront traités plus loin.

Dans cette veine, Élie Choukroun résume la bonne attitude par un mot japonais : *gamba*. Bien sûr, à travers Ricoh, est-il imprégné de la culture managériale nipponne. Le terme signifie « terrain ». Il souligne l'importance pour le dirigeant de savoir se placer au plus proche de la réalité opérationnelle. C'est aussi ce que dit Laurent Germain (ex-Segula Technologies) : « Le leader, c'est celui qui sait descendre là où est le problème, et c'est aussi celui qui sait qui est la personne à même de le régler. »

Dans les circonstances qui viennent d'être évoquées, d'échanges et de discussions, la dimension humaine est primordiale. Elle avait peut-être pu être occultée par le passé, puisque dans Paris, on trouve encore des immeubles où un ascenseur privé conduit directement le P.-D.G. à son bureau pour éviter qu'il ait à rencontrer l'un de ses col-

1. « *La Bienveillance en entreprise : utopie ou réalité ?* » Paul-Marie Chavanne et Olivier Truong, éditions Eyrolles, 2017.

laborateurs dans les étages. Dans le monde qui vient, la place du dirigeant sera au contraire au milieu de ses équipes. C'est tout l'objet du sixième travail : parvenir à un leadership humaniste et… féministe.

UN LEADERSHIP HUMANISTE ET FÉMINISTE

X, ENA, HEC : la plupart des présidents du CAC 40 sortent principalement de ces trois matrices, où le biais scientifique a longtemps été prééminent. De là à déduire que seuls les matheux peuvent diriger des entreprises et des personnes, il n'y a qu'un pas. Pourtant, l'un des grands enseignements de notre enquête a été de découvrir à quel point les dirigeants se déclarent désormais férus de sciences humaines.

Celles-ci ont été longtemps de grandes absentes des enseignements dans les écoles de commerce et celles d'ingénieurs. Elles tiennent leur revanche[1]. C'est déjà une tendance palpable, mais demain encore davantage, les dirigeants et les vrais leaders seront des pratiquants convaincus des sciences humaines.

À commencer par la philosophie, précieuse pour aider à trouver du sens. Deux dirigeants de notre panel ont poursuivi des études approfondies de philosophie. Ce sont Laurent Germain (ex-Segula Technologies) et Patrick Errard (Astellas). Ce dernier a même pris le temps d'écrire un livre pour étayer sa conviction : *« La Philosophie au secours du management*[2] ». Pierre Bontemps (Coriolis) puise, pour sa part, une partie de son éclairage dans les textes religieux, mais après tout, la théologie n'est-elle pas cousine de la philosophie ? Il cite le livre de Job pour s'interroger sur la finalité de la surconsommation : « Si je possède, je puis être heureux, mais quand je ne possède plus rien, je dois être heureux aussi. »

---

1. Désormais le neuro leadership est enseigné à Polytechnique. Un des livres de chevet des étudiants est : *« Neuroleadership, le cerveau face à la décision et au changement »*, par James Teboul et Philippe Damier, éditions Odile Jacob, 2017.

2. Éditions Odile Jacob, 2015.

La deuxième discipline littéraire est la psychologie. Elle a été omniprésente au cours des entretiens. Il est vrai qu'elle aide les dirigeants dans leur quotidien et d'une manière opérationnelle. La première utilisation a été exprimée crument. Elle sert à déceler les « toxiques », mais aussi les « prédateurs », les « pervers », les « violents », les adeptes du « bullying ». Tous ces mots ont été employés. Voici dans quel contexte.

« Les toxiques, on les sort. » Un dirigeant anonyme le dit sans ambages, et il s'en explique ainsi : « Qu'est-ce qu'on fait avec le capital financier ? On détecte les lignes de crédit pourries, les créances douteuses et on les sort. » Selon lui, il faut procéder de la même manière avec les pervers et autres vampires psychiques, car ils sont capables de polluer à eux seuls tout un plateau de travail.

Il y va du confort, parfois de la santé psychique des collaborateurs et donc de leur efficacité. En outre, la marque employeur en sort grandie. Vicat a toujours été soucieux de la qualité humaine chez les personnes recrutées. « Il ne faut pas oublier les fondamentaux, explique son P.-D.G. Guy Sidos. La raison ne l'emporte pas sur l'affectif. Rien de durable ne se construit dans une organisation humaine sans loyauté. » De ce fait, il s'est créé une culture d'entreprise qui a fini par être connue dans le secteur d'activité. Un jour, une personne ultra-diplômée a donné la préférence à Vicat alors qu'elle était courtisée par des entreprises qui lui proposaient une rémunération bien plus attractive. La réponse a bien sûr fait plaisir à Guy Sidos qui a quand même tenu à recevoir la personne pour connaître la raison profonde du choix. Elle lui a répondu : « Chez vous, il n'y a pas de sales cons. »

Dans la même veine, chez ADP (Aéroports de Paris), la charte managériale précise explicitement qu'il faut recruter des « gens sympa ». Pareillement, chez Cetih, près de Nantes, c'est précisément parce que François Guérin est soucieux de la qualité des relations humaines qu'il est prudent avec le concept d'entreprise libérée. Car l'idée ouvre selon lui un terrain de prédilection pour ceux qu'il appelle les « prédateurs ». Attention au risque de ne libérer que les loups !

C'est pourquoi, précise-t-il, « le management garde un rôle important sur le respect du cadre et des valeurs ». Hubert de Boisredon abonde aussi en ce sens, et préfère parler « d'entreprise libératrice ».

Sur ces sujets, l'âge ne fait rien à l'affaire. Les inclinations aux comportements psychorigides se décèlent aussi bien chez des jeunes qu'auprès de personnes d'âge mûr. Chez Porsche France, Marc Meurer a fait changer d'avis un jeune collaborateur qui refusait le télétravail à ses équipes, parce qu'en réalité, il aimait les avoir sous ses yeux, pour mieux les contrôler.

Et puis, il y a le comportement inacceptable de la violence. Pour Paul-Marie Chavanne, « la liberté et la responsabilité sont les deux plus grandes valeurs humaines. Je pense qu'il existe des valeurs comportementales qu'il faut promouvoir. De ce fait, certains gestes sont inadmissibles. Attention, en disant cela, je ne fais pas de déclinaison moraliste. Je veux dire que chacun a le droit d'avoir son caractère, même bien trempé. Et puis, n'oublions pas que les plus grands créateurs ont toujours été des gens insupportables ! Mais je parle de tous les gestes violents, pervers. Il faut les repérer. Ce qui suppose d'être un dirigeant à l'écoute. La première fois, on est en alerte, la seconde fois, on dit au revoir au collaborateur. »

Pour François Guérin aussi, les comportements répétés de violence n'ont pas d'autre issue que le licenciement, « sachant, précise-t-il, que l'entreprise doit au préalable accompagner et prévenir ce type de situation ».

Une autre forme de violence est évoquée par Mahasti Razavi chez August Debouzy : c'est le bullying. « Nos clients, explique-t-elle, réclament du cabinet la même déontologie que celle qu'ils s'appliquent à eux-mêmes. Certains ont été très précurseurs en la matière. Ainsi, et c'était il y a déjà bien longtemps, notre client Nike nous convoque pour nous interroger sur ce que nous faisons en faveur de la diversité. Nous nous étions rendus au rendez-vous dans une formation très "diverse" sans connaître véritablement son objet : nous étions deux femmes et un homme, deux d'entre nous étaient des associés, et nous avions emmené une brillante collègue non associée. Deux d'entre nous étaient franco-iraniens, et l'une franco-américaine. Il leur a suffi de nous voir pour qu'ils soient rassurés, et que l'on évoque cet ADN très singulier de notre cabinet par rapport à un marché à l'époque très rétrograde sur ces sujets. Récemment, des demandes de cette nature se sont multipliées avec communication de statistiques concernant la diversité au sein de la firme, par type de dossier, par matière, par client, par âge, par statut. Nous avons également depuis peu reçu des demandes de clients concernant les démarches mises en œuvre contre le "bullying" ? » Le mot est la traduction littérale du harcèlement en anglais. Mais il vise une typologie plus large de comportements considérés comme inacceptables et qui peuvent aller des propos sexistes à une forme de maltraitance insidieuse.

D'une manière plus préventive et moins conflictuelle, la psychologie aide aussi les dirigeants à comprendre le besoin de reconnaissance de leurs collaborateurs. On a vu plus haut dans l'exemple de Biocoop combien le déficit de reconnaissance peut rendre des salariés malheureux. Convaincue de cette réalité, Mahasti Razavi (August Debouzy) proclame « qu'on travaille mieux quand on se sait important ».

Édouard Fourcade (Anaplan) place même la reconnaissance au rang des besoins vitaux de l'être humain. Il ne le dit pas par sentimentalisme ou sensiblerie, mais parce que c'est un fait scientifiquement avéré. Les progrès des sciences cognitives ont été spectaculaires ces dernières années. Des universitaires de Rochester, aux États-Unis, ont reconfiguré la célèbre pyramide de Maslow. En 1943, ce spécialiste de la psychologie avait établi les cinq marches des besoins fondamentaux de l'être humain. Le premier niveau est d'ordre physiologique. C'est la faim, la soif, la sexualité, la respiration le sommeil, l'élimination. Ensuite, s'exprime le sentiment de sécurité, qui réclame un environnement stable et prévisible, sans anxiété ni crise. Le troisième cap est celui de l'affection des autres, le quatrième vise à obtenir la confiance en soi et l'appréciation des autres. Enfin, en haut des marches, vient le besoin d'accomplissement de soi.

Les travaux de l'école de Rochester ont resserré à trois le nombre de besoins fondamentaux de l'Homme. Dans l'ordre, il s'agit de l'égalité intrinsèque, qui réclame du respect, de la bienveillance, de la considération. En un mot, de la reconnaissance. Vient ensuite le développement personnel, qui se concrétise par le besoin d'apprendre et de se perfectionner tout au long de sa vie. Enfin, il y a la quête d'auto-direction, car depuis son adolescence, l'être humain supporte de plus en plus mal d'être contrôlé. Il veut, au contraire, s'approprier sa vie, en particulier au travers de son métier.

C'est précisément ce que met en évidence le leadership incarné : le besoin de reconnaissance de l'humain s'accroîtra symétriquement au développement de l'intelligence artificielle. Pour reprendre Patrick Errard, déjà cité, « les activités robotisées seront de plus en plus efficientes. De ce fait, l'intelligence humaine va devoir se déplacer vers d'autres activités ». Vers le savoir-être en particulier, puisque le savoir-faire sera de plus en plus pourvu. Hubert de Boisredon (Armor) partage cette vision : « Puisque le dirigeant ne pourra plus tout faire, il va devoir passer du leadership du faire au leadership de l'être. Toute sa personne devra transpirer de valeurs et d'attitudes qui font grandir son entourage. » Dans ce contexte, la maîtrise des bases de la psychologie ne sera pas superflue.

Mais ce n'est pas tout ! En plus d'être philosophe et psychologue, le dirigeant devra aussi être capable d'extérioriser ses émotions. Voilà qui est nouveau ! Pendant des années, n'a-t-on pas enseigné qu'un homme fort ne montrait pas ses sentiments ; en économie, l'agent individu n'était-il pas supposé rationnel ? Laurent Zeller a son explication sur ce déni. La France a vraisemblablement pâti au XXe siècle d'une erreur de traduction. Les entreprises américaines ont imposé cette formule : « *Don't be so emotionnal!* » Cela ne signifie nullement : « N'affiche pas tes émotions », mais : « Tu es en train de péter les plombs ».

En tout cas, Hubert de Boisredon conserve un souvenir critique de cette période des années 1990 à 2000, où le bon manager était celui qui était capable d'un management dur, insensible, détaché d'humanité, capable d'exercer la pression maximum sur les équipes, en vertu du principe que la peur obligerait les collaborateurs à donner tout leur énergie à l'entreprise. « Je n'ai jamais été en phase avec ces principes », se souvient-il. Question d'éthique, mais aussi de doutes sur l'efficacité. En revanche, il est convaincu de la force de la vulnérabilité. « Quand vous dites "ça me touche", cela dégage une énergie collective phénoménale. »

Heureusement, cette prise de conscience s'installe progressivement. Centralien de formation, Thomas Georgeon (Société de la Tour Eiffel) n'hésite pas à mettre en exergue l'affectivité. Pascal Nadobny (Addev Materials) souligne l'importance du mot « *care* ». Sa définition englobe empathie et sympathie. Sur ce thème aussi, les commentaires sont si nombreux qu'ils sont rassemblés, plus loin, dans un tableau de verbatim.

Plusieurs fois aussi, il a été mentionné que le leadership du futur intégrerait les valeurs féminines. C'est pourquoi nous écrivions plus haut, à propos du déséquilibre entre hommes et femmes dans notre panel, qu'heureusement la situation évolue. Pierrick de Ronne, chez Biocoop, souligne bien cette mutation : « La compétition va perdre ses repères virils. Les valeurs féminines montent, et vont continuer de le faire. »

Chez Talan, les ingénieurs prennent un soin méticuleux dans l'élaboration des algorithmes, à éradiquer les connotations spécifiquement masculines dans les biais cognitifs. Ils y parviennent d'autant plus facilement que dans leur filiale de R&D en Tunisie, les ingénieurs sont majoritairement des jeunes femmes.

Chez Lenze, Francis Kopp témoigne : « Depuis que je suis en mesure de prendre des responsabilités, je choisis bêtement mes équipes à la compétence. En définitive, il se trouve que la parité est parfaite. Ma numéro 2 est une femme. Mais à aucun moment, ma réflexion n'a été guidée par des considérations d'égalitarisme, ou de respect de quotas. »

Il en va de même chez Prisma Media. « Mon équipe directoriale est composée de compétences complémentaires et diversifiées, explique Rolf Heinz. À l'arrivée, il se trouve qu'elle est composée de quatre femmes et de trois hommes. Mais c'est une résultante *ex post.* »

Cependant, il faut aller plus loin que la facilité de langage. On croit voir intuitivement ce que recouvre la notion de valeurs féminines, mais qu'est-ce au juste ? Rien de tel que d'écouter l'une des trois femmes de notre panel, et la plus jeune qui plus est : Fanny Letier, née en 1980. « Je me souviens d'un livre sur l'Europe qui était intitulé *Big Mother.* Il décrivait l'Europe politique, comme une femme qui aurait infantilisé, surprotégé les citoyens, et affaibli le peuple européen. » En d'autres termes, l'ouvrage installait une passerelle naturelle entre faiblesse et féminité, la force étant forcément masculine.

« Pour ma part, objecte la cofondatrice énarque de la société de capital-investissement GENEO, mon style de management est bienveillant, mais je ne me sens pas faible. Je crois au contraire que la gentillesse est une force et que les dirigeants cassants expriment par là leur faiblesse. De plus en plus, le monde et les entreprises auront besoin de leaders qui auront fait ce travail sur eux, d'être au service de leurs collaborateurs et non l'inverse. Le leadership, aujourd'hui, c'est l'influence, la capacité à entraîner et non plus le statut ou le pouvoir. »

Ainsi donc, au-delà de l'égalité de compétence entre hommes et femmes, évidemment admise, ce à quoi l'on assiste, c'est à la prise de pouvoir de valeurs différentes : l'influence remplace le pouvoir ; la motivation estompe la peur du licenciement ; l'humour intelligent soude bien plus solidement que l'austérité. Sont-ce là des valeurs exclusivement féminines ? En tout cas, le verbatim qui suit est transgenre.

Empathie, sympathie, bienveillance : tout est dans la nuance

L'auteur	La phrase	Le contexte
Pascal Nadobny (Addev Materials)	L'importance du mot « *care* ». Sa définition englobe empathie et sympathie.	Responsabilités patronales, locales à Lyon et nationales
	Un bon dirigeant aime les gens. Il n'a pas à être craint, mais respecté.	
	Faute avouée, 100 % pardonnée : les plus gros problèmes surviennent quand les gens sont mis dans une telle situation qu'ils ne peuvent pas avouer.	
	« Il y a des non qui peuvent être bienveillants. »	
Daniel Weizmann VWR	« Le management, c'est simple. Tu disposes de deux boîtes sur ton bureau : la boîte à gifles et la boîte à caresses. Tu as juste l'interdiction de te tromper dans leur utilisation. »	Président du Medef Île-de-France

L'auteur	La phrase	Le contexte
	Les meilleurs dirigeants pour moi ont été ceux qui étaient aussi les plus durs, mais qui m'apportaient énormément.	
Paul-Marie Chavanne Ex-président de GeoPost	Les équipes n'aspirent qu'à davantage de bienveillance en entreprise. Une étude de l'université de Warwick a montré que la productivité d'une équipe heureuse augmente de 12 %[1].	Co-auteur de *La Bienveillance en entreprise : utopie ou réalité ?*
Marc Meurer Porsche France	Un « non » peut être bienveillant.	Ancien de Renault, entreprise culturellement et historiquement à la pointe de l'innovation sociale

1. Oswald Andrew J. Proto Eugenio, Sgroi Daniel, *Happiness and productivity*, University of Warwick, 2012.

L'auteur	La phrase	Le contexte
Hugues Le Bret Compte Nickel	Mon défi est alors de m'assurer que la bienveillance est bien présente à tous les étages, que la notion est bien comprise par le management. Or, force est d'admettre que quantités de personnes sont nulles en bienveillance. La vraie question du dirigeant est alors : comment créer le lien ? Ma réponse est : par la communication.	Ancien directeur de la communication de la Société Générale pendant l'affaire Kerviel. Connaît de près la dureté de certaines ambiances de travail
Gérard Lopez BVA	La qualité principale demandée au dirigeant et au leader, c'est l'empathie, celle qui fabrique la compréhension de l'autre. Sans elle, les préjugés raciaux et de classe reprennent le dessus.	A fondé BVA voilà trente-trois ans avec deux amis connus sur le campus d'une business school et soudés par les valeurs du rugby.
	Il n'est pas normal qu'on tienne si peu compte de l'empathie dans l'examen des CV.	

L'auteur	La phrase	Le contexte
	Ne me branchez pas sur l'empathie, je peux vous en parler pendant un quart d'heure.	
Patrick Errard	La bienveillance n'a pas de traduction en anglais. Je la définis comme l'art de cultiver l'esprit critique sans juger. C'est écouter en sachant se détacher du jugement de valeur.	Auteur de *La Philosophie au secours du management*
Pierre Bontemps Coriolis	La bienveillance, auparavant on pouvait l'appeler « paternalisme ». La tournure court-termiste promettant un retour du capital ultra rapide ne plaide pas pour une bienveillance pour tous et pour tout.	

UN LEADERSHIP OUVERT

Autant une entreprise en silos est refermée sur elle-même, autant la même, quand elle est fluide, s'ouvre naturellement au monde et aux évolutions sociétales. Elle est mieux armée, par exemple, pour parer aux « Black Swans » évoqués précédemment. Mais comment peut-elle se prétendre ouverte, si à son sommet, son dirigeant ne l'est pas lui-même ? Au-delà d'une qualité que l'on posséderait, ou non, naturellement, l'ouverture est une attitude que tous les dirigeants auront le devoir de développer d'ici à 2025.

Un puissant soutien peut leur être apporté en la matière par les collaborateurs, et notamment par les plus jeunes. Loïc Latour (France Boissons) recommande de s'appuyer sur eux pour capter les signaux faibles dans les nouvelles attentes des clients et des consommateurs. Le conseil vaut en particulier pour les entreprises qui misent fortement sur leur marque mais en réalité, il s'applique à toutes.

La jeunesse est aussi davantage en phase avec les préoccupations environnementales. Comme on l'a vu chez Addev Materials, c'est un stagiaire aux ressources humaines qui a fait disparaître le gaspillage des gobelets. Chez Miele France, dont le siège est au Blanc-Mesnil, en Seine-Saint-Denis, Anne Geisert se réjouit de la proximité de l'Université de Villetaneuse. Un vivier de talents est à sa disposition.

Parce qu'il a toujours sa porte ouverte, Guy Sidos a reçu en son temps une jeune salariée qui se préoccupait du sort des abeilles sauvages. Ces dernières sont indispensables pour la survie des butineuses. Or, il est apparu que le béton lisse protégeait les ailes de ces précieuses abeilles. Du ciment à l'apiculture, il n'y avait donc qu'un pas. Désormais, toutes les carrières du groupe en France abritent des ruches. « On suit les animaux de la carrière à la ville », se réjouit Guy Sidos. « En quoi est-ce économiquement utile ? », pourraient s'interroger des investisseurs financiers court-termistes. La réponse du P.-D.G. fuse sans attendre : « Nous travaillons pour nos collaborateurs, pour l'efficacité de leur travail, et pour l'environnement aussi. »

L'esprit d'ouverture devra aussi se manifester en faveur de la différence des cultures, des cultes, de la différence en général et du handicap en particulier. Pour s'y exercer, Pascal Nadobny (Addev Materials) considère que « l'international est la meilleure des écoles ». Et de résumer ainsi sa pensée : « Le Moyen Orient et le Asie vous enseignent la patience et le temps long, l'Amérique vous forme à la conquête et à la performance. Mais en définitive, l'être humain pleure partout aux mêmes choses. »

Traduit en anglais
[illegible]

En outre, quand l'habitude est prise de s'enrichir de la diversité des cultures, il devient également naturel de recevoir en son sein la pluralité des cultes. Chez Septodont, Olivier Schiller y attache une importance particulière : « L'entreprise est un lieu d'intégration de tous, quelle que soit son origine, sa religion ou son genre. C'est le cas chez Septodont, où les salariés forment une communauté d'hommes et de femmes diversifiée et travaillant ensemble vers un but commun. » Au-delà d'une bonne pratique de management, le dirigeant met ici en pratique sa conviction philosophique personnelle. Mais ce faisant, il se prépare bien aux enjeux sociétaux du futur. Car en France, en particulier, du fait d'une fragmentation croissante du pays, la bande passante la plus large entre les habitants ne sera plus la politique mais le fait religieux. Ce débat rejaillira forcément dans les bureaux et les ateliers. Déjà, depuis des années, l'Observatoire du Fait Religieux en Entreprise (l'OFRE) relate une montée régulière des frictions au travail en raison du mauvais traitement de cette question.

L'ouverture peut aussi, et doit, se traduire en faveur du handicap. Patrick Errard (Astellas) y est très sensible. Sa préoccupation ne s'arrête pas aux personnes à mobilité réduite. Le législateur est intervenu. Mais le dirigeant pense à une catégorie de salariés qu'il trouve particulièrement laissés pour compte : ce sont les personnes dont la carrière a été cassée par un cancer. Comment être à leurs côtés pendant et après la maladie ? Pour lui, cela entrera de plus en plus dans les responsabilités que l'on attend d'un responsable. « C'est bien beau, explique-t-il, d'un point de vue de management, de vouloir rendre les collaborateurs plus autonomes, mais comment y parvenir si l'on n'est pas en disposition de connaître et de comprendre les contraintes de chaque salarié ? »

Hubert de Boisredon (Armor) en fait une question essentielle : « Comment une société pourrait-elle s'auto-proclamer bienveillante, interroge-t-il, si elle a pour principe de se séparer de ses collaborateurs de plus de 58 ans et de ne voir qu'un problème de coût dans un salarié malade ou handicapé ? Ce serait le signe que son dirigeant n'a pas compris ce qu'est un management humaniste. Car la personne à handicap est au contraire une chance pour l'entreprise. En manifestant simplement son besoin d'être aidé comme une évidence, elle permet de développer un esprit d'équipe. Car ainsi, les personnes valides osent dire à leur tour qu'elles ont, elles aussi, besoin d'aide. Dès lors, le mot fragile ne fait plus peur. Plus généralement, c'est la peur de sa propre fragilité qui s'éloigne. » Ce point est essentiel pour mobiliser les collaborateurs autour d'un projet commun.

En définitive, il faut être ouvert à la différence. Sans se concerter, Thomas Georgeon (Société de la Tour Eiffel), Rolf Heinz (Prisma Media) et Hugues Le Bret (Compte Nickel) prononcent peu ou prou la même phrase : « Le capital humain, ce n'est pas le nombre de collaborateurs, c'est leur diversité. » Bien évidemment, là encore, l'idée ne doit pas mal être interprétée. Il n'est pas question ici d'instaurer des quotas, afin que chaque communauté se sente équitablement représentée. C'est un état d'esprit qu'il faut instaurer.

Mais pour Alexandre Eruimy (PrestaShop), il est si important qu'il lui confère une dimension stratégique. « La relation humaine est la base du management », pose-t-il en postulat, sachant que le mode de fonctionnement dans la société qu'il dirige est la petite équipe de travail formée le temps d'un projet, généralement sur une durée d'environ six mois. C'est pourquoi lui va au-delà de la quête de sens. Celle-ci est pour lui un moyen pour accéder à la finalité qui est de consacrer la différence. « C'est elle qui permet d'inclure chacun, avec ses particularités. Mais c'est précisément la diversité qui fait vivre l'entreprise. À l'avenir, il faudra repenser cette dernière à l'aune de la différence. » En d'autres termes, il faudra voir cette dernière comme une chance, alors que trop souvent, elle est perçue au quotidien comme une menace. Une bonne façon de s'y préparer consiste à entretenir la curiosité.

UN LEADERSHIP CURIEUX

Est-ce la raison pour laquelle Rolf Heinz (Prisma Media) utilise cette jolie expression : « J'ai gardé une âme d'enfant » ? De même, Patrick Errard (Astellas) a décoré la bibliothèque de son bureau directorial de modèles réduits de locomotives et de wagons de chemin de fer en tôle. Quand son interlocuteur lui fait remarquer qu'il a les mêmes à la maison, il lui sourit : « Vous aussi, vous avez oublié de grandir ? » En tous les cas, les deux proclament leur curiosité, autant comme disposition d'esprit par rapport au monde et aux gens, que comme une bonne pratique managériale.

Ils sont rejoints en cela par nombre de nos interviewés. Guillaume de Lavallade (Hub One) le dit : « Je m'efforce de rester curieux, de comprendre le modèle des autres. La digitalisation est applicable à bien d'autres secteurs. En ce sens, travailler pour un aéroport, c'est formidable. Cela revient à observer une ville, voire un pays, en miniature. »

Comprendre le modèle des autres, c'est aussi la gymnastique intellectuelle de Mahasti Razavi (August Debouzy), François Guérin (Cetih) et Loïc Latour (France Boissons). De la sorte, expliquent-ils en substance, ils regardent des domaines qui ne sont pas les leurs, y puisent de bonnes idées transposables chez eux. Parfois, au contraire, ils décèlent le défaut de cuirasse qui fragilise l'entreprise. Le plus souvent, l'exercice leur permet de vérifier où ils en sont par rapport à la concurrence, soit celle exercée par les acteurs du secteur ou par de nouveaux entrants suscités par l'intelligence artificielle.

UN LEADERSHIP CONGRUENT

Une autre qualité humaine sera elle aussi de plus en plus requise. Elle arrivera en complément du management fluide, humaniste et curieux : ce sera la congruence. Le mot est utilisé en psychologie, ou dans le traitement amiable des conflits. Il peut sembler jargonnant. Il ne l'est pas tant que ça. Tout le monde sait ce que c'est d'être incongru. Ici, nous visons l'inverse. Hubert de Boisredon (Armor) et Fanny Letier (GENEO) emploient tous deux la même expression synonyme : ils disent qu'il faudra « être aligné ».

Cela veut dire que les contradictions comportementales ne seront plus admises. Fini les hiatus comme « par où tu prêches, par là tu pêches » ou « fais ce que je dis, ne fais pas ce que je fais ». À cet égard, lors d'entretiens de recrutement, le P.-D.G. d'Armor aime savoir ce qui motive profondément les candidats à une responsabilité qui demande du leadership. Que recherchent-ils vraiment en postulant à cette responsabilité ? « Est-ce une opportunité de hausse de salaire ou une étape de carrière pour améliorer le CV ? C'est souvent un but caché. Ou bien veulent-ils être utile au monde, en accompagnant les personnes et les entreprises ? » Le dirigeant accepte toutes les réponses. « L'important, précise-t-il, c'est qu'elles soient vraies et cohérentes. »

C'est pour cela qu'il parle d'alignement. « Si le dirigeant n'est pas au clair avec lui-même, poursuit-il, il va tromper son entourage et le rendre malheureux. Des collaborateurs avaient cru travailler avec une personne humaniste, ils découvrent un être pervers, crispé sur la défense de son territoire et de son pouvoir. Le tiraillement est inévitable, avec son cortège de souffrance au travail, de démotivation, voire de dépression. »

Une telle duplicité n'est malheureusement pas théorique. Hubert de Boisredon a quelques exemples en tête au sein du CAC 40, où des présidents se mettent à promouvoir la transition énergétique et à se préoccuper du défi climatique, parce que la posture est « bonne pour le cours de Bourse », mais qui, au fond d'eux-mêmes, ne sont pas engagés. Mais il prévient : on ne trompe pas ainsi durablement les personnes. Surtout pas les jeunes, qui ont des antennes par rapport à leurs aînés, pour détecter de loin les incohérences. C'est la raison pour laquelle François Guérin (Cetih) est catégorique : « Incohérence et absence d'exemplarité seront de plus en plus insupportables. Surtout à l'horizon 2025 où les générations actives auront exigé d'être nourries de sens. Plus personne en entreprise ne supportera d'être mené à la baguette. » C'est pourquoi, selon lui, seules peuvent prétendre à être leaders les personnes dotées d'une grande humanité.

Paul-Marie Chavanne (ex-GeoPost) exprime la même idée autrement : « Il faudra être bien dans sa peau. » Selon Patrick Errard (Astellas), il faudra « être en paix avec soi-même », en dépit des multiples paradoxes que tout dirigeant, comme tout individu, devra gérer simultanément. C'est pour cette raison que, selon François Guérin, il faudra trouver comme dirigeants « des gens bien avec eux-mêmes, formés à la complexité, sans quoi ils iront droit au burn-out. » C'est dire l'importance de la notion de complexité. Elle constitue le dixième travail du dirigeant du futur.

UN LEADERSHIP ACQUIS À LA COMPLEXITÉ

Le mot doit être compris dans l'acception popularisée par le sociologue Edgar Morin. Elle signifie qu'aucune réalité ne peut être comprise en se contentant de l'aborder sous un seul prisme. Il faut être ouvert au maximum de savoirs. « La multidisciplinarité des connaissances désormais requises désarçonne nos salariés, en particulier les plus jeunes », reconnaît Antoine Meyer (Sumi Agro France). « Pourtant, poursuit-il, il faudra s'y faire : c'est une vraie évolution, comme travailler dans des équipes diverses, en âges, genres, fonctions et nationalités. C'est sans doute ce qu'il y aura de plus dur à gérer. »

La complexité oblige aussi à intégrer l'idée que la vérité n'est jamais toute blanche ou toute noire, mais qu'elle passe par une cinquantaine de nuances de gris. Certaines contradictions sont inhérentes à la réalité de l'entreprise et du management. Elles apparaissent au fil de ces pages et des entretiens.

Elles peuvent agir comme des injonctions paradoxales sur le cerveau des dirigeants. Attention alors, la dépression, le burn-out ou le « pétage de plombs » ne sont pas loin. Thomas Georgeon (Société de la Tour Eiffel) avait pointé l'incohérence possible entre la recherche de la fluidité dès lors qu'elle est confrontée à la multiplication des contrôles. Mais il en mentionne bien d'autres. Ainsi, poursuit-il, « l'opinion veut imposer un modèle écologique sur les entreprises classiques, mais en même temps, elle exonère les GAFAM de ce procès. Parce qu'Amazon ne pollue pas peut-être ? De même, l'information précieuse est de plus en plus souhaitée, mais en même temps, la transparence est généralisée. Il y a aussi le mouvement “me too”, qui est en train de créer une entreprise asexuée au moment où le monde, de plus en plus sexué, revendique les genres. Bref, c'est le grand écart permanent. »

Au fil des interviews, d'autres ambiguïtés sont apparues. Certaines ont déjà été suggérées comme l'antagonisme vécu par les salariés qui se sentent alternativement libres et contrôlés. On en a vu l'effet pervers dans le concept d'entreprise libérée qui peut faire le jeu des prédateurs et des vampires psychiques[1]. Il y a aussi cette phrase qui dévoile bien le caractère tatillon de ceux qui la prononcent : la confiance n'exclut pas le contrôle.

Le dilemme absent-présent a également été décrit : d'un côté, il a été dit que la vie doit continuer en l'absence du P.-D.G. ; de l'autre, il est demandé à ce dernier d'être plus présent physiquement.

Autres cas de conscience potentiels : être « techno » mais pas trop, psychologues sans « psychoter », philanthropes mais soucieux de l'intérêt de l'entreprise en général et de son P.-D.G. en particulier, écologistes sans tomber dans la décroissance…

Dans ce foisonnement de complexités, il en est deux qui font particulièrement débat : comment concilier l'exigence d'humilité et l'ambition, et comment être à la fois transparent et garder sa part de secret ?

Sur le premier point, quand une entreprise grandit, le plus discret des dirigeants devient forcément plus visible, car il est conduit à être plus exposé. Ses prises de parole publiques peuvent alors être prises pour de l'immodestie. Même si ses mots ne cherchent qu'à traduire l'ambition collective des équipes, il se trouve toujours quelqu'un pour y entendre de l'auto-promotion. Le simple fait de la notoriété change

1. Ils s'abreuvent de la créativité des autres et une fois que leur entourage est exsangue, ils partent s'attaquer à d'autres proies.

souvent l'individu, mais aussi le regard que l'entourage porte sur lui. Et s'il ne change pas véritablement, l'idée est tellement partagée dans l'opinion que cette nouvelle donne change l'individu et ses relations à l'autre. Bref, une métamorphose se dessine *de facto*.

Certes, on peut aussi ne voir aucun problème à ce constat. Édouard Fourcade (Anaplan), est de ceux-là, car à ses yeux, l'ambition est collective, tandis que l'humilité doit être personnelle au dirigeant. Les deux traits de caractère ne sont donc pas contradictoires.

De son côté, Pascal Nadobny (Addev Materials) a trouvé une formule pour résumer l'équation qui peut paraître impossible aux yeux de certains. C'est la loi des 4H : « H pour honnêteté, happiness (au sens de bonne humeur), humour (très utile en période de crise), humilité. » S'il osait, il en ajouterait bien un cinquième, d'un genre particulier : « l'(H)ambition »… Et de préciser : « Ambition et humilité doivent cohabiter en permanence. » Pour le dirigeant, cette agilité est au dirigeant « ce que le talon pointe est au pilote de rallye ».

Quant au drôle de voisinage entre transparence et zones d'ombre, c'est celui qui inspire les réflexions les plus tranchées. La sphère politique se nourrit de la phrase du cardinal de Retz, si souvent utilisée pour décrire le président Mitterrand : « On ne sort de l'ambigüité qu'à ses dépens. » Mais l'aphorisme ne trouve qu'une résonance modérée dans le monde de l'entreprise. Hugues Le Bret résume la pensée dominante quand il dit : « Je plaide pour la transparence, en particulier vis-à-vis des collaborateurs. Évidemment, le discours et le vocabulaire s'adaptent en fonction des interlocuteurs, mais j'ai trop vu, dans d'autres entreprises, les dégâts causés par la volonté de masquer certaines choses. Ces rétentions aboutissent à occulter certaines sphères du cerveau des collaborateurs. Car il n'y a pas que le rationnel, il y a aussi l'émotionnel, le relationnel, l'imaginatif… »

Rolf Heinz (Prisma Media) trace la même ligne de partage : « Bien sûr que certains aspects doivent rester confidentiels, des projets de cession ou d'acquisition par exemple, mais la transparence est une tendance lourde. Les bulletins de santé de l'entreprise sont régulièrement mis à la disposition de l'ensemble des salariés.

Songez qu'il y a dix ans, les rédacteurs en chef ne connaissaient même pas le compte d'exploitation de leurs titres ! »

Amaury Fremaux (Fremaux-Delorme) partage l'analyse sur la transparence réclamée : « Elle se traduit plus par le besoin de comprendre la stratégie de l'entreprise que de connaître le montant du salaire du voisin. »

Il n'empêche, Anne Giesert (Miele France), dans une précédente expérience professionnelle, s'est entendu reprocher d'être « trop transparente et cela finirait par nuire à sa carrière ».

L'allusion pharmaceutique ne serait pas pour déplaire au directeur général du laboratoire Astellas Patrick Errard. Ce dernier reconnaît se défier de l'excès de la transparence. Surtout quand il est voulu « par ceux qui veulent contrôler la vertu de leur groupe social. Cela débouche sur la méfiance et le voyeurisme. Cela donne un droit de juger de manière crétine ».

Il souligne au contraire la nécessité pour le dirigeant d'accepter sa part d'obscurité : « On est un bon leader par le fait qu'on assume la vertu de son métier, son rôle, avec son côté obscur. Si vous êtes obsédé par la couleur la plus pure de votre rôle, vous allez à la faute. Il faut accepter son statut, et que l'on soit critiqué pour la place que l'on occupe. Il faut accepter de se déjuger. »

Nombre d'intervenants soulignent eux aussi les risques de la transparence généralisée. Tout dirigeant pour son entreprise, comme chaque individu pour lui-même, en sait les nécessaires limites. Mais le dire trop clairement pourrait être mal vécu en interne. Aussi, c'est sous le sceau de l'anonymat qu'un dirigeant prononce cette phrase cinglante qui ne serait sûrement pas reniée par nombre de nos interviewés : « Si c'est pour donner des informations confidentielles sur la stratégie à cinq ans à des délégués du CCE, je préfère financer des modules de formation : sur l'environnement économique, par exemple, ou sur le droit des contrats. Il faut avoir le droit de répondre non à certaines demandes. »

Enfin, une dernière complexité amène à s'interroger sur le rôle même de l'entreprise. Jusqu'où doit-elle aller dans sa finalité de créer de la valeur ? C'est la question de la place de l'État qui est ici posée. Les économies nationales étant souvent désargentées, les sociétés privées doivent souvent suppléer. En outre, en tant que personne morale, l'entreprise est aussi un contribuable. Même si elle ne vote pas, elle a tous les attributs de la citoyenneté. Cela aura aussi des répercussions sur la façon d'exercer le leadership. À l'heure de la montée en puissance de la raison d'être, c'est le onzième travail qui attend le dirigeant.

UN LEADERSHIP CITOYEN

Que ce soit par éthique, intérêt ou constat pragmatique, la dimension citoyenne de l'entreprise et de son dirigeant devient prégnante. « Nous ne pouvons pas faire abstraction des inégalités, des migrants, d'un monde à deux vitesses, de la pauvreté persistante », explique Hubert de Boisredon (Armor).

La contribution des entreprises et des dirigeants est donc appelée à grandir, au regard des défis sociétaux qui s'accumulent : environnement, climat, pollution, diversité.

Mais en ce cas, jusqu'où ira le rééquilibrage entre la sphère publique et le marché ? Nous sommes dans le même cas de figure que dans le leadership partagé : l'entreprise ne peut pas tout faire, elle ne doit pas tout faire. Car si elles se mettent à prendre toute la place, un scénario est déjà dessiné par l'un de nos interviewés. Pour lui, les prochains coups d'État ne seront pas militaires, ils seront le fait de tycoons des affaires.

Mais nous n'en sommes pas là. Dans l'immédiat, chacun s'accorde à reconnaître à l'entreprise sa contribution en faveur de l'intérêt général.

Pour Antoine Meyer (Sumi Agro France), c'est même un devoir pour elle et ses dirigeants de le faire : « Les entreprises ont obligation de montrer leur bonne influence dans la société civile. Ce n'est certes pas le moyen le plus direct de gagner des bons de commande, mais c'est un préalable indispensable. »

Le dirigeant français en est intimement convaincu, mais il ne cache pas l'influence qu'il a reçue de sa maison-mère japonaise. Dans ce pays, la double culture de l'intérêt général et du « *care* » individuel y est si forte, que lors des attentats de novembre 2015 à Paris, Antoine Meyer a reçu la mission de donner, au board et à l'ensemble des salariés du groupe dans le monde, des nouvelles des familles des collaborateurs de la filiale française.

Chez Ricoh France, Elie Choukroun confirme l'importance au quotidien des valeurs japonaises dans le travail de ses équipes : « Elles nous aident à nous rendre spontanément civiques au niveau de la planète. Ces valeurs sont l'éthique, l'intégrité, l'orientation client, l'amélioration permanente et la passion, parce qu'elle transcende l'humain. »

Dans ce contexte, le témoignage de Patrick Errard résonne en double écho. Son tempérament profond l'incite certes à proclamer la responsabilité citoyenne de l'entreprise. Mais cette dernière a d'autant plus de sens que le groupe allie deux cultures : une latine et l'autre, nippone. Une symbiose qui opère donc lorsqu'il affirme que « dans une société civile en perte de repères, l'entreprise peut être un phare dans la nuit ». Il note en particulier que « 60 % des couples se sont connus dans le cadre du travail, notamment de l'entreprise. » Cependant, avant toute chose, l'entreprise a un rôle à jouer en matière de santé : « Elle doit être un lieu de prévention de l'obésité, du tabagisme, de la grippe. Elle doit servir de cadre privilégié à l'accompagnement des personnes atteintes d'un cancer. Elle est aussi en première ligne pour éviter la marginalisation des personnes atteintes d'un handicap chronique. »

Un autre dirigeant confirme en livrant son témoignage : il a été amené à financer des cours d'orthographe pour un de ses ingénieurs. Le malheureux se discréditait par ses mails et courriers, alors que son expertise était réelle ! Son employeur n'aurait jamais imaginé qu'il se muerait un jour en héritier des hussards noirs de la République. C'est ainsi que Charles Péguy désignait les premiers instituteurs qui s'en allaient installer le savoir et la lumière dans les jeunes cerveaux jusque-là en friche.

Chez Lenze, à Béthune, Pas-de-Calais, dans un département miné par le chômage, Francis Kopp assume pleinement son rôle civique et pédagogique. Il a foi en l'Europe et il ne le cache pas. C'est pourquoi il fait flotter fièrement, devant le hall d'accueil de l'usine, le drapeau bleu à étoiles de l'UE « C'est un choix qui indique mes valeurs citoyennes », explique-t-il. Il sait pertinemment qu'il s'exprime dans une région où le RN réalise ses meilleurs scores. « J'ose croire encore, poursuit-il, en l'intelligence des Européens. »

Civique et citoyen, Marc Meurer (Porsche France) ne conçoit pas qu'il puisse en être autrement. « L'entreprise, explique-t-il, doit avoir des valeurs jusqu'au bout de la chaîne. Pour ma part, je veille aux conditions de travail dans les mines de cobalt par rapport aux batteries de voitures électriques. On peut et on doit influer sur sa maison-mère par rapport à des valeurs sur lesquelles on ne peut pas transiger. »

Cohérent avec lui-même, il a édité pour ses collaborateurs des petits guides afin d'illustrer les multiples visages de la corruption active et passive. Il incite à répondre à des questions très directes : « Est-ce que tes enfants accepteront encore de te regarder si tu fais cela ? Est-ce que tu iras au commissariat ? Est-ce que le fisc te poursuivra ? Est-ce que tu mettras en péril la réputation de l'entreprise qui t'emploie ? » Le traumatisme laissé dans le secteur automobile par le « Dieselgate » est encore palpable.

L'implication citoyenne n'est pas simplement une ardente obligation éthique pour les entreprises et leurs dirigeants. Elle peut aussi se révéler un précieux outil de travail. Loïc Latour (France Boissons) met en avant ce point qui deviendra, selon lui, de plus en plus important. « Les patrons devront se projeter dans leur environnement politique, économique et social. »

À son niveau, il entretient le dialogue avec le plus grand nombre de hauts fonctionnaires ou d'élus, qu'il considère comme des partenaires d'échange. « Ce sont souvent des gens conscients du rôle des entreprises, et attentifs aux contraintes que celles-ci peuvent subir. Ils reconnaissent aussi en nous notre volonté de servir l'intérêt général. Mais ils sont généralement éloignés de notre réalité, pour la bonne raison qu'ils ne la vivent pas. » Ils n'arrivent donc pas à l'imaginer. Raison de plus pour se parler. D'autant que lui, par exemple, est confronté à des politiques municipales qui changent d'une ville à l'autre sur le sujet de l'accessibilité des véhicules de livraison. « Je les conforte dans ma bonne volonté pour changer, mais je dois leur expliquer que d'une part, il n'existe pas de schéma directeur national. D'autre part, la technologie ne sait pas encore construire de gros camions électriques de livraison. »

De la même manière, Loïc Latour aime s'enrichir au contact des maires de petites localités. Il est vrai qu'ils partagent la même préoccupation : la pérennisation des cafés du village. « Leur utilité sociale est apparue au début de la crise des gilets jaunes », analyse-t-il. Pourquoi ce succès des rendez-vous aux ronds-points ? « Parce que notamment ce besoin fort de lien social et les cafés qui avaient fermé dans de nombreux endroits désertifiés. »

En tous les cas, lui aussi ressent comme un devoir de dirigeant de partager les enjeux du monde. Un nombre important de nos dirigeants illustrent leur participation à ce grand débat en insistant sur leurs efforts en matière de RSE. Pour Antoine Meyer, par exemple, il y a longtemps que cette responsabilité sociétale et environnementale « pallie, sur le sujet de la nature, le rôle de l'État ». Il met en garde cependant le législatif et l'exécutif contre le danger « de se laisser dicter leurs orientations par la pensée unique des ONG ».

Parmi les interviewés voulant rester anonymes, l'un d'eux considère désormais irréversible ce sujet de la RSE : « C'est une donne obligatoire. Non pas pour augmenter la performance ou la compétitivité, peut-être un peu davantage pour conserver les bons éléments chez les jeunes, mais aussi tout simplement parce qu'elle provoque un sentiment de contentement. Je suis heureux, par exemple, de savoir que sur mon site, il y a zéro déchet. Alors qu'en d'autres temps, j'y aurais été indifférent. Je suis encore plus fier de savoir que le taux d'accident est l'un des plus faibles de la ville et de mon secteur d'activité. Cela tient à l'impératif de sécurité lié à mon activité de fournisseur du para-pétrolier. »

Alexander Abé (Jungheinrich) confirme aussi ce rôle patent pour son Entreprise, même s'il ne peut pas être quantifié dans la colonne « profits ». « Nos préoccupations de préserver la santé physique et mentale de nos collaborateurs relèvent de nos convictions. Certes, à la fin, la diminution du nombre d'accidents finit par produire des économies, mais cela n'est ni la motivation ni un calcul pour nous. (…) Nous sommes une entreprise familiale, poursuit-il, et nous avons des valeurs. Quand nous avons dû fermer une usine en France, nous sommes allés bien au-delà des obligations légales. » Parce qu'en tant qu'Allemands, il fallait être irréprochables ? Plutôt parce qu'en tant qu'ETI, elle était plus sensible que d'autres géants internationaux à la valeur de l'ancrage local et à la répercussion durable d'une suppression massive d'emplois lorsque cette dernière est mal préparée et mal accompagnée.

La responsabilité des conséquences de ses actions sur le terrain, Pierrick de Ronne en fait évidemment une priorité pour la coopérative militante qu'est Biocoop. Mais pour la décennie à venir, il élargit cette responsabilité citoyenne à l'ensemble des entreprises. « En 2025, une entreprise non transparente sera une entreprise morte, prévient-il. Que fera-t-cllc pour lcs migrants, où paicra-t-cllc scs impôts, où et comment polluera-t-elle, en quoi procurera-t-elle du bien-être et de la qualité à ses salariés ? Elle devra apporter une réponse à toutes ces questions. » Et de citer en appui de sa conviction le livre déjà évoqué de Pascal Demurger, président de la MAIF : *L'entreprise sera politique ou ne sera pas.*

De fait, cet ouvrage a aussi été le livre de chevet de Ferréol Mayoly, directeur général d'Arval France durant ses vacances d'été. L'auteur est énarque. Il a été formé dans le culte de l'engagement au service du public. Il est ensuite passé dans le monde de l'entreprise, où il se montre très versé dans la raison d'être. Au regard du succès que l'ouvrage rencontre, la notion de citoyenneté semble recueillir désormais davantage d'audience dans l'entreprise que dans l'agora de la cité.

Plusieurs dirigeants voient là un danger de dérive. « L'entreprise doit s'insérer dans l'intérêt général, fixe comme principe rigueur de gestion

Gérard Lopez (BVA), mais elle ne doit pas remplacer l'intérêt supérieur de l'État. » Cette réserve étant formulée, il poursuit néanmoins que, sur « quantité de sujets, les réflexions sur les évolutions nécessaires de notre pays doivent se faire conjointement. Par exemple, sur les transports, le logement, le droit du travail, la dichotomie banlieue-campagnes, le télétravail, la 5G, le confort des logements, la recomposition de la représentativité syndicale, etc. »

Vaste programme ? Justement, c'est une entrée en matière pour la douzième et dernière qualité demandée aux dirigeants. Pour être exemplaire, le leadership devra être volontaire, impliqué, en un mot : travailleur.

UN LEADERSHIP TRAVAILLEUR

« Fini les après-midi à Roland Garros », résume Elie Choukroun (Ricoh France). À ses yeux, c'est là que réside l'une des plus grandes ruptures avec le passé. Pour le dirigeant actuel, et à plus forte raison, pour celui du futur, cet art de vivre désormais révolu en dit long. « Durant les Trente glorieuses, raille un dirigeant, il suffisait de savoir ouvrir les huîtres et danser la valse pour prétendre à la présidence de la filiale française d'un grand groupe chimiste américain. Ces groupes avaient surtout besoin d'un ambassadeur. » De même que, dans la foulée des privatisations de 1986, certaines banques d'affaires étrangères s'étaient « acheté » des carnets d'adresses. Le problème, c'est que leurs possesseurs, venus de l'administration, n'avaient que rarement le sens du conseil stratégique. À cette époque, on a aussi vu des personnalités prendre des postes importants au seul titre de leur relation privilégiée avec le pouvoir politique. Cette ère paraît heureusement lointaine. Quels que soient les secteurs et la taille des sociétés, désormais, la rigueur de gestion a pris le dessus. L'exigence de transparence a continué ce travail d'assainissement. Et puis, les transformations sont si nombreuses et si délicates à négocier qu'il faut un vrai patron à la barre. Pour toutes ces raisons, le leadership exige une reconnaissance de tous, actionnaires, confrères, salariés. Et cela représente un travail à plein temps, multiforme.

Pourtant, il requiert simultanément de s'autoriser régulièrement des pas de côté : pour humer l'évolution de la société civile, communiquer, aller voir ailleurs le monde changer, représenter l'entreprise ou son secteur dans tel cénacle public, au niveau français ou international. Cela se traduit par des déplacements, des conférences, des rencontres décalées aussi. Cela pouvait passer hier pour du loisir ou du dilettantisme. Ce n'est plus le cas le cas aujourd'hui où le leader doit aussi évoluer, accepter de frotter ses visions, de bousculer ses idées préconçues. Pour penser l'avenir de son entreprise, le leader doit opérer alors un travail sur lui-même. Et ça aussi, c'est une forme de labeur.

Ce qu'il faut retenir

– les entreprises ne peuvent plus tout faire, ne savent plus tout faire, ne doivent plus tout faire. Il en va de même de leurs dirigeants ;

– mais ce n'est pas une raison pour refuser de mettre la main à la pâte. L'ère du P.-D.G. vertical et lointain est révolue. Ce type de patron a cédé la place au leader humaniste, incarné, qui sait embarquer les équipes dans un projet qui les transcende ;

– l'orientation client est impérative et vitale. Elle seule permet de conserver une raison d'être aux activités originelles qui, disruptées sous l'effet de nouveaux entrants, ont dû radicalement modifier leurs organisations et process ;

– toute tentation de retour aux silos est vouée à l'échec. La meilleure façon de s'en prémunir est de tourner les équipes vers l'extérieur, c'est-à-dire vers l'utilisateur final, vers le marché ;

– le monde est devenu complexe. Le dirigeant doit adapter son mode de pensée à cette nouvelle réalité. Il doit accepter de gérer quantité de paradoxes apparents, d'être ouvert à la différence, d'être curieux, et capable d'afficher ses émotions ;

– la philosophie, la psychologie, les neurosciences sont devenues des outils de travail majeurs pour les dirigeants ;

– Dans les ETI, ces obligations inédites sont vécues plutôt naturellement. À la différence des grandes entreprises, ou des secteurs matures de l'économie qui, par leur lourdeur, se révèlent souvent réticents et assez mauvais pour intégrer les nouveaux codes.

Chapitre 4.
Management, organisations : le changement permanent

Vingt pour cent du XXIe siècle est déjà écoulé. Pourtant, par bien des aspects, les entreprises peinent encore à entrer dans cette nouvelle ère. Alors qu'en d'autres endroits, la métamorphose est spectaculaire.

Le nouveau millénaire s'était ouvert sous les auspices d'une mondialisation heureuse. Couplée à Internet, elle allait nous affranchir des distances et du temps…

Sur l'abolition des frontières, l'opinion en est revenue. Elle est plus réceptive actuellement aux relocalisations, aux circuits courts, au locavore. En revanche, sur le rapport au temps, un basculement s'est opéré. Est-il irréversible ? Difficile à dire. En tout cas, l'allergie grandissante à la patience et à l'attente est patente. Sur l'échelle des délais acceptables, l'urgence est devenue le standard. Et ce n'est pas l'avènement de la 5G qui va changer ces habitudes.

Le consommateur veut tout, tout de suite, sans se préoccuper des bouleversements que son comportement a provoqués en amont. Dans la conception, la production et l'acheminement des biens et des services, tout est désormais accéléré. Parallèlement, des propositions de prestations inédites apparaissent sans cesse. Elles ont pour effet immédiat d'oblitérer des secteurs matures. Ces derniers doivent se mutiler un peu, voire beaucoup, pour se recomposer véritablement, s'ils ne veulent pas disparaître.

L'onde de choc de la mutation se répercute jusqu'aux organigrammes des entreprises, à la disposition des bureaux ou des ateliers. À l'orée de 2025, d'autres bouleversements peuvent déjà être entrevus. Ils seront notamment d'ordre juridique et social.

Virtualisée, robotisée, irriguée par l'intelligence artificielle, l'entreprise sera encore plus méconnaissable dans dix ans. Cependant, des invariants demeureront, car ils sont liés à la nature humaine. Or, les caractères et les tempéraments ne changent pas à la vitesse de la 5G. Des valeurs comme le courage et l'éthique seront toujours d'actualité.

Entre ce qui change, ce qui va changer, ce qui ne changera pas, c'est ce triptyque managérial qui va être développé dans le présent chapitre.

CE QUI CHANGE

L'impatience généralisée

Pour commencer, deux grandes tendances sous-tendent ce qui change : l'allergie à l'attente et la brutalité des virages à prendre. Le triomphe de l'instantanéité a suscité une impatience généralisée. Elle est apparue timidement avec Internet, puis elle s'est amplifiée avec l'abondance des sites marchands. Elle est devenue naturelle. Dans nos usages quotidiens, l'achat en un clic, la livraison express comme le mail ou Wikipédia imposent une rapidité nouvelle.

Dans l'industrie, Amaury Fremaux, Emmanuel Vasseneix ou Olivier Schiller témoignent de cette nouvelle donne pour leurs secteurs respectifs. Mais dans les services et la finance, Gérard Lopez, Laurent Zeller et Fanny Letier dressent le même constat : pour reprendre l'expression du dirigeant de Fremaux-Delorme, « la tolérance à l'attente s'est drastiquement réduite chez le client ». Ce que le président de BVA résume ainsi dans les services : « Le même qui pouvait attendre quatre mois il n'y a pas si longtemps pour avoir son étude produit la veut maintenant tout de suite. »

Amaury Fremaux voit l'origine de ce nouveau comportement dans les habitudes installées par Amazon chez les consommateurs finaux. « Les particuliers trouvent normal d'être livrés dans l'instant, note-t-il, et dans une multitude d'endroits. Ils ne se rendent pas compte des révolutions qu'ils ont occasionnées dans la supply chain. Nous-mêmes, par effet d'entraînement, nous avons aussi réduit nos délais de mise sur le marché. Auparavant, un chef de projet soumettait son idée, puis un prototype était réalisé. Ensuite, à la validation, le process était ultérieurement intégré dans l'ERP. Désormais, le projet validé y est installé le jour même. (…) De même, poursuit-il, si nous sommes toujours à deux collections par an, notre process traditionnel de show & ship a été remis en cause. Longtemps, et c'est encore actuellement le cas, pour 85 % de notre production, il a obéi aux étapes suivantes : nous concevons, nous fabriquons, nous montrons, nous vendons et nous acheminons. En quelque sorte, les deux grands moments sont le salon puis la livraison. Désormais, il y aura trois grandes phases : preview, achat, production. Avec en définitive un raccourcissement du délai de mise sur le marché. » Numérique, supply chain, fabrication accélérée modifient les process. Il s'agit de réviser les bases, d'adapter les outils et les mentalités, de repenser les relations B to B et B to C.

Emmanuel Vasseneix (LSDH) a déjà évoqué ses propres difficultés de se mettre au diapason des desiderata des distributeurs. Mais c'est parce qu'eux-mêmes cherchent une réponse à la versatilité des consommateurs. Alors, ils renouvellent leur offre à cadences rapprochées ; ils segmentent les rayons, pour séduire une diversité de petits groupes d'individus ; ils cherchent à se démarquer des autres enseignes, pour séduire en permanence un acheteur toujours de plus en plus vite désireux de nouveauté, de différence. D'autant que la mode, l'objet ou la tendance peuvent émerger de partout, soudainement, d'un influenceur lointain, ou déjà identifié, comme d'un nouveau compte Instagram modifiant auprès d'une cible identifiée le registre des demandes.

L'ère du comportement pulsionnel ? Pour Laurent Zeller (Nielsen), « le symptôme de l'impatience du client – et le nouveau rapport des gens au temps – est inquiétant ». Car il donne naissance à une relation humaine plus complexe. Au travail, il observe « qu'un monde antinomique s'est instauré, entre le transactionnel, solitaire, et les moments, de plus en plus rares, de réflexion collective. »

Cette tendance doit amener à réfléchir. Fanny Letier (GENEO) pose crument la problématique : « Il s'est instauré un rapport à l'urgence dont il faudra bien se sortir, car l'urgence épuise. Et puis, poursuit-elle, quand tout est urgent, rien ne l'est plus vraiment. Le jour où il faut vous mobiliser pour une véritable crise, soit vous n'y croyez pas, tellement on vous a mis en alerte inutilement auparavant, ou vous n'avez plus la ressource de donner les coups de collier nécessaires. »

En matière de véritable crise, Fanny Letier sait de quoi elle parle. Elle était aux côtés de Christine Lagarde à Bercy, en 2008, au moment de la crise financière mondiale. Avec son aînée qui lui sert depuis de modèle professionnel, elle était à la manœuvre dans une phase où il s'agissait de coordonner les réactions de 27 pays, et accessoirement, avec les banques centrales et d'autres autorités, ajuster les attitudes, déclarations et décisions pour sauver le système bancaire mondial et relancer l'économie réelle.

Attention virages brusques !

L'autre grande tendance du changement dans les organisations, c'est la brutalité des virages à prendre. La grande menace commune à toutes les entreprises, c'est l'oblitération. Combien de fois la mésaventure survenue à Kodak est-elle revenue dans les conversations !

Chacun sait qu'il peut se faire disrupter un matin où il s'y attend le moins. Pour se maintenir dans la course et continuer à être indispensable, il faut être souple, rester léger. Pour se délester, il faut savoir parfois se mutiler un peu si l'on ne veut pas disparaître totalement.

Armor, par exemple, était le leader historique du papier carbone. Autant dire que la société nantaise ne serait plus de ce monde si elle n'avait pas su remettre en question son modèle. Elle l'a fait plusieurs fois. Elle s'est d'abord positionnée comme le leader des solutions d'impression. De fait, elle maîtrise 30 % du marché mondial des consommables qui impriment les codes à barre. Mais cela ne constitue pas une rente de situation, à une époque où les acteurs économiques impriment de moins en moins (le P.-D.G. de Ricoh France l'a bien montré précédemment).

Le second virage déterminant a été inspiré par la sensibilité des dirigeants à la question de la raison d'être. Autour d'Hubert de Boisredon, les équipes ont réfléchi à ce qui pourrait permettre à l'entreprise d'innover à partir de son savoir-faire technologique : celui de savoir enduire des couches fines sur des films minces. Peu d'entreprises savent enduire parfaitement un gramme d'encre sur un mètre carré d'un film ultra-mince, à raison de 800 mètres à la minute.

Or, les applications industrielles de cette compétence apportent de multiples réponses aux défis posés par la nécessité de protéger la planète. Le P.-D.G. d'Armor reconnaît que sa vision du monde a changé après avoir vu le film d'Al Gore sur les périls environnementaux. Il avait ces enjeux en tête quand il a encouragé les chercheurs du groupe à s'appuyer sur l'expertise interne pour trouver des solutions totalement inédites. C'est ainsi qu'est né le projet de renouveler le panneau solaire traditionnel en un film solaire translucide et souple qui peut s'appliquer sur des surfaces flexibles ou en verre, comme les bâches ou les serres. De même, les équipes ont inventé un film collecteur de courant en aluminium qui pourrait accroître de 20 % la performance des batteries lithium-ion, ce qui ouvre des perspectives pour le développement des voitures électriques.

Voilà des champs de développement gigantesques. L'entreprise est en passe de devenir un nouvel acteur des énergies renouvelables. Elle innove sur le terreau fertile de l'innovation sociétale. Tout cela aurait été inimaginable hier. Mais si ces étendues s'ouvrent désormais devant les équipes d'Armor, c'est parce que les dirigeants ont eu, au préalable, le courage de sortir du cadre du seul consommable d'impression, dont certains marchés sont en déclin.

Par exemple, le papier carbone, qui représentait le principal débouché de ventes dans les années 1960 ne représente plus que 0,5 % du chiffre d'affaires. Ils devaient oser se lancer dans un futur inconnu. Le sentiment d'urgence pour l'avenir de la planète et la foi dans la pertinence du développement durable les ont aidés.

La négociation de ces virages stratégiques agit comme un test de personnalité. Elle fait partie des décisions clés, où les qualités de leaders se dévoilent, se jaugent et s'installent. Pour Paul-Marie Chavanne (ex-GeoPost), le plus dur est de « regarder en face la réalité du changement ». Le modèle économique historique est ébranlé. Il importe de se trouver de nouvelles raisons d'être, de nouveaux métiers, de nouvelles offres.

« Le colis, explique-t-il, n'a pas connu, ces quarante dernières années, une seule année de récession. Au contraire, le taux de croissance annuel est plutôt à deux chiffres, de l'ordre de 10 %. Mais si ce rythme s'arrêtait ? Pour l'instant, le commerce Internet assure toute notre croissance. Mais il est nécessaire, dès à présent, de trouver de nouveaux relais. Je les vois pour ma part dans de nouveaux segments d'activité. »

À ses interlocuteurs qui, au quotidien, l'interrogent sur sa stratégie, il répond : « La stratégie consiste, d'une part, à savoir ce que l'on veut être dans dix ans, et d'autre part, à discerner ce qu'on ne veut pas être ou devenir. » Il faut savoir changer ses habitudes. L'ex-président de GeoPost résume bien ce dilemme, commun à nombre de dirigeants : il faut accepter de mutiler tout ou partie de son modèle historique, tout en favorisant le développement parallèle d'une activité encore fragile. GeoPost l'a fait en prenant l'initiative de racheter Stuart, une start-up de livraison aux particuliers. Il lui paraissait plus efficace d'apprendre ainsi, *in vivo*, un nouveau métier, plutôt que d'essayer de le faire naître à partir de la matrice historique dont ce n'est pas sa culture. Pari réussi, mais pari toujours incertain que celui de l'intégration d'une start-up.

Car il n'est évidemment pas neutre d'imposer la présence d'un bébé encore fragile, au sein ou à côté d'un aîné mastodonte. Surtout au moment où, en prévision de lendemains plus difficiles, il est nécessaire d'imposer une rigueur de gestion de tous les instants, à tous les étages. Car il va de soi que si ce régime de rigueur était appliqué à la start-up, il lui serait mortel. Les salariés ne manquent pas de le faire observer : sévérité d'un côté, couvage de l'autre. La disparité de traitement doit donc être assumée. La pédagogie répétée se révèle indispensable. Cela fait partie de ces contradictions apparentes, évoquées plus haut, et que tout dirigeant est amené à devoir gérer.

Confronté à une situation identique, Guy Sidos (Vicat) parle du devoir du dirigeant « d'harmoniser les temps ». Dans le portefeuille d'activités du groupe familial qu'il préside, figure une papeterie. Elle fournit notamment les plus grands éditeurs. Chaque année, Vicat est en quelque sorte partie prenante des Goncourt et autres Renaudot. C'est prestigieux, attachant, mais comme tout le secteur, l'entreprise est fragile. En outre, elle fait vivre, dans une même région 170 familles. Elle ne dégage certes pas la rentabilité de certaines usines du groupe, servies par la conjoncture, mais elle fait partie intégrante de la stratégie assumée par le président. Un jour viendra où les efforts seront récompensés. En attendant, il faut donner « une cohérence d'ensemble ». C'est aussi l'expression employée par Patrick Errard (Astellas).

Il faut donc harmoniser les chrono-rythmes de chaque entité, tout en prenant les bons virages à temps. L'exercice est d'autant plus délicat que, sur la route en lacets, l'urgence commande parfois de manœuvrer très vite, sans prendre le temps d'avertir, dans les formes appropriées, le copilote ou les passagers.

Pour plusieurs entreprises de notre panel, la rupture doit s'opérer de façon rapide et nette, car sinon, les lendemains seront funestes. C'est le cas de Ricoh France, confronté au recul de la bureautique. Quand son président Elie Choukroun, prévient : « Le bureau sans papier, on y viendra », il prend en fait des précautions oratoires pour décrire une réalité déjà patente. Ainsi, chez Aéroports de Paris (ADP), Edward Arkwright fait état d'une « quasi-disparition du papier ». En revanche, il évoque aussi la banalisation de la visio-conférence. C'est par exemple le mode opératoire normal avec la Turquie. De sorte que pour les acteurs historiques de l'équipement de bureau, à l'exemple de Ricoh France, ce qu'ils perdent en photocopieuses, ils le rattrapent en écrans géants de projection.

C'est un mal pour un bien, en quelque sorte. Cette sorte de dilemme est également vécue par le directeur général d'Arval France. Cette filiale de BNP Paribas est spécialiste du financement de flottes de véhicules. « Pour nous, explique son directeur général Ferréol Mayoly, les mutations les plus spectaculaires sont encore à venir. On va passer de l'usage exclusif d'une automobile à un usage partagé. Des demandes très nouvelles émergent déjà chez nos clients. »

Sur ce même sujet, le témoignage de Prisma Media est éloquent. Tout est dit dans le glissement sémantique, car historiquement, le groupe s'appelait Prisma Presse. Il a été amené à faire évoluer son offre. À côté des magazines papier, à tirages certes encore importants, mais en recul structurel, il propose désormais de nouveaux media. De plus en plus personnalisés. Ils prennent parfois la forme d'événements sur mesure, à l'image de cette soirée de spectacle privative pour 150 lecteurs de *Gala*. Par rapport à des tirages qui, en d'autres temps, avaient frisé le million, c'est un virage à 180 degrés.

Une telle mutation ne peut se négocier sans explications sur son sens. Rolf Heinz s'appuie sur le mantra du groupe. La vocation de celui-ci est de : « rendre la vie des Français plus belle, mieux informée, plus fun ». L'acceptation de cette devise par les 1 000 salariés du groupe fait déboucher l'entreprise à un croisement où trois voies se recoupent : à l'information, pilier historique, s'est ajouté le divertissement qui était le contenu du métier de base, et les services. « En d'autres termes, poursuit le président, si notre stratégie est d'être toujours en avance d'un medium, nous avons, au-delà, une ambition ultime, plus large, qui est d'inventer demain. Au nom de cette vision et de cette mission, nos équipes se challengent en permanence. »

Bien sûr, la pédagogie n'est pas toujours immédiatement comprise. C'est pourquoi il faut expliquer, encore et toujours, et persévérer. Car s'il est une certitude dans ce monde d'« *uncertaincy* », c'est qu'on ne peut plus concevoir les produits et offres de demain avec les méthodes d'hier. Et changer les méthodes implique de réviser les fonctionnements.

La métamorphose des organigrammes

Au nom de cette réalité, les sociologues du travail assistent, interloqués, à un chamboulement des organisations. Gérard Lopez (BVA) fixe bien le nouveau cadre : « Les start-up ont créé des référentiels qui rendent insupportables les anciennes pratiques. » Justement PrestaShop est le symbole même de l'entreprise du troisième millénaire. Alors, quelles sont ses pratiques de management ? Son directeur général, Alexandre Eruimy, résume ainsi la principale : « Entre la base et moi, il y a au maximum deux strates. Il en est ainsi depuis le début, et cela demeurera. Dans nos phases de croissance, nous privilégierons la diffusion de la culture agile. » Créé dans les années 1990, le groupe Talan partage la même conviction sur ce que doit être l'organisation pour maintenir une culture d'agilité. Il est parvenu à 3 000 collaborateurs et consultants sans augmenter le nombre d'étages dans les équipes. « Le nombre de niveaux entre l'hôtesse d'accueil et moi ne dépasse pas trois », témoigne son président Mehdi Houas.

Mais quand l'entreprise est plus ancienne, et qui plus est, quand elle a longtemps été nourrie de culture étatique ? Eh bien, elle ne fait pas exception. La préoccupation du directeur général exécutif d'ADP (Aéroports de Paris) est, selon son expression, « d'écraser la chaîne managériale, de raccourcir les organigrammes ». Cette volonté de simplification a en particulier abouti « à la refonte de la direction administrative et financière », comme l'explique Edward Arkwright.

En outre, à l'intérieur des strates réduites en nombre, l'observateur découvre la réalité des méthodes de travail en petites équipes. Et s'il renouvelle sa visite six mois plus tard, il découvrira que leurs compositions ne seront pas forcément les mêmes. C'est la consécration du mode projet. Le temps d'expérimenter une idée, un groupuscule *ad hoc* est formé : l'un vérifie la faisabilité technique, le second la teste auprès du marché. Cela plaît-il ? L'innovation est aussitôt développée. Si le marché ne répond pas, chaque membre de l'équipe passe à autre chose. C'est l'illustration des « two-pizza team », évoquées au chapitre 2, dans l'avènement du leadership collaboratif.

Revenons chez Prisma Media. « Le leadership collectif a pris le dessus », explique Rolf Heinz. « Par rapport à la pratique ancienne où pour chaque projet, il fallait toujours le nom d'un collaborateur, désormais, nous nous arrangeons pour être organisés en duo lead. Collectivement, nous avons sept priorités à réussir : l'engagement (en direction des femmes, de la diversité, des jeunes), l'innovation (dans l'éditorial), la data, l'IA, la productivité, les ressources humaines et le partenariat (notamment pour contrer Google, avec l'exemple de Gravity, créé en partenariat avec plusieurs éditeurs et des marques de grande consommation pour acheter de la data comportementale). Dans le cadre de ces duo lead, je me positionne personnellement sur l'engagement et sur l'éditorial. Cela veut dire que j'ai de nouveaux formats journalistiques à inventer ou à importer. Cela m'arrange, car j'ai envie d'être un pionnier. »

Quand on a démarré sa vie professionnelle chez Google ou l'un ou l'autre des GAFAM, cette façon de procéder n'a rien d'exotique. Pour ceux qui ont connu un avant et un après, l'adaptation peut être plus rude. C'est le cas de Rolh Heinz, qui a connu, si l'on peut dire, la primauté de l'écrit sur l'écran. « Néanmoins, poursuit-il, il faut faire confiance dans l'approche des multiples plateaux d'innovation et des incubateurs. C'est favorable à l'émergence d'idées. Or, il faut développer sans cesse. Pour un projet qui aboutit, il faut en traiter dix. »

Mais cela ne veut pas dire que les neuf autres étaient des erreurs. Ils étaient peut-être en avance ou bien ils n'ont pas trouvé leur marché. Le P.-D.G. de Prisma Media se souvient des espoirs qu'il avait placés dans la tablette. À ses yeux, c'était le meilleur mariage de la culture livresque avec la technologie. Les articles des magazines pouvaient être lus dans une dramaturgie nouvelle, où chaque image pouvait s'animer, être enrichie de sons… Elle n'eut qu'un inconvénient : le client (ou le lecteur, ou l'internaute) n'était pas demandeur.

Il n'empêche, pour le président de Prisma Media, sa familiarisation avec les possibilités infinies de la data remonte à cette expérience. Comme quoi, rien n'est jamais définitivement perdu. Les échecs enseignent et font avancer. « Il faut reconnaître le droit à l'erreur. La résilience est indispensable. C'est elle qui donne envie de rebondir, de pivoter. Dans ce contexte, le dirigeant doit avoir à la fois le pied sur l'accélérateur et le frein. C'est là que nous avons un potentiel d'amélioration. En tout cas, pour ce qui me concerne, c'est là qu'il se trouve. »

Pour la même raison, Loïc Latour (France Boissons) encourage à multiplier les POC (proof of concept), ces façons de tester les inventions en temps réel auprès de clients potentiels. De fait, c'est là que la différence se révèle entre une invention et une innovation : l'innovation, c'est une invention qui a trouvé son marché. Mais pour le savoir, encore faut-il avoir demandé son avis au potentiel acheteur final ou utilisateur en interne.

La primauté du client

Après les strates aplaties et la consécration du mode projet, c'est la troisième grande mutation managériale. Puisqu'il est acté que le vrai patron, c'est le client, les organigrammes pyramidaux semblent s'être inversés. Classiquement, la base était large et s'affinait progressivement jusqu'au P.-D.G. Désormais, la base est en haut ! Tout l'effectif, susceptible d'être en contact direct avec le client est mis en majesté, à l'exemple de Segula Technologies, où il rapporte directement au directeur général. Ensuite, le management intermédiaire est effacé. Enfin, en bas, l'édifice repose sur le P.-D.G., qui, à l'instar d'une pointe de diamant, doit garantir la solidité et la mobilité de l'ensemble.

Au siège de Miele France, qui commercialise, entre autres, des cafetières, Anne Geisert a observé, en prenant ses fonctions, que les personnes du centre d'appel n'avaient droit, pour leur propre usage, qu'aux modèles les plus anciens. Non seulement ils étaient périmés, peu gratifiants, mais ils étaient à des années-lumière de la pratique quotidienne des acheteurs finaux. Il y avait là une injustice, car ce sont des collaboratrices précieuses. Elles font notamment remonter l'information stratégique appelée « expérience client ». Mais en l'espèce, elle était doublée d'un dysfonctionnement. Car comment pouvaient-elles être en empathie avec les personnes qui les appelaient, en tout cas sur ce sujet des cafetières ? Désormais, ces salariées sont les utilisatrices privilégiées des nouveaux modèles.

À la Laiterie de Saint-Denis-de-l'Hôtel (LSDH), le destinataire final du produit est tellement placé sur un piédestal qu'une briquette de lait a été conçue en son honneur. Elle porte la marque : « C'est qui le patron ? » Elle est la traduction d'une idée de l'entrepreneur Nicolas Chabanne et d'un cahier de doléances corédigé par les consommateurs et les producteurs. Son prix garantit un revenu minimum décent aux éleveurs. Le lait doit avoir été collecté dans un rayon kilométrique restreint, le fourrage des vaches doit obéir à des spécifications bio, etc.

Cependant, ce marketing opéré dans un contact direct entre l'industriel et le consommateur pose la question des phases intermédiaires et transverses. Autrefois, elles présidaient au fonctionnement des entreprises. Que deviennent-elles dans ces nouveaux schémas ? À condition de rester anonyme, un dirigeant n'élude pas la question. Bien au contraire, il affirme sans ambages : « L'excellent technicien survivra, l'excellent dirigeant aussi. Mais le management intermédiaire est en péril mortel. Il faut cartographier cette réalité. »

En réalité, nos entretiens ont fait émerger une radicale divergence d'analyses entre deux populations identiques en nombre. Pour les uns, le management intermédiaire apparaît comme le ventre mou, qu'il faut faire fondre. Pour les autres, il peut au contraire servir d'appui précieux, à la façon de tablettes abdominales. Mais à la condition que les intéressés s'astreignent à un régime et à un entraînement adapté.

Sous le sceau de l'anonymat, un dirigeant fait le calcul : « Sur 100 commerciaux, je devrais me séparer de 30. J'observe qu'ils se situent tous dans la tranche d'âge de 40-55 ans. » Il y a là effectivement une question de générations. « C'est pour les quadras et les quinquas que c'est problématique, confirme Gérard Lopez (BVA). Pour eux, c'est aussi stressant que les questions liées à la mort, à l'inconnu. Tandis que les jeunes n'ont rien à perdre par rapport au management intermédiaire, puisqu'ils ne savent pas ou peu comment c'était avant. »

Inversement, une seconde moitié de notre panel croit au possible « empowerment » du middle management. Comme disait plus haut Pascal Portelli (Delta Dore), « il peut y avoir du leadership à tous les étages ». De même, Daniel Weizmann (VWR), envisage que ses salariés puissent devenir « le vrai patron, mais seulement, s'ils sont orientés client ». C'est aussi l'analyse d'Elie Choukroun (Ricoh France) : « Le savoir être a pris une ampleur qui n'existait pas dans le passé. Il demeurera. Les compétences relationnelles seront recherchées, elles resteront. Le management intermédiaire doit s'appuyer sur cette chance qui lui est offerte. Il faut le former à ça, à développer la posture de coach. Mais il faut qu'il accepte d'évoluer vers cela. »

Un certain nombre de conditions sont en effet posées. Elles s'inscrivent dans des méthodes que plusieurs dirigeants ont détaillées pour nous. Leur énoncé illustre la réalité de plusieurs des travaux d'Hercule présentés au chapitre 3. Ainsi, la méthodologie d'Anne Geisert (Miele France), qui se décline en deux étapes : « D'abord, on énonce une vision, une mission, la stratégie et des objectifs (bref, on casse les silos, on donne une vision globale, et on définit une ambition commune) ; ensuite, on énonce un objectif durable, mutuel, partagé, compris, accepté, gagnant-gagnant. Tout cela suppose d'instaurer une culture du feed-back permanent. » Elle a pris la forme d'une réunion régulière de l'ensemble des collaborateurs du siège, dans le showroom… des machines à café (décidément stratégiques dans cette entreprise !)

Après avoir dit plus haut que le leadership pouvait se manifester à tous les étages, Pascal Portelli (Delta Dore) énonce une deuxième étape : le leader crée un réseau qui fonctionne de lui-même. Dans les structures pyramidales qui prévalaient auparavant, le patron faisait descendre les impulsions en cascade, à partir de lui et de lui seul. C'est pourquoi, aux yeux du président du directoire de la société, « la suite à l'empowerment sera l'intrapreneuriat ». C'est la raison pour laquelle il voit à l'avenir « du leadership à tous les étages », pour reprendre son expression. « Les actifs incorporels l'emportent sur le dur », poursuit-il. Et si des experts s'en vont, alors qu'ils sont devenus intrapreneurs, il n'en fait pas un drame : « Le maillage de talents est si riche ! »

Dès lors, si les strates s'aplatissent, en même temps que les équipes se réduisent en nombre et que le management intermédiaire disparaît, les bureaux et les plateaux en open space peuvent paraître parfois déserts. De fait, l'impression est parfois déjà palpable. Elle l'est encore davantage les jours où le télétravail est massivement pratiqué. Mais comment continuer alors à insuffler de la vie et entretenir un sentiment d'appartenance ? L'enjeu est si important qu'il donne naissance à deux phénomènes inédits : l'instauration de nouveaux rites, offices et temples pour entretenir le lien ; et la réhabilitation des assistants : ces fonctions d'accompagnement et de services étaient autrefois jugées désuètes ou somptuaires. Elles sont désormais replacées au centre du dispositif.

Les bureaux à l'heure du virtuel

Le lean management, autrefois parangon de bonne gestion, a pris du plomb dans l'aile. Mais il est un lieu où son influence persiste : ce sont les sièges sociaux. Durant ses vingt années passées chez GeoPost, Paul-Marie Chavanne a bien illustré philosophie. D'abord, son propre bureau ne présentait guère plus d'apparat que celui que doit occuper un receveur des Postes dans un chef-lieu d'arrondissement. Ensuite, comme il l'explique : « Au siège, nous sommes 140. Nous étions 180 quand je suis arrivé. Entre-temps, les effectifs sur le terrain ont décuplé à la suite de rachats successifs et de croissance organique. Nous sommes numéro 1 du colis en Europe, nous sommes présents en Russie, en Inde et en Afrique. Chaque jour, si l'on compte la sous-traitance, 120 000 personnes travaillent au quotidien pour

GeoPost. » Pour autant, sa philosophie n'a pas changé : « Je suis un fanatique de la responsabilité et de la subsidiarité. »

Autrement dit, comme aime à le rappeler un dirigeant : « La réalité de l'entreprise, c'est le terrain. » Au nom de ce principe, Antoine Meyer (Sumi Agro France) s'est même posé la question de la pertinence d'un siège (et qui plus est dans la capitale). Celui-ci est désormais situé près du canal Saint-Martin, dans un quartier bobo et populaire où l'alimentation de base propose des cuisines du monde entier. Sur Google Map, l'adresse indiquée renvoie pourtant toujours au quartier plus chic de la porte Maillot. « Si on a déménagé, c'est que notre compte d'exploitation nous interdisait notre ancienne localisation », répond sans détour Antoine Meyer. « Il faut savoir que le marché de notre activité de protection des cultures pèse en tout et pour tout 2 milliards d'euros. Par comparaison, la restauration hors foyer, pour ne citer qu'un exemple, représente 90 milliards d'euros. En Europe, la France est passée de la deuxième à la septième place. »

« En réalité, poursuit le dirigeant, nous avons poussé la réflexion jusqu'à nous demander s'il était encore pertinent d'avoir des bureaux parisiens. Nos trois dernières recrues travaillent en province. Mais les jeunes voulaient un bureau. Et pour cause, ils vivent dans des studettes, ou en colocation. Ajouter l'outil de travail à l'intérieur de ces rares mètres carrés ? C'était impossible, et surtout, ce n'était pas souhaitable pour la qualité de leurs prestations. »

Dans les étages de la Tour Manhattan, dans le quartier parisien de La Défense, Guy Sidos (Vicat) s'est aussi posé la question des mètres carrés de bureaux : « À 10 000 euros par an du collaborateur, cela peut faire réfléchir. Mais dans une société, on vit… en société. Et en société, on est sociable. »

Le télétravail ne va pas de soi

Ces réflexions aboutissent au constat que le télétravail ne va pas de soi[1]. Il peut donner de mauvaises habitudes comportementales, d'absence de respect, de soi-même (quand on travaille mal habillé devant son ordinateur) et des autres. La dispersion et l'individualisation peuvent engendrer une génération d'impolis, voire de sauvages mal dégrossis. La civilité devrait aller sans dire. Mais puisque ce n'est pas le cas, cela va mieux en le disant. C'est pourquoi Patrick Errard (Astellas) s'attache à dire bonjour à tout le monde en arrivant, les yeux dans les yeux, avec le prénom. De même, il proscrit le réflexe de poursuivre sa conversation tout en consultant son smartphone. « C'est insupportable de la part d'un manager, qui se doit d'être à l'adresse de l'autre. » Car si le rythme s'accélère, le temps consacré aux gens reste un critère primordial. Le collaborateur ne veut pas seulement être compris, il veut aussi pouvoir demontrer qu'il a compris. Son supérieur doit en être conscient. Même s'il a besoin d'aller vite, il ne doit pas heurter. Cependant, à travers cette exemplarité, Patrick Errard entend bien que ses collaborateurs en fassent autant. Emmanuel Vasseneix (LSDH) partage au mot près cette éthique. Aussi, il rêve de doter l'entreprise d'une constitution interne dont l'article 1 dirait précisément ceci : « Dire bonjour le matin. »

Au regard des effets indésirables constatés par le télétravail, Laurent Zeller (Nielsen) suggère que sa pratique soit limitée : « Pas plus de deux jours par semaine, sinon ça désocialise… N'oublions pas que le mot français pour entreprise est "société". »

---

1. Rappelons que ces lignes étaient déjà écrites avant les mesures de confinement décidées en mars 2020. Les événements ultérieurs ont accéléré le processus. Les barrages juridiques, psychologiques ou technologiques ont sauté, d'une manière si spectaculaire que nous en sommes encore généralement sidérés. Mais sur le fond, c'est-à-dire sur ce qui fonde le fait travailler ensemble et de se reconnaître au sein d'une même communauté, le constat n'a pas changé : le télétravail ne va pas de soi.

En réalité, le sujet se révèle clivant. Non pas avec d'un côté les « pour » et de l'autre les « contre ». Mais la réponse est donnée au cas par cas, en fonction de la conjoncture (grèves, épidémies), des métiers, des compétences, mais aussi de la personnalité des salariés qui demandent à pratiquer le travail à distance.

Ainsi, comme le fait remarquer Amaury Fremaux, « quand une personne m'interrompt fréquemment pour savoir ce qu'elle doit faire et comment elle doit le faire, je ne la sens pas assez autonome pour lui répondre favorablement quand elle me vient me demander de pouvoir travailler de chez elle. De même, quand je sais qu'un collaborateur devant son écran joue souvent au Tetris, je ne le sens pas non plus très sincère dans sa motivation à recourir au télétravail. »

À l'inverse, Pascal Portelli (Delta Dore) se montre résolument optimiste. Mais il est vrai qu'il a insufflé l'esprit d'intrapreneuriat chez ses collaborateurs. Il se trouve aussi que les usines du groupe, ainsi que le centre de R&D sont implantés en pleine campagne, entre Rennes et Saint-Malo, en Ille-et-Vilaine. Les collaborateurs sont déjà responsabilisés, autonomes et motivés. Si en plus, ils peuvent réaliser des économies de carburant ! Un troisième avantage collatéral n'est pas négligeable dans cette entreprise spécialiste de la maison connectée. Il a été scientifiquement constaté que les cadres devenus pratiquants du télétravail sont, par la même occasion, devenus des familiers de l'électroménager (machines à laver le linge, lave-vaisselle, fours, micro-ondes). Pour Delta Dore, dont les chercheurs conçoivent la maison intelligente du futur, voilà un laboratoire d'essai tout trouvé…

De même, Marc Meurer (Porsche France) accède assez naturellement aux demandes de ses collaborateurs en la matière. « Du moment que le travail est fait, et bien fait, peu m'importe de savoir où il a été fait. » Mais là encore, la ligne de fracture ne s'est pas produite où on l'attendait. L'opposition au principe venait d'un jeune, qui voulait contrôler physiquement ses troupes.

De toute façon, en dépit des effets pervers qui viennent d'être soulevés, une lame de fond s'est levée. Elle ne s'arrêtera pas, car elle est alimentée par des réalités chiffrées difficilement opposables. Le coût des loyers dans Paris et les grandes villes, la généralisation de la pratique de visio-conférence et des conversations téléphoniques en face time, le bashing des déplacements polluants, la parcellisation des tâches avec l'avènement des consultants extérieurs, l'imprimante 3D couplée à la 5G : tout concourt à une virtualisation du travail et à un recul de l'exercice de celui-ci en collectivité, au quotidien.

Mais puisque les moments vont se raréfier, de présence effective de l'ensemble des salariés en un même lieu, ces instants vont devenir précieux. Au point d'être solennisés, par l'instauration de rites inédits, de « messes » dans des « temples modernes » spécialement dédiés. De même, pour maintenir le liant jour après jour en dépit de la désertion des fidèles, des fonctions liées au « *care* » et au « sens de la fête » vont retrouver l'importance qu'elles n'auraient jamais dû perdre.

De nouveaux temples et de nouveaux rites

Aucun détail formel ne doit être négligé lorsqu'il s'agit d'embarquer les équipes dans un projet, surtout quand ce dernier marque une rupture, ou lorsqu'il doit conduire vers un horizon encore incertain. Ces outils sont pédagogiques. Or, tout le monde ne comprend pas tout en même temps. Il faut donc expliquer, répéter, illustrer sans cesse, revenir sur ce qui a pourtant déjà été dit. C'est une des finalités des rendez-vous réguliers. Ces auxiliaires de communication sont essentiels dans la mise en œuvre d'une stratégie. Cette dimension est même désormais si importante dans les missions régaliennes qui incombent au dirigeant que le chapitre 6 lui est entièrement consacré. Par ailleurs, ces rendez-vous sont précieux en matière de ressources humaines. Ils soignent en particulier la marque employeur.

Enfin, à quoi bon posséder le savoir, le faire et le savoir-faire s'il manque le faire savoir ? Les illustrations qui vont suivre sont de bonnes pratiques de management, doublées de postures sincères. Inutile, par conséquent, d'essayer d'y percevoir une quelconque trace de démagogie ou de paternalisme.

Ainsi, quand Hugues Le Bret expose la difficulté qu'il a rencontrée quand son entreprise a commencé à grandir. Il avait instauré la pratique du rendez-vous du vendredi matin devant la machine à café pour exposer l'état d'avancement dans le déroulé du plan stratégique. C'était aussi un moyen d'intégrer les nouveaux arrivés, de faire en sorte qu'ils se sentent reconnus, en les appelant par leurs prénoms. Mais quand les effectifs doublent à intervalles réguliers ? Eh bien, il faut continuer. Cette messe hebdomadaire est constitutive de la culture de l'entreprise.

Chez Manutan, le directeur général délégué, Pierre-Olivier Brial, confie que c'est là son « meilleur retour sur investissement ». La cérémonie n'est certes que mensuelle, mais elle réunit chaque fois 600 personnes. Ce sont les délégués de tous les départements de la société. Les trois dirigeants exposent les chiffres clés. S'ensuit une séance de questions-réponses. Tous les mois, une division différente est chargée de préparer la thématique du jour. De la sorte, les délégués ont le temps de préparer leurs interventions et de maîtriser leur trac à l'idée de prendre la parole en public. Mais pour les dirigeants, cela permet de répéter, en toute simplicité, leur message stratégique principal, en l'abordant tous les mois sous un angle différent. Entre-temps, des réunions hebdomadaires rassemblent un membre de la direction avec une quinzaine de salariés. Et puis, une vingtaine de sessions viennent scander l'année : « Nous sommes gourmands en séminaires », admet Pierre-Olivier Brial.

Dire et redire : l'enjeu est si important chez PrestaShop que la méthode a été formalisée. « Je passe beaucoup de temps à anticiper les changements, explique Alexandre Eruimy. Je dois les penser, puis les communiquer. Pour cela, une prestation physique est nécessaire, mais elle doit être enrichie et augmentée. Aussi, en plus de la réunion mensuelle où je présente les chiffres clés, je fais suivre une trace écrite, avec le partage des slides. Dans l'intervalle, je tiens des réunions de cadrage hebdomadaire avec les directions amont et aval. Je peux ainsi me rendre compte de l'appropriation du message par les dirigeants sur le terrain. Enfin, je demande à ces derniers un feedback, de manière à boucler la boucle. »

Comme il s'agit de ritualiser ces moments, la forme et la répétition sont également importantes. Un lieu doit être dédié, à la manière des temples ou des églises. Chez Miele France, après tout ce qui a été dit sur les cafetières, les réunions se tiennent (évidemment !) dans le showroom de ces dernières. Chez Fremaux-Delorme, le bureau du président est l'endroit consacré. Il est vrai que les dimensions de la pièce le permettent.

Au siège de Porsche France, une creative room est particulièrement appréciée des collaborateurs. Ces derniers se sont approprié sa décoration ludique. Il est apparu naturel qu'elle serve de cadre à la réunion qui sert à resserrer les liens. Et comme un rite s'instaure aussi par la régularité de sa répétition dans le temps, la séance a lieu tous les lundis après-midi. Son ordre du jour est constitué de l'apport d'éclairages par des experts. Quand ces experts sont des membres du siège, ce sont eux alors qui prennent la direction (le lead) de la réunion.

Laurent Germain, ancien directeur général de Segula Technologies, souligne, lui aussi, l'importance de la régularité : la réunion hebdomadaire des coleaders se tient le même jour, à la même heure. Ceux qui ne peuvent pas être physiquement présents s'arrangent pour la suivre par téléphone. Pour preuve de l'utilité de ces rendez-vous structurants, « des décisions sont prises chaque fois, des problèmes sont résolus après échanges contradictoires », se réjouit le dirigeant. Car il est évidemment indispensable que ces réunions soient effectivement productives. Pour s'en assurer, Emmanuel Vasseneix a décidé d'y proscrire le portable et tout autre appareil électronique.

Au cabinet August Debouzy, pour faire comprendre aux avocats qu'ils sont tous uniques au sein d'un système qui les nourrit autant qu'ils le nourrissent, trois rencontres annuelles sont organisées avec l'ensemble des associés. De nombreuses occasions sont également créées pour renforcer des liens de qualité. Au-delà de la recherche du bien-être de ses collègues, Mahasti Razavi voit là une finalité stratégique : « Face à l'intelligence artificielle et aux legaltechs, nous devons être plus qu'excellents, un vrai produit de luxe au sens noble du terme. Pour cela, au-delà des qualités individuelles de chacun, leur écoute, leur expertise, leur pugnacité, leur engagement, leur agilité, c'est un état d'esprit et une vision commune entre nos avocats qui fera la différence. »

Chemin faisant, la réflexion sur ce sujet amène plusieurs dirigeants à se demander s'il faut nécessairement un prétexte de performance ou de progression du chiffre d'affaires pour justifier les occasions de se retrouver. « Avec l'avènement du travail à distance, l'ubiquité va se généraliser, anticipe Édouard Fourcade (Anaplan). Mais quand est ce que l'équipe va se retrouver entière ensemble ? Le contrat social est en train de changer. Il faut sans doute trouver d'autres raisons que le travail pour se retrouver. »

Gérard Lopez (BVA) franchit le Rubicon : « Quand la présence physique est plus rare, le jour où elle est exigée doit être une source de plaisir pour le collaborateur. Dès lors, la qualité principale demandée au dirigeant et au leader, c'est l'empathie, celle qui fabrique la compréhension de l'autre. » Dans le même registre de chaleur humaine, Pascal Nadobny (Addev Materials) rêve d'instaurer une pause-café virtuelle et interactive, qui serait généralisée à l'ensemble de ses filiales sur la planète.

Mais alors se pose la question pratique de l'organisation de ces fêtes. À qui confier cette mission devenue cruciale ? C'est le second pendant de la virtualisation : des postes, dont certains autrefois, étaient jugés modestes ou désuets, vont redevenir stratégiques. L'assistant·e par exemple, est cité·e par Édouard Fourcade. Pour son savoir-faire en la matière, mais aussi pour le « *care* » et la permanence de l'humain.

La suggestion emportera sûrement l'adhésion de Pierre Bontemps (Coriolis). Il n'a jamais oublié l'injonction qu'il avait reçue dans une première vie professionnelle de licencier une hôtesse d'accueil. Officiellement, c'était pour réaliser des économies. Moins avouable, c'était parce que, en haut lieu, elle était jugée « vieille et moche ». Outre le jugement de valeur inadmissible, « ces gens ne voyaient pas que cette personne était la mémoire de l'entreprise, son cœur d'information et de prévention, la coach, la thérapeute. J'ai refusé, car je me sentais moins indispensable qu'elle. »

La politique de Talan n'est pas tellement de recruter des assistantes. Le P.-D.G. Mehdi Houas va lui-même à l'ascenseur accueillir ses visiteurs. Néanmoins, la plus grande attention est portée à l'humain. Elle se traduit par l'importance de la fonction ressources humaines dans tous les actes de gouvernance du groupe. De même, chez Cetih, des assistants d'organisation figurent dans l'organigramme. Longtemps, ils ont rapporté au directeur général. Leur mission principale est d'accompagner le changement, arrondir les angles, anticiper les crispations. Désormais, ils sont rattachés au DRH qui, en l'occurrence, est un DROH, directeur des ressources et de l'organisation humaines.

Ferreol Mayoly (Arval France) témoigne avoir confié une tâche bien particulière à un collaborateur : « Nous avons en interne un dirigeant dont les qualités humaines sont tellement reconnues par ses collègues que nous avons décidé de lui confier la tâche transverse d'insuffler un état d'esprit humaniste à toutes les strates des prises de décision. Sans attribut de pouvoir, il a une stature de leader, car il comprend et porte en lui le projet d'entreprise. »

CE QUI VA CHANGER

« Le leader, pour reprendre la phrase de Fanny Letier (GENEO), est celui qui voit loin, quelquefois même au-delà d'une vie. » Hubert de Boisredon (Armor) parle même de « visionnaire », non seulement de l'entreprise, mais des êtres qui font vivre et grandir celle-ci. « Je cherche à voir les personnes au-delà de ce qu'elles sont, et je m'émerveille de voir ce qu'elles deviennent. » Parce que les collaborateurs adhèrent à un projet commun, parce que le management est bâti sur la confiance, l'entreprise les aide à se développer individuellement. « Le leader est un accoucheur de personnes », insiste le P.-D.G. de l'entreprise nantaise.

Cependant, si le projet de vie est clair à l'horizon, il n'en va pas de même au quotidien. Au contraire, il est encombré de vicissitudes sur lesquelles le dirigeant n'a pas forcément de prise. C'est ce qui fait dire à Guillaume de Lavallade (Hub One) que, même s'il a la responsabilité d'éclairer son équipe sur la route à prendre, il ne s'illusionne pas « sur la portée de sa lanterne ».

Les dirigeants que nous avons interrogés ne sont donc pas enclins à procéder à de la prospective. Ils savent que des paroles prononcées un jour se trouvent plus tard cruellement démenties par les faits. Et puis, une difficulté déjà évoquée se manifeste à nouveau : par certains côtés, les entreprises ont du mal à entrer dans le troisième millénaire, alors que, par d'autres, elles sont déjà dans le futur. 2025, elles y sont déjà, tant il est vrai que la situation actuelle ressemble davantage à la projection de ce qui va se produire qu'au continuum de ce qui s'est passé. C'est pourquoi, même s'ils veulent bien évoquer les mutations prévisibles dans leurs univers professionnels, ils sont quand même plus à l'aise pour parler des changements dans leur vie de dirigeants et dans leur vie personnelle. Car sur ces aspects-là, ils ont de la prise.

Dans leur décor professionnel, c'est le rapport au travail qui va continuer à être bouleversé. Pour Pascal Nadobny (Addev materiels), « l'organisation du travail va continuer à changer de siècle avec cette quête de liberté et d'autonomie. Elle va périmer bon nombre d'articles du code du travail. Le travail à distance va modifier la notion d'espace et de temps. Le développement des prestataires indépendants va démoder le CDI. »

Certes, il voit bien que les « gamins » pour reprendre son expression, continuent à fêter leur première embauche définitive. « Mais, observe-t-il c'est aussi pour des raisons qui leur sont personnelles, parfois de communication à leur famille ou leurs copains. Le CDI signifie un changement de statut vis-à-vis du banquier. Il leur laisse entrevoir l'obtention d'un prêt immobilier, qui lui-même ouvre des perspectives d'installation en couple. Une fois cette étape de confiance passée, leurs aspirations de liberté et de sens reviennent rapidement. »

Pour autant, poursuit le dirigeant d'Addev Materials, « professionnellement, les choses bougent et elles auront encore bougé d'ici à dix ans. Il faudrait une grosse crise géopolitique pour faire revenir dans les esprits la priorité sécuritaire. Dans tous les cas, la nature de l'international aura encore changé. Les coûts des transports vont militer en faveur d'une relocalisation. Je crois que les valeurs de proximité vont encore gagner du terrain. L'industrie va redevenir locavore. ADDEV Materials croit en une industrie frugale et locavore, qui consomme moins de ressources et crée plus de valeur locale partout dans le monde. »

Gérard Lopez (BVA) partage l'analyse : « la 5G, le poste de travail passé au crible de l'écologie et du coût du mètre carré : tout va militer pour autoriser les modes de travail à distance. Mais on ne coupera pas à deux étapes obligatoires : un, lister les inconvénients de cette pratique ; deux, réformer le Code du travail. »

Ensuite, une fois ce décor dessiné à grand traits, comment projettent-ils leur fonction actuelle ? Laurent Germain (ex-Segula Technologies) voit l'avènement du dirigeant de mission. De la même manière que l'entreprise fonctionne en mode projet, le dirigeant passera d'une mission à l'autre, au gré des besoins des entreprises. « Mais attention, prévient le directeur général de Segula, la même personne ne sera peut-être pas la bonne pour deux missions différentes. »

Mais si cette tendance au dirigeant interchangeable se précise, d'autres mutations sont alors à prévoir. Cela veut dire que l'on assistera bientôt à l'extinction d'une catégorie de P.-D.G. historiques, inamovibles, dont la grande préoccupation, lors des assemblées générales annuelles, était de faire voter le report de l'âge limite du président. Il est vrai qu'on l'a vu au fil des témoignages : plusieurs dirigeants se préparent à la disparition pure et simple des P.-D.G. Ils y préparent leur entreprise, comme Pierre Bontemps (Coriolis), ou ils se prennent à en rêver, comme Francis Kopp, chez Lenze. Jusqu'au scénario d'une étonnante troisième voie, suggéré par Laurent Zeller (Nielsen). Pour lui, le bon dirigeant devra aussi parfois se muer en syndicaliste « pour défendre les salariés contre des actionnaires trop exigeants ».

L'autre enjeu est celui de la formation et du parcours. Dans l'hypothèse d'une survie du poste, le processus de « désignation » ou de « reproduction » sera-t-il toujours identique ? Autrement dit, « devront-ils toujours nécessairement sortir d'une grande école ? » La question est posée par plusieurs de nos interrogés, notamment l'un des dirigeants qui ont souhaité rester anonymes. Il dirige la filiale d'un grand groupe industriel allemand. C'est pourquoi il poursuit en ces termes : « Le dirigeant français va devoir apprendre de ses pairs allemands, absolument indifférents à la notion de grande école. L'Allemand respecte celui qui sait, car il tient alors son autorité de sa compétence. L'avenir résidera dans le fait de savoir fédérer des plus spécialistes que soi. L'Allemand sait bien faire cela depuis longtemps. »

Tous ces constats réunis conduisent à poser la question de ses propres limites et à s'interroger sur le bon moment pour céder sa place. Mais pour un dirigeant comme Pascal Portelli (Delta Dore) qui a prévu un plan de succession dès son arrivée, combien d'atermoiements et de procrastinations à ce sujet !

La réponse arrive plus facilement quand les dirigeants se posent la question en ces termes : comment se projettent-ils personnellement ? Édouard Fourcade (Anaplan) y répond par une autre interrogation, qui traduit sa préoccupation personnelle : « Quelle place réserveront les entreprises et la société aux anciens ? » Comme il doute que la préoccupation soit réellement prise en compte, et parce que l'on n'est jamais si bien servi que par soi-même, il s'administre cette gymnastique intellectuelle. Il s'interroge pour trouver ce qui l'épanouira « dans dix, vingt, trente ou quarante ans ».

Olivier Schiller, président de Septodont, se voit en 2025 en chairman non opérationnel. Il se prépare à ce rôle, qu'il définit comme celui d'un « coach, qui donne la vision, et pense le design de l'organisation ».

Pierrick de Ronne (Biocoop) a 37 ans. Il a encore beaucoup à faire dans le monde de l'entreprise. Mais il ne cessera d'être citoyen actif, car « sans le courage de tout remettre à plat, en matière d'alimentation, de santé », ce qu'il redoute le plus à l'horizon des dix prochaines années, c'est qu'on aille « vers la guerre civile ».

Patrick Errard (Astellas) avoue se situer à un âge où il « doit d'abord transmettre avant de se projeter dans l'avenir ». Son vœu pour 2025 serait que les leaders soient des « amoureux : de la nature, des autres, de leur métier ».

Et puis, quand tout bouge autour d'eux, les chefs d'entreprise peuvent néanmoins prendre appui sur une certitude pérenne : l'Humain, lui, ne change pas. En définitive, pour chaque entreprise, même la plus numérisée, la plus virtualisée, il faudra un leader, reconnu comme tel par ses salariés, clients, fournisseurs, actionnaires et par ses pairs. Cette reconnaissance passe par la réunion d'un certain nombre de qualités. Les dirigeants que nous avons interrogés se retrouvent sur les mêmes. Elles sont analysées dans les paragraphes qui suivent.

CE QUI NE CHANGERA PAS

Demain, comme aujourd'hui et comme hier, certains humains naîtront leaders, les autres apprendront à le devenir. Pour Daniel Weizmann (VWR), « le leader persuade, convainc, prend des risques, les assume, admet l'erreur, pour soi-même et chez les autres ». Autrement dit, il embarque les autres dans son projet. Surtout, il a le courage de prendre la décision. Cette qualité humaine sera toujours requise.

Pas de leadership sans qualités humaines

De même, en 2025, comme l'énumère François Guérin (Cetih), « la mission du dirigeant restera d'être le garant des valeurs de l'entreprise : éthique, respect, intégrité, ouverture, sens du collectif, respect du client qu'il soit extérieur ou interne. » Ce dernier point suppose de promouvoir l'habitude de se rendre des services entre les départements de l'entreprise. « Il y aura aussi, poursuit le chef d'entreprise, le devoir d'impulser chez les dirigeants la culture de la responsabilité, de la proximité, de l'efficience, de l'anticipation, de la priorité du *nous* sur le *je*. »

Pascal Nadobny (Addev Materials) abonde dans le même sens : il s'agira « d'insuffler un esprit d'entrepreneuriat ou d'intrapreneuriat chez la majorité des salariés ». Cela demandera d'habituer chacun des collaborateurs à posséder une vision globale de l'entreprise et de son intérêt supérieur. Chaque salarié en son sein se demandera en quoi il peut lui être utile. Pour être incité à le faire, il devra être débarrassé de la peur qui souvent l'inhibe. Chaque collaborateur doit pouvoir oser dire les choses. À cette fin, Gérard Lopez encourage à reconnaître « le droit à l'erreur ». Mais il ne suffira pas de dire les choses. Bien les dire sera déterminant.

Maîtriser le poids des mots

Le premier à souligner cette importance est un ancien militaire d'élite. Il a été formé aux missions où la précision de chaque mot compte. Il s'agit d'Édouard Fourcade (Anaplan). Pour lui, la multiplication des moyens de communication rend tout urgent. « En plus, ironise-t-il, on ne sait plus par quel biais on a reçu le message – SMS, Skype, Whatsapp – ni surtout pourquoi on doit y répondre sans attendre ». De son ADN militaire, il a retenu ces trois principes, valables en toutes circonstances :

– la ponctualité : une réunion commence et finit à l'heure.

– la prise de rendez-vous. Pour traiter d'un sujet, il faut convenir d'un moment dédié, avec un temps imparti de trente minutes. Pour justifier de déroger à ces deux règles, il faut vraiment que la raison soit impérieuse.

– la concision.

De fait, quand un concept ne peut pas être exprimé brièvement, avec des mots simples, il trahit le flou qui règne encore dans la tête de la personne qui l'émet. Celle-ci doit donc retourner à son bureau ou à son établi, pour travailler sa démonstration, enlever le superflu.

Paul-Marie Chavanne (ex-GeoPost) confirme : savoir trouver la phrase immédiatement adoptée par le plus grand nombre est un talent qui n'est pas donné à tout le monde. C'est peut-être même à cela que l'on reconnaît un leader. Il admire à cet égard Ferdinand Piech. Au moment où il avait pris la présidence du conseil de surveillance de Volkswagen AG, il avait exprimé en moins de dix mots, devant 40 000 personnes, sa vision pour le groupe : « Nous allons devenir le Mercedes de la classe moyenne. » Tout le monde avait instantanément compris : en interne, chez les concurrents, les fournisseurs et les clients.

Pierre Bontemps (Coriolis) valide le constat : pour être leader et le rester, « une règle de base est qu'après analyse, il faut développer une vision claire, compréhensible par chacun, et exprimée en langage simple ».

Séparer l'urgent de l'important

Rarement évoqué, le burn-out du dirigeant est pourtant une réalité courante. Mahasti Razavi (August Debouzy) l'a frôlé parce qu'elle devenait l'otage des vagues de mails qui accumulent l'urgence à l'urgence et submergent. Édouard Fourcade a aussi senti venir le danger dans une expérience professionnelle antérieure. Pour l'éloigner, il a procédé comme quand il se prépare à une séance de plongée en grande profondeur : rigueur extrême, préparation, définition des tâches. À ses yeux, c'est la meilleure façon de garder le discernement qui permet de faire la différence entre l'utile et l'accessoire, l'urgent et l'important.

Savoir décider en dernier ressort

Quelles que soient les évolutions des entreprises dans le futur, il faudra toujours à leur tête une personne physique pour prendre les décisions. Or, ces dernières ne se prennent pas sans courage, éthique et sens des responsabilités. Aucun robot ni algorithme prédictif ne pourra être doté de ces qualités morales.

Au bout du compte, il faudra toujours un dirigeant pour arbitrer, pour dire « oui » ou « non », « go/no go ». Pour Laurent Germain (ex-Segula Technologies), cette notion est consubstantielle au statut : « De tout temps, le leader, c'est celui qui sait prendre sa décision. »

Emmanuel Vasseneix (LSDH) confirme et précise : « C'est savoir décider en responsable. » Lui, en une nuit, a décidé le rachat de Crudette, le fabricant de salades fraîches. Cela n'avait rien à voir avec l'activité historique de collecte et de transformation du lait. Il n'empêche, cette activité connexe pourrait bien à terme le futur pivot du groupe. Mais au moment de prendre sa décision, le P.-D.G. faisait défiler dans sa tête les 2 000 personnes de son écosystème et qui lui font confiance. « Je n'avais pas le droit de prendre des décisions qui puissent mettre en péril tout l'édifice. Les collaborateurs attendent de moi que je leur donne le cap. » Encore faut-il que ce soit le bon, le « true north », comme disent les navigateurs, c'est-à-dire le vrai « cap au nord », celui qui assure de ne jamais être perdu si on le suit.

Pascal Nadobny et Rolf Heinz ajoutent une troisième dimension : assumer en cas d'échec. Le premier développe à ce sujet une parabole footballistique (voir encadré). Le second s'explique en ces termes : « Le premier rôle du dirigeant sera toujours d'endosser la responsabilité d'hommes et de femmes. Sa raison d'être ne changera pas : être le garant de ses collaborateurs. » Cela le conduira à exercer des responsabilités par rapport à la stratégie, mais aussi par rapport à chaque fonction et département de l'entreprise. « On sera encore plus dans l'intelligence collective, entre l'émotionnel et l'artificiel, entre l'humain et la machine ».

Le sport collectif, détecteur de leaders

Trois des dirigeants que nous avons rencontrés en sont convaincus : le football et le rugby sont deux merveilleux révélateurs de talents de dirigeants. Le premier est Gérard Lopez (BVA) : « Je viens du rugby, explique-t-il. Ce que je vous raconte sur l'entreprise et le travail, je le vis depuis trente ans, dans la société que nous avons fondée, à trois amis connus grâce au sport d'équipe. Nous sommes toujours ensemble parce que le collectif nous a soudés. L'agilité dont je vous parle, c'est celle de la complémentarité des talents dans une équipe. »

De son côté, pour illustrer qu'un vrai leader est celui qui assume ses responsabilités, Pascal Nadobny (Addev Materials) se remémore un épisode de l'Euro de football en 1984. L'entraîneur de l'équipe de France est le discret Michel Hidalgo, décédé en mars 2020 et le capitaine, le flamboyant Michel Platini. Avant la finale, l'entraîneur dévoile une composition révolutionnaire pour l'époque : le 4-4-2, qui ne plaît pas du tout à l'avant-centre vedette qui le fait savoir vertement à Hidalgo. Ce dernier lui répond : « En tant qu'entraîneur, je te dis d'appliquer ma consigne. Si nous perdons, j'assumerai la faute seul devant les télévisions du monde entier. Mais si nous gagnons, nous dirons que vous en êtes les seuls auteurs. » La suite, on la connaît, la France a gagné ; le 4-4-2 est entré dans les classiques.

Ce qu'il faut retenir

Ce qui change

– Internet a imposé un nouveau tempo au commerce et à l'industrie ;

– les entreprises de la vieille économie ont souvent l'obligation de se mutiler un peu pour ne pas disparaître totalement ;

– les organigrammes sont métamorphosés, avec :

- des strates aplaties,
- une horizontalisation des prises de décision,
- l'avènement du mode projet,
- un vrai patron, qui est le client,
- un management intermédiaire à la peine, mais qui peut sortir grand vainqueur de la révolution actuelle ;

– les bureaux se mettent à l'heure du virtuel ;

– les sièges sociaux ont retenu pour eux les leçons du lean management ;

– le télétravail se développe, mais soulève des difficultés imprévues ;

– pour célébrer les moments de présence collective, de nouveaux temples ont été aménagés et de nouveaux rites instaurés ;

– certaines fonctions d'accompagnement, autrefois jugées désuètes, redeviennent stratégiques.

Ce qui va changer

– les missions ponctuelles vont se multiplier pour les dirigeants ;

– les P.-D.G. en voie de disparition ? En tout cas, ils auront un nouveau rôle et un nouveau profil ;

– il ne restera sans doute pas grand-chose de l'actuel Code du travail ;

– le rapport des salariés au travail aura continué de changer ;

– l'impératif de sortir d'une grande école aura cédé le pas aux expériences acquises à l'école de la vie.

Chapitre 5. Les générations Y et Z aux commandes : vraies ruptures et continuités

L'avenir leur appartient. Entre 2025 et 2030, ils accèderont aux responsabilités. C'est la génération Y, également appelée milleniums, millenials, ou encore digital native. Ces jeunes sont nés entre 1980 et 1990. Ils sont, paraît-il, si différents de leurs aînés que leur mode d'exercice du leadership sera inédit lui aussi. Du moins *a priori*. Cependant, le temps passe vite. Déjà, la génération Z leur colle aux basques, avec des aspirations, elles aussi, radicalement différentes.

En attendant de voir ces derniers à l'œuvre, les dirigeants actuels apprennent à mieux connaître les millenials. Ils les découvrent en les recrutant, puis à leur contact au travail, ils apprennent à décoder leurs modes de fonctionnement. Ces 30-40 ans sont aussi parfois leurs clients ou leurs fournisseurs, notamment à travers les start-up que ces jeunes ont créées. Les dirigeants ont également à les gérer en tant que consommateurs, quand ils sont satisfaits, ou mécontents et qu'ils le font savoir sur les réseaux sociaux. Pour autant, sont-ils vraiment une *terra incognita* ?

Leurs caractères ne sont quand même pas si différents de ceux de leurs aînés ! Simplement, ils sont nés entourés d'écrans, et cela change quand même beaucoup de choses. Mais il n'y a pas que cela. Eux aussi en ont vu des Black Swans, ces phénomènes extra économiques dont l'impact est fort sur la marche des pays et des entreprises (cf. chapitre 2). Le 11 septembre 2001, par exemple, beaucoup d'entre eux avaient une dizaine d'années. Ils étaient assez grands pour comprendre que leur monde ne vivait pas forcément en paix. Eux aussi sont en quête de sens. Ils ont un rapport différent au travail, qu'ils mettent en permanence en balance avec leur vie personnelle. Ils sont donc à la fois pareils et très différents.

Les jeunes sont différents d'un point de vue personnel

« Je fonde beaucoup d'espoirs en eux », s'enthousiasme Thomas Georgeon (Société de la Tour Eiffel). « D'autant, poursuit-il, qu'à titre personnel, je les fréquente au quotidien par mes responsabilités dans le scoutisme. J'ai vu et je vois encore à l'œuvre les jeunes de la génération que vous évoquez. Ils sont dans une recherche de sobriété que j'aime beaucoup. Ils ont d'emblée cette conscience de la fragilité de la planète. Ils sont dans la recherche d'efficience sur le terrain écologique. Ils ont cette vision globale que nous n'avions pas. Ils sont en perpétuelle quête de sens. Leur exigence sur l'incarnation du leader est grande. Ils sont ouverts à l'idée des processus collaboratifs : avec eux, on s'oriente naturellement vers des écosystèmes, des joint-ventures entre entreprises, des coopératives… »

Ce message chaleureux est repris par bribes par nombre de dirigeants : « Leur culture est plus grande grâce aux réseaux sociaux », reconnaît Gérard Lopez (BVA). « Ils ont, ajoute-t-il, une connaissance à 360 degrés que leurs aînés ne possédaient pas. »

« Ils réenchantent l'amour », déclare Paul-Marie Chavanne (ex-Géopost). Un troisième les envie : « Ils ont voyagé 10 000 fois plus que nous. Ils ont accès à tout *via* Internet. Leurs 500 copains sur Facebook leur donnent accès à 50 contacts dans les sièges sociaux et à 150 cultures d'entreprise. »

Rolf Heinz (Prisma Media) apprécie chez eux leur recherche d'authenticité. Mais cela ne l'empêche pas de déceler chez eux régulièrement des convictions contradictoires ! « Ils professent à la fois leur côté citoyen du monde et leur individualisme marqué dans leur façon de vivre. » Les mêmes pourfendent les moteurs thermiques, mais traversent volontiers l'Europe chaque week-end grâce aux compagnies d'aviation low cost. « Je dois en tenir compte, précise le dirigeant, car ils sont à la fois des clients (lecteurs, internautes) ; des collaborateurs, et des interlocuteurs dans les agences de publicité. »

LES JEUNES SONT DIFFÉRENTS DANS LA GESTION COMBINÉE DE LEURS VIES PERSONNELLE ET PROFESSIONNELLE

À tous les moments de la journée, les jeunes sont indifféremment citoyens de la planète, consommateurs et salariés. C'est pourquoi, selon Édouard Fourcade, « avec eux, il faut que ça ait du sens. Sinon, ils s'en vont ». Personnellement, cela lui plaît bien, car, explique-t-il, « dans un monde en perte constante de repères, voir une nouvelle génération se fabriquer les siens a quelque chose de rassurant ».

En observateur avisé des mutations sociétales, Gérard Lopez (BVA) note que « leurs dieux sont autres. Ils ont une autre perception de l'État, car leur accès au savoir est différent. Ils questionnent davantage. L'éthique et la transparence sont des prérequis que n'avaient pas leurs aînés. »

Même au travail, quand ils sont consommateurs, leur frugalité est assumée. Ce constat, déjà dressé plus haut par Hugues Le Bret (Compte Nickel), puis repris par Thomas Georgeon (Société de la Tour Eiffel), est encore plus souligné par Antoine Meyer (Sumi Agro France), car son activité s'en trouve impactée. « Les repères de leurs aînés étaient plus proches des deux guerres mondiales et restaient imprégnés de la peur de manquer de nourriture. Eux récusent au contraire l'excès. Cela explique en grande partie leur allergie aux pesticides. »

La cohabitation permanente, dans la même personne, du consommateur, du citoyen et du collaborateur est également constatée par Loïc Latour, avec ses jeunes recrues, qui manifestent leur « plastique bashing ». Le dirigeant apprécie le remue-méninges, imposé par leurs remises en cause. Cependant, quelle n'a pas été sa surprise, récemment de découvrir qu'une fille brillante, fraîchement diplômée d'une bonne école de commerce, ne savait toujours pas ce qu'est un résultat net !

Ces jeunes sont effectivement parfois des mystères. Certains fêtent leur premier CDI, comme on l'a vu plus haut, tandis que d'autres le refusent quand il leur est proposé, comme l'observe Francis Kopp (Lenze). Par peur de s'engager, ou pire, à leurs yeux, « de s'ennuyer ».

Aussi, à défaut de pouvoir leur apporter des solutions, Daniel Weizmann (VWR) pose plutôt une question : par rapport aux trois postures de consommateurs, citoyens et salariés, de quoi les milleniums ont-ils vraiment besoin ?

Au travail, la réponse ne saute pas aux yeux. Ou plus exactement, il est plus facile de constater ce qu'ils ne veulent pas. Un dirigeant anonyme apporte une grande partie de l'explication : « Ce qui caractérise ces jeunes, ce n'est pas tellement d'avoir grandi avec Internet, c'est d'avoir vu comment ont été traités leurs parents. » La carrière de ces derniers a en effet été percutée par la vague de licenciement des cadres dans les années 1990, années qui coïncidaient aussi avec le mode de management de la terreur et de la déstabilisation, évoqué en début d'ouvrage.

Pour Francis Kopp (Lenze) « le travail n'est qu'une composante de leur vie. Tant qu'il leur plaît, ça va, mais sinon, ils ne viennent plus et ils ne préviennent pas. Pendant ce temps, que faire : les mettre en arrêt maladie, en rupture de contrat pour abandon de poste ? Ils n'ont pas conscience des responsabilités qu'ils prennent, et qu'ils font prendre. Il faudrait peut-être leur inventer une application où ils n'auraient plus qu'à appuyer sur un bouton pour signifier qu'ils démissionnent. »

Ces différences comportementales avec sa génération ne cessent d'étonner le gérant de Lenze : « En salle de pause, le jeunes ne discutent plus entre eux. Ils sont sur leurs smartphones. Un jour, je leur ai demandé en riant à moitié : “Rassurez-moi, vous n’êtes pas en train d’échanger entre vous ?” »

Un dirigeant anonyme a découvert chez ses jeunes collaborateurs la portée de l’expression « work life balance ». Ils placent effectivement l’intérêt de l’entreprise, au même rang que d’autres intérêts, dont le leur. Mais, se résout le dirigeant, « je dois en tenir compte, sinon, ils ne restent pas ».

« En revanche, se réjouit-il, quand ça leur plaît, cela marche au-delà même de ce qu’on imaginerait. Ils s’impliquent à fond, il faut simplement leur fixer un délai et à partir de là, les laisser faire, et ne surtout pas leur indiquer le chemin. » Dès lors, sur le terrain, le leadership et le management doivent tenir compte de cette réalité nouvelle s’ils veulent conserver leur efficacité voire leur légitimité.

Alexander Abé (Jungheinrich) confirme ces mouvements profonds, mais tient à souligner la précision suivante : « Attention, la volonté d’équilibre personnel/professionnel ne signifie pas travailler moins, mais travailler différemment. Ils sont prêts à enchaîner des plages de 10 heures à 22 heures et de finir les mails à la maison. Ils veulent par-dessus tout se sentir libres, moyennant quoi, les résultats sont là. La notion de hiérarchie leur est étrangère, poursuit-il, mais ils sont sensibles à l’intérêt du travail. Si nous ne leur proposons pas ce qu’ils veulent, ils ne viendront pas, ou ils ne resteront pas. Cela suppose une agilité dans les RH pour leur promettre des modes projets à horizon de trois-quatre ans. »

Autre aspect pointé par un dirigeant anonyme : « Un facteur d’étonnement par rapport à moi qui ai commencé professionnellement en Hongrie, Pologne, au Portugal et en France, c’est que les jeunes, pendant leurs études, ont fait quasiment le tour de monde. Du coup, une fois embauchés, ils ne veulent plus bouger. »

LES JEUNES ONT-ILS L'ÉTOFFE DE LEADERS ?

« Je trouve mes jeunes bien casaniers, confirme un dirigeant anonyme. J'ai des propositions de missions à l'étranger où ils peuvent doubler leur salaire. Leur réponse est non. Pour les motiver, j'aménage leur contrat de travail en multiples sessions : trois mois au siège, trois mois de terrain, trois mois de formation. Cela éloigne le danger de monotonie qu'ils redoutent par-dessus tout. »

Ce manque apparent d'ambition surprend de nombreux dirigeants. Loïc Latour (France Boissons) résume bien leur sentiment dominant : « Personnellement, quand j'ai démarré dans la vie professionnelle, j'avais envie de grimper dans les échelons. Eux, moins, ils vivent leur insertion dans le monde professionnel différemment. » Pierre-Olivier Brial (Manutan) distingue toutefois deux catégories distinctes : « Les gamins des cités continuent de voir dans l'entreprise l'ascenseur social auquel ils aspirent. Ceux-là sont parfaits. » Pour les autres, effectivement, il rejoint l'analyse de Loïc Latour. Il est même plus sévère en jugeant certains d'entre eux à la limite du déloyal. « Je forme une fille brillante à un poste qualifié, et dès qu'elle a la compétence, elle se fait embaucher chez mon concurrent principal… »

Dès lors, les dirigeants sont encore plus dubitatifs quand ils essaient de les projeter dans des rôles de leaders. « Je ne les vois pas devenir patrons », prévient tout de go Elie Choukroun (Ricoh France). « Leurs revendications d'équilibre perso/pro sont peut-être une réponse à une vraie question. À la clé se trouve même peut-être la performance. Mais en attendant, le processus horizontal revendiqué me laisse perplexe sur la possibilité de favoriser l'émergence de leaders. »

Aucune désobligeance toutefois dans ce constat. Bien au contraire, précise Elie Choukroun, « cette jeune génération amène en tout cas des questionnements salutaires. Ils me font méditer cette idée : une entreprise sans ordre est incapable de survivre, mais sans désordre, elle est incapable de se développer ».

Francis Kopp (Lenze) se demande lui aussi comment ils dirigeront des équipes. Dans l'unité de Béthune, qu'il dirige, le responsable de la partie électronique a 37 ans. « C'est l'âge que j'avais quand j'ai monté l'usine de toutes pièces, en 2004. J'ai découvert qu'il s'ingéniait à concilier les intérêts particuliers de ses collaborateurs, sans prendre en compte l'intérêt de l'entreprise. J'ai eu un mal fou à lui faire comprendre que cela forme un tout ! »

Le dirigeant anonyme déjà cité apporte cet éclairage qui doit conduire à réfléchir : « Les jeunes qui vont prendre des responsabilités, à la différence de leurs aînés, proviendront du même niveau social que leurs parents. C'est parce que l'ascenseur ne fonctionne plus. Leur équation pour se trouver une place ne sera pas la même que pour nous. Auront-ils faim comme les Chinois ou les Indiens ? J'ai le souvenir de mon expérience de Chine. Les jeunes étaient travailleurs, mais c'est vrai qu'ils n'étaient pas très attachés à leur employeur. »

ENTRE Y ET Z, DE VRAIES DIFFÉRENCES

Et puis, comme la vérité n'est jamais monobloc, voici une touche bien différente, et résolument optimiste. Elle émane de Pascal Portelli (Delta Dore) : « Les jeunes, il faut les encourager à cultiver la curiosité. C'est une vraie compétence pour accéder au leadership. Cela suppose d'être facilitateur, de mettre en confiance, d'aider à se former. Cela donne la définition de ce que devrait être un bon coach. » Il pose cependant une condition : « À l'embauche, il est indispensable de vérifier l'adhésion aux valeurs de l'entreprise. Sinon, la greffe ne prendra pas. »

Cette précaution est particulièrement nécessaire avec les 25 ans (la génération Z). Ils sont beaucoup plus exigeants que leurs aînés de dix ans. Plusieurs dirigeants dressent le même constat : « Les 35 ans sont critiques mais résignés. Ils sont dans le : qu'y puis-je ? », note Patrick Errard (Astellas), alors qu'à l'inverse, « les 25 ans sont beaucoup plus exigeants et joignent le geste à la parole : ils démissionnent quand ça heurte leurs convictions ». Cette ligne de fracture est si patente que Laurent Zeller (Nielsen) confie attendre avec impatience le jour où les Y arriveront aux postes de commandement et devront gérer l'esprit rebelle de leurs cadets de la génération Z.

Force est d'admettre que les millenials se débattent plus souvent qu'à leur tour dans des paradoxes que leurs aînés ne manquent pas de souligner. « Puisqu'ils ont des idées si précises sur ce que doit être un entrepreneur, il faut qu'ils le deviennent eux-mêmes », les encourage Pierre Bontemps (Coriolis). Ils sont dits rétifs à la discipline, mais certains sont les premiers à la réclamer dès qu'ils prennent des responsabilités, notent Ferréol Mayoly (Arval France) et Marc Meurer (Porsche France). Les Z futurs managers des Y ? Ce n'est pas impossible.

Mais écouter, comprendre, respecter ne peut pas se faire contre les principes de réalité. Certes, le monde de demain sera celui de ces jeunes. Mais il ne sera pas partout gouverné par les aspirations des générations Y et Z des pays aisés. À l'avenir, les entreprises seront toujours confrontées à la concurrence et à la compétition. Aussi, Marc Meurer tient à apporter des bémols à l'impératif de bienveillance. Il est bien sûr acquis à cette valeur. Mais il la trouve régulièrement battue en brèche par, précisément, certains… jeunes. Le déficit d'éducation qui émane parfois de ces jeunes adultes le frappe. Certaines bases ne semblent pas leur avoir été données, « ni par les parents ni par la machine qu'on appelle l'école ». C'en est au point que, comme le soulignent plusieurs de nos interlocuteurs, les universités sont réduites à organiser des cours de remise à niveau de grammaire et d'orthographe pour les étudiants inscrits en première année.

Mais il n'y a pas que l'instruction défaillante, il y a aussi l'éducation parentale, le savoir-vivre qui leur ont parfois fait défaut. « Dès lors, poursuit le président de Porsche France, il revient à l'employeur de repriser les trous dans la raquette. Sinon, aucune évolution professionnelle n'est possible pour ces personnes. Mais je me dis qu'elles n'ont pas dû rencontrer beaucoup de résistances dans leur existence pour se comporter comme elles le font. Il faut qu'elles comprennent qu'elles doivent se prendre en main. On est tous responsables et acteurs de ce qui nous arrive. »

À cette aune, nombre d'individus devront faire un travail sur eux. Car comme le note Hugues Le Bret, « certaines personnes sont nulles en bienveillance », et ce n'est pas une question d'âge. Si l'on doit développer des signes définitifs de psycho et socio-pathologie, ils se manifesteront vers la trentaine, quelles que soient les évolutions technologiques et culturelles du monde environnant. Rien de nouveau sous le soleil, par conséquent ? Eh bien, si.

En observant la psycho-sociologie de ses collaborateurs, Antoine Meyer (Sumi Agro France) distingue trois grandes catégories. Dans cette classe d'âge, une première catégorie souhaite avant tout rester tranquille : ces jeunes ont leur vie professionnelle et une vraie passion en dehors. La deuxième travaille avec application, mais elle ne croit pas que l'entreprise puisse améliorer le monde. La troisième, au contraire, est convaincue que son travail influence à la fois l'entreprise et la société civile. C'est pour cela qu'elle n'hésite pas à stigmatiser ses errements ou ses dérives. Il y a donc trois façons d'observer les jeunes. Et donc, de les traiter, de les accompagner pour, éventuellement, les amener au leadership demain.

Mais finalement, n'était-ce pas déjà le cas pour les générations précédentes ? Gérard Lopez (BVA) n'est pas loin de le penser. Qui souligne ces constances. Non seulement les gens ne changent pas, mais selon lui, « la société est encore pleine d'invariants. Que chacun aille en régions, dans sa ville natale ou d'adoption, et il verra si les signes et marqueurs habituels de pouvoir ne sont pas toujours aussi présents ».

Laissons la conclusion, parmi nos dirigeants interrogés, à celui qui a précisément l'âge des millenials, Pierrick de Ronne (Biocoop)[1]. Pour lui, en 2025, « le pouvoir devra être naturel. Il n'y aura rien à prouver individuellement. Les jeunes seront leaders sans le statutaire. Personnellement, je suis gêné d'avoir un si grand bureau. »

---

1. Il avait 37 ans au moment de l'entretien en novembre 2019.

Ce qu'il faut retenir

– les millenials sont indifféremment des citoyens de la planète, des consommateurs exigeants, des parents investis dans l'éducation de leurs enfants, et des salariés ;

– vies personnelle et professionnelle sont constamment mises en balance ;

– l'obtention d'un sens à ce qu'ils font (ou à ce qu'on leur demande de faire) est une condition *sine qua non* ;

– la consécration des organisations horizontales qu'ils apprécient particulièrement, et qu'ils ont découvertes à travers les start-up, paraît antinomique avec la volonté qu'avaient leurs aînés de grimper dans la carrière, ou d'assumer des responsabilités de dirigeants ;

– nombre de dirigeants actuels doutent de l'émergence de leaders dans les générations montantes ;

– le renouvellement des générations n'efface pas les traits pérennes de caractères et de tempéraments. Chez ces jeunes, comme chez leurs aînés, on trouvera, dans des proportions identiques, des esprits positifs et créateurs, mais aussi des pervers, des toxiques et des semeurs de zizanie ;

– le pouvoir s'exercera sans les à-côtés statutaires qui l'accompagnaient jusqu'à présent.

Chapitre 6.
Apprendre à sur-communiquer

Guillaume de Lavallade est le premier à utiliser l'expression lors des entretiens. Voici dans quel contexte : « L'entreprise est en mouvement constant. Le corollaire de ce constat est qu'il faut toujours redonner du sens. Cela me conduit à sur-communiquer. D'une part, pour embarquer dans le projet collectif 95 % des collaborateurs, et d'autre part, pour être sûr que le message infuse au-delà du comité exécutif. » À l'exemple de nombreux dirigeants interrogés, il s'impose des rituels : une réunion collective tous les semestres, des réunions bimestrielles avec le management intermédiaire. Et quand l'actualité le commande, des webex pour tout le monde, de format court, avec une plage de dix minutes pour les questions-réponses.

Voilà pour l'obligation en interne de « sur-communiquer ». Un autre défi vient s'ajouter vis-à-vis de l'extérieur. Là également, il faut réussir l'exercice. Pour Laurent Germain (ex-Segula Technologies), c'est l'un des plus stratégiques qui soient, mais aussi l'un des plus difficiles à mettre en œuvre. Chaque prestation est une nouvelle épreuve, l'échec est interdit. C'est sans doute le seul domaine où le droit à l'erreur n'existe pas. Comme le résume Laurent Germain, « on n'a droit qu'à une seule prise ». Comme lors de la prise de parole en public, où la première impression est la bonne, surtout si elle est mauvaise ! Ou comme la prise en direct, pour reprendre le langage des professionnels de l'image, qui s'effectue parfois devant des dizaines de caméras. Le nombre de destinataires potentiels du message se calcule alors en millions de personnes.

Selon les circonstances, le dirigeant doit convaincre les salariés, les actionnaires, les clients, les fournisseurs, les pouvoirs publics, les élus locaux, les riverains des usines, les associations de consommateurs, les avocats et les magistrats, jusqu'à l'opinion. Parfois, les mêmes mots doivent atteindre toutes ces cibles en même temps.

Or, en la matière, les dirigeants partent de loin. Longtemps, dans le monde patronal, la culture dominante fut le secret, voire le mystère. L'un des dirigeants qui ont souhaité rester anonymes se souvient d'avoir assisté à cette scène qui remonte à une trentaine d'années. Un P.-D.G. du CAC 40 fêtait son départ à la retraite. Au cours de son allocution devant son état-major, il s'est vanté de n'avoir jamais, au cours de sa carrière, rencontré une seule fois un journaliste…

Encore récemment, dans les années 2007-2008, Hugues Le Bret, alors directeur de la communication de la Société Générale avait quantifié le temps consacré par son président et ses adjoints à communiquer. Il n'excédait pas 5 % de leur temps de travail. En ce qui le concerne, maintenant qu'il est à la tête de Compte Nickel, la même tâche lui prend 60 % de ses heures. Il considère qu'il devrait en aller de même de tous les dirigeants.

Plusieurs éléments, *a priori* sans lien entre eux, concourent à cette nécessité. En externe, il y a d'abord l'instantanéité, consacrée par Internet et les chaînes d'information en continu : désormais, l'opinion veut tout savoir, tout de suite. Ensuite, il y a la désintermédiation. Elle s'est imposée avec l'explosion des réseaux sociaux. Ces derniers font désormais de chaque individu sur la planète un producteur potentiel d'informations. En troisième lieu, l'impératif de transparence : il tend à s'ériger en règle de vie commune. On peut le déplorer, mais en maintes circonstances, le dirigeant n'a pas d'autre choix que de s'y plier. Ajoutez à cela l'utilisation de tous ces canaux comme armes de guerre commerciale. Sans oublier la e-réputation, qui se construit patiemment, mais se détruit instantanément…

Toutes ces contraintes viennent se superposer au devoir d'informer en interne. C'est ce qu'explique Guillaume de Lavallade quand il évoque les entreprises en mouvement constant. Parce qu'elles compromettent les modèles économiques précédents, et qu'elles imposent des changements managériaux, les évolutions stratégiques nécessitent des explications. Elles requièrent des termes clairs et une pédagogie fréquemment réitérée. En effet, tout le monde ne comprend pas tout en même temps. En outre, à l'avenir, les équipes seront de plus en plus dispersées. Il ne suffira pas d'une « seule prise » pour capter l'ensemble des acteurs.

« L'explication prend un temps fou », confirme de son côté Amaury Fremaux (Fremaux-Delorme). Mais jamais il n'y renoncera. Bien au contraire, il imagine sans cesse la façon d'être le plus efficace en la matière. « Je suis sensible à l'importance de l'humain, et j'y serai encore plus à l'avenir, quand tout sera de plus en plus virtuel ou éclaté, avec le travail à distance. Je crois à l'importance du physique, et du non-verbal. Je privilégie donc les réunions. Si les collaborateurs ne peuvent pas être là, Je préfère le face time à la communication téléphonique, et en dernier recours, notamment quand je m'adresse aux filiales internationales, j'envoie un mail, mais je ne suis pas adepte de ce type de communication. »

Pour emporter l'adhésion, tous les outils peuvent être pertinents : la prise de parole en public ; la newsletter régulière, électronique ou sous forme imprimée (plusieurs dirigeants reconnaissent conserver ce format pour la symbolique de reconnaissance et de considération qu'il induit). Sont aussi mentionnés le webex de vidéo conférence ; l'encouragement avec un like ; la rédaction impromptue d'un mail, pour marquer le coup d'un événement ; le management visuel, en vertu du principe napoléonien qu'un bon dessin vaut mieux qu'un long discours. Cependant, l'outil ne vaut rien en soi, si son usage n'est pas maîtrisé. « C'est en particulier le cas des réseaux sociaux, souligne Laurent Germain, la prise de conscience de leur capacité virale est indispensable. »

De fait, avant de les manier, mieux vaut le savoir. Mais même sans être un utilisateur, nul n'est à l'abri de se retrouver un jour la cible de ces mêmes media numériques. C'est pour cette raison en particulier que le faire-savoir a pris une telle place dans l'agenda du dirigeant. Attention, cela ne veut pas dire que ce dernier doive se défaire de son service de communication ! Bien au contraire, celui-ci devient stratégique, en tant que vigie, coach et virtuose de l'utilisation de tous les outils numériques. Mais de plus en plus souvent, l'image de l'entreprise, de la marque et du produit sont concentrées sur la seule personne du dirigeant. C'est ce dernier qui est attendu lorsque survient un événement. Il doit donc descendre en personne dans l'arène médiatique.

L'exercice n'est naturel pour personne. La prise de parole en public est même classée à la deuxième place parmi les sources de stress chez l'être humain, derrière la phobie des araignées. Mais quand le dirigeant s'en sort bien, il peut provoquer un cercle vertueux. Des légendes naissent alors, à l'instar de Steve Jobs avec Apple. En France, beaucoup de dirigeants reconnaissent ce talent à Emmanuel Faber (Danone). Plusieurs évoquent aussi son lointain prédécesseur Antoine Riboud.

Emmanuel Vasseneix se présente comme l'un de ses enfants spirituels sur le plan de l'engagement social. Mais consciemment ou pas, il copie aussi son modèle chaque fois qu'il est invité sur un plateau de télévision. Il tient dans sa main, ou il pose devant lui, une briquette de lait « C'est qui le patron ? » qui résume à elle seule le positionnement de la société LSDH. Ce faisant, il procède exactement de la même manière que son maître à penser. En 1985, invité de « L'Heure de vérité », la prestigieuse émission politique de l'époque, il avait ostensiblement placé, en guise de pochette de veston, un Carambar©, que le groupe Danone produisait à l'époque.

À ces personnalités, qui font de si bons « clients » pour les media, leurs pairs ne reconnaissent pas seulement un talent d'acteur. Ils leur décernent aussi un prix de bonne stratégie. Car, sur le fond, chacune de leurs apparitions améliore la marque employeur, à laquelle les jeunes générations sont de plus en plus sensibles.

À l'inverse, quand l'exercice est raté, les dégâts peuvent être durablement considérables. Chacun a en tête un pépin ordinaire qui se mue en accident industriel, une assemblée générale qui vire au fiasco, un mot malheureux qui provoque une grève[1]. D'ailleurs, c'est peut-être parce qu'ils redoutaient ces scènes de cauchemars que les dirigeants de l'ancienne école ont si longtemps évité les media.

Ce temps est désormais révolu. Un dirigeant ne sera pas un leader s'il ne réussit pas à entraîner les équipes avec lui. Or, il ne suffit pas que sa stratégie soit bonne. S'il l'explique mal, il sera aussi efficace qu'une voiture qui roule avec le frein à mains. En revanche, si à chacune de ses prestations, il « réenchante » le « projet collectif », pour reprendre des mots prononcés par Patrick Errard (Astellas) et Paul-Marie Chavanne (GeoPost), cette même voiture sera subitement dotée d'une double motorisation.

Mais cela suppose d'acquérir une aisance d'éloquence et de posture lors des apparitions en public, que ce soit devant un public ou devant une caméra. Les huit dixièmes de ce que toute personne retient d'un message proviennent du non-verbal : la gestuelle des mains, la qualité du regard, la maîtrise du débit… Il faut donc être d'abord irréprochable sur l'apparence. Ensuite, on peut s'attaquer au fond du message. S'agissant du style, même si l'expression est orale, elle n'est pas improvisée. Savoir ce que l'on veut dire, comment le dire, et oser le dire : tel est le trépied du message performant. Ce dernier suppose d'avoir traité en amont les sujets difficiles. Il est aisé de s'exprimer sur ce que l'on fait bien, mais c'est rarement sur ses réussites que l'on est interrogé.

C'est donc sur les thèmes clivants qu'il faut savoir être convaincant. Mieux vaut éviter les figures de style et privilégier les

1. La France a connu en 1974 la plus longue grève des postiers de son histoire. Elle est partie d'un mot malheureux du secrétaire d'État d'alors, Pierre Lelong, qui avait dit de ces agents qu'ils accomplissaient un travail « d'idiots ». La volonté de manifester de la compassion a été interprétée comme une provocation dédaigneuse. Dans la même veine, le P.-D.G. d'Orange Didier Lombard, avait parlé à la radio d'une « mode des suicides » dans le groupe qu'il présidait alors. Ses services de communication l'avaient pourtant exhorté à ne jamais employer cette expression. En vain…

mots courts, concrets, imagés, susceptibles de provoquer des émotions. À cet égard, Hugues Le Bret déplore que « les mots destinés aux zones affectives et émotionnelles du cerveau aient été si longtemps occultées dans les discours officiels de présidents ». Sur le fond, il faut aller à l'essentiel. La perfection, c'est quand il n'y a plus rien à enlever, pas quand il y a quelque chose à rajouter.

L'exercice peut cependant trouver ses limites. Ces dernières surviennent quand le dirigeant n'a plus rien à dire. Il sèche sur le sujet qui lui est soumis. C'est pourquoi Hugues Le Bret insiste sur le temps à consacrer à la dimension communication de la fonction de dirigeant. « À l'avenir, explique-t-il, pour tout dirigeant, quel qu'il soit, l'allocation de son temps devra être consacrée à le rendre plus ouvert, plus cultivé, plus communicant. » Comment prétendre en effet que son entreprise est intégrée dans la société, qu'elle assume sa responsabilité environnementale, si la personne à son sommet se montre fermée au monde qui l'entoure.

C'est pour cela que les sciences humaines sont réhabilitées dans les douze nouveaux travaux d'Hercule. « Tout être ressent le besoin de considération, de respect, de reconnaissance », soulignent plusieurs dirigeants. « La réponse à cette quête passe par la communication sincère et positive », insiste François Guérin (Cetih). Il en est si convaincu qu'il a mis en place des modules de formation. Sur ce thème bien précis, deux sessions de deux jours viennent s'intégrer dans un « parcours du management responsable », volontairement ouvert au plus grand nombre de salariés, même à ceux qui ont vocation à être managés.

Vis-à-vis de l'externe, un dirigeant aura également du mal à être un leader, si, sur les réseaux sociaux, il reste un follower. Il doit donc lever cette contradiction en se forçant à s'exprimer, en osant avoir des convictions. Chez Danone, c'est la force d'Emmanuel Faber, déjà évoqué. Indépendamment de ses interventions, liées à son statut de dirigeant, il s'est constitué une communauté d'individus, qui s'inspirent de ses tweets ou de son blog. Michel-Édouard Leclerc est également devenu à lui seul un medium. Sur son blog,

« de quoi je me MEL », il commente l'actualité, apostrophe des dirigeants politiques… Laurent Vimont, président du réseau d'agences immobilières Century 21, a, de son côté, conquis un public de décideurs en abordant des sujets de société sous l'angle éminemment fédérateur du logement.

Il n'est certes pas obligatoire de devenir un nouveau Donald Trump. Il faut simplement avoir conscience de la réalité désormais indépassable des réseaux sociaux. Leur utilisation ne peut pas être déléguée. Chaque dirigeant doit en connaître le mode d'emploi, pour notamment savoir contenir à temps les menaces d'infection virale.

D'autant qu'en pleine guerre économique, il est dangereux de déserter le champ de bataille des réseaux sociaux. C'est abandonner le terrain aux concurrents, aux clients atrabilaires, aux internautes malveillants et aux syndicats qui ont étendu là le domaine de la lutte.

Enfin, une autre catégorie de personnes se révèle cruciale en la matière. Ce sont les salariés. Eux aussi s'expriment, et parfois, au nom de leur employeur. Que faire pour éviter la cacophonie ? Antoine Meyer (Sumi Agro France), a rédigé un livret de bonnes pratiques éthiques pour ses collaborateurs. De la sorte, ils savent jusqu'où ils peuvent aller lorsqu'ils s'expriment au nom de l'entreprise. « Je n'ai jamais eu d'accident jusqu'à présent », se rassure-t-il.

Par conséquent, il faut apprendre à s'exprimer efficacement dans l'espace de 180 ou 360 signes. Mais si la distance apparaît vraiment trop courte, il est toujours bon de livrer régulièrement des chroniques sur LinkedIn, ou bien de relayer des livres ou des tribunes sous forme de conseils de lectures utiles. Cela confère un statut valorisant.

Cependant, la maîtrise des outils ne suffira jamais à remplacer l'essentiel, qui est la maîtrise de soi. En toutes circonstances, même en temps de crise, le leader devra emporter l'adhésion. Cela exige des qualités de sang-froid et de courage, déjà évoquées. Elles ne sont pas données à tout le monde. C'est pour cela que tout le monde ne sera pas un leader.

Ce qu'il faut retenir

– si l'entreprise dit mal ce qu'elle fait bien, l'opinion croira qu'elle le fait mal ;

– la communication et sa préparation sont désormais une composante clé du rôle du dirigeant ;

– la prise de conscience de la capacité virale des réseaux sociaux est désormais indispensable. Il est impératif d'apprendre à maîtriser ces outils ;

– à l'heure de la transparence et de l'instantanéité, le dirigeant doit se préparer à la situation de l'intervention en direct, en public et sans filet de sécurité, en cas de crise, d'accident, ou de conflit, quand les regards de toutes les parties prenantes se tournent sur lui et lui seul.

Chapitre 7.
Comment se former, s'informer

Il ne suffit pas de devenir leader, encore faut-il le rester. Mais sans une vérification régulière du niveau de ses connaissances, un dirigeant ne peut pas prétendre à le rester durablement. Le rôle apprenant de l'entreprise est désormais consacré. Il vaut d'abord pour les salariés, mais il concerne aussi le sommet. Toutes les personnalités interrogées se rejoignent sur le devoir d'actualiser constamment leur savoir. Les façons de faire se révèlent ensuite des plus diverses. Il y a ceux qui se forment en retournant sur les campus, soit pour apprendre, ou pour enseigner ; il y a ceux qui se forment en s'informant, par la presse, les livres, les tutoriels, les conférences Ted'X, ou tout simplement les rencontres enrichissantes ; d'autres apprennent en administrant. Ils acceptent des postes d'administrateurs indépendants, avec la charge de travail chronophage que cela suppose. Car dans tous les cas, le plus dur est de se ménager des plages de temps à soi, puis de surmonter la culpabilité qui en résulte, de s'être ainsi éloigné de ses servitudes quotidiennes.

La fréquentation des campus

Rolf Heinz (Prisma Media) ne sous-estime pas la chance qu'il a d'avoir pour maison-mère, en Allemagne, Berstelsmann, dont le statut est celui d'une fondation dédiée à la connaissance. Dans ce groupe, le développement de chacun des collaborateurs n'est pas une vaine expression. Il a ainsi pu séjourner à Stanford et à la Harvard Business school. « Je m'efforce d'acquérir chaque année de nouvelles connaissances, explique-t-il. En 2019, j'étais en *single rôle*. C'est aussi ce qu'on appelle chez nous une année d'exploration. Elle a pour but d'accroître la valeur de l'existant, et d'identifier de nouvelles activités. J'ai participé au Media Summit à New York. J'ai aussi travaillé avec un fonds qui investit dans les nouveaux media aux États-Unis, en Israël et en Europe. »

De telles expériences enrichissent évidemment la personne qui en bénéficie. Mais l'enjeu est aussi stratégique : « Pour rester leader de son secteur, surtout dans un environnement mouvant, souligne Le P.-D.G. de Prisma Media, il faut savoir inspirer, mettre en musique, exploiter au mieux les synergies entre filiales, casser les silos, impulser de l'énergie. »

Tout cela s'acquiert par de nouvelles connaissances.

De fait, si Anne Geisert (Miele France) se rend chaque semaine à Jouy-en-Josas, sur le site d'HEC, c'est bien pour apprendre, mais à sa manière : en enseignant la stratégie, à raison de deux heures hebdomadaires. Elle est convaincue que l'on n'apprend jamais autant qu'au contact de personnes curieuses de découvrir de nouveaux savoirs. Mais c'est aussi parce qu'elle n'oublie pas tout ce qu'elle doit à la forte personnalité d'un enseignant qui l'avait marquée à l'EDHEC, lorsqu'elle y était étudiante, voilà plus de trente ans. « C'est lui qui m'a fait prendre conscience de l'importance des relations interpersonnelles. Je me sers encore de ce qu'il m'a appris. En outre, il avait une méthode unique. Il nous faisait passer son message à partir du village gaulois d'Astérix. Grâce à lui, j'ai retenu qu'un groupe se constitue sur la diversité, et qu'il y a toujours un intégrateur négatif. En l'occurrence, c'est le barde Assurancetourix. » En tout cas, le contact générationnel avec les étudiants est pour la dirigeante un apport irremplaçable : en plus de valider son savoir, elle comprend mieux certains signaux faibles en provenance de la société civile.

Pour les mêmes raisons, Laurent Zeller (Nielsen) s'efforce de maintenir chaque année des heures d'enseignement dans les écoles de commerce, même si ses fonctions actuelles l'amènent à travailler au quotidien à Milan. Pour lui, l'expérience de faire passer des oraux vaut toutes les études d'opinion sur la jeunesse.

Dans ce contexte d'enseignement, certains dirigeants font remonter encore plus loin l'éventuelle nécessité de procéder à des sessions de rappel. Là, il s'agit moins de perfectionnement que de rattrapage. C'est pourquoi ils évoquent le secondaire, voire le primaire. Ils s'en expliquent : « Dans les connaissances essentielles du dirigeant, il y a le savoir académique », insiste Gérard Lopez (BVA). Il pense notamment aux grands auteurs comme sources d'inspiration, à la philosophie comme outil de méthode. Ces bases ont normalement a été acquises à l'école secondaire. « Si on les a oubliées, il convient de réviser ses classiques, prévient-il. De fait, si on ne les maîtrise pas soi-même, il est difficile de les réclamer ensuite à ses collaborateurs. »

Antoine Meyer (Sumi Agro France) confirme ce prérequis. Lui qui incite ses collaborateurs à écrire des tweets, il connaît malheureusement trop bien le recul de l'orthographe chez les trentenaires. Les générations Y et Z sont aussi celles qui ont été formées à l'écriture et à la lecture par la méthode globale. Autant dire qu'en la matière, elles ont été sacrifiées. Cependant, peut-on imaginer l'émergence de dirigeants qui accumulent quatre fautes d'orthographe à chaque ligne et parlent plus mal le français que des Sud-Coréens par exemple ? Non, c'est une question de crédibilité. L'apprentissage du leadership ne pourra donc pas faire l'économie de tels modules de remise à niveau.

SE FORMER EN S'INFORMANT

La deuxième façon de se former est de s'informer. En presse, le titre *Les Échos* revient souvent, mais il est suivi de près par *L'Équipe*, notamment pour Pascal Nadobny, parce que, explique-t-il, « contrairement aux autres media, il y a toujours au moins autant de bonnes nouvelles que de mauvaises ». Le président d'Addev Materials évoque aussi les documentaires « Intérieurs Sports » sur Canal +. Il est tout à fait sérieux en les mentionnant. Rien ne l'inspire davantage que les sports collectifs pour lui suggérer de bonnes méthodes de management. C'est dans cet esprit qu'il cite avec passion la Ryder cup en 2018. Dans cette épreuve de golf, jouée en France sans joueurs français, il a été fasciné de voir, du côté des Européens, des personnalités se fondre dans une équipe soudée et formidablement soutenue par le public français afin de gagner. Pourtant, individuellement, chacun était moins fort que les stars américaines en face. Mais ces dernières ont laissé leur individualisme prendre le dessus. Elles ont désintégré leur équipe. « La victoire collective est toujours plus belle, et l'argent n'y fait rien, dans les sports individuels tels que le golf, le tennis ou la voile. Les grandes compétitions regroupent des millionnaires en Ryder Cup, coupe Davis, America's cup pour la victoire, pas pour l'argent. Ils finissent toujours dans les bras les uns des autres, et en larmes, fiers de l'avoir fait ensemble. » Le dirigeant en retient des leçons inspirantes pour l'entreprise sur la possibilité de se dépasser pour un projet qui vous transcende et pour lequel on partage la victoire.

Au chapitre des lectures, les ouvrages de référence se révèlent des plus divers. Pendant l'été 2019, Ferréol Mayoly (Arval France) a été profondément marqué par le livre du patron de la MAIF, Pascal Demurger, *L'entreprise du XXIe siècle sera politique ou ne sera plus*. L'auteur y prône le sens des relations humaines, de la quête de sens, de la confiance. Il est en quelque sorte le théoricien et le praticien de la raison d'être, et de l'entreprise à mission.

Ce ne sont pas tout à fait les mêmes concepts que l'entreprise libérée, prônée par Isaac Getz, dont Anne Geisert ne manque aucun ouvrage. Elle aime aussi beaucoup le romancier Laurent Gounelle, très imprégné de psychologie, et qui était DRH avant de se consacrer pleinement à l'écriture.

TED'X, TUTOS ET VIDÉOS

En familier du numérique, Pascal Portelli (Delta Dore) se connecte spontanément au maximum de sources d'information. Mais sa démarche n'est pas autocentrée. Ce qu'il aime ensuite par-dessus tout, c'est partager ce qu'il a lu : « Je recommande des livres, dit-il, je mets en pratique, je montre l'exemple. J'accepte de reconnaître que je ne sais pas, mais je veux montrer que dans six mois, je saurai et tout le monde aussi saura. »

Marc Meurer (Porsche France) fait en sorte que tous ses collaborateurs puissent accéder aux vidéos de Philippe Korda, expert en négociations. Les petits films sont riches de bonnes pratiques comportementales très utiles. À cette occasion, il a mesuré la durabilité des enseignements ainsi reçus. Tout comme la répétition dans la communication, la formation régulière ne peut pas ne pas servir. Parfois, c'est longtemps après que ses bienfaits se manifestent. Ainsi, actuellement, il se sert souvent d'une connaissance acquise du temps où il travaillait chez Renault (entre-temps, il a travaillé chez Audi). « C'était une formation au management interactif. J'y ai appris que le dirigeant, qui comme tout le monde a des émotions, ne doit pas les cacher. »

Un dirigeant anonyme témoigne des tutoriels qu'il reçoit de sa maison-mère allemande. Ils sont instructifs de la double obligation de communication et de formation, puisque, d'une part, il reçoit par le biais du e-learning des bonnes pratiques pour envoyer des tweets (« mais je n'en abuse pas », précise-t-il). D'autre part, des groupes de social network entre dirigeants de différentes filiales sont mis en place pour approfondir des problématiques communes de gestion.

Comme Hugues Le Bret (Le Compte Nickel) est convaincu que le leadership s'apprend surtout au contact du réel, il y voit une raison supplémentaire « pour se former par soi-même, sans cesse, en visionnant les Mooc, les conférences Ted'X, mais aussi en voyageant ».

SAVOIR RECEVOIR DE L'AUTRE

Elie Choukroun (Ricoh France) ajoute un critère éthique dans la boîte à outils de formation : « Un devoir s'impose à qui veut rester leader : c'est de s'intéresser aux autres, en tout cas, davantage qu'à soi-même. Le patron dont l'ego est excessivement gonflé sera handicapé plutôt qu'autre chose à l'avenir. La trop forte confiance en soi fabrique de la rigidité, alors qu'il faut de l'adaptabilité, qui vient souvent de la curiosité. Pour se former, rien de tel que de s'entourer des meilleurs, et surtout, de meilleurs que soi. On apprend toujours des autres, sur ce qu'il faut faire, ou sur ce qu'il ne faut pas faire. »

Dans la même logique, Thomas Georgeon (Société de la Tour Eiffel) écoute les gens dont le métier est d'observer : « J'apprécie beaucoup d'entendre les analyses que me rapporte par exemple une Emmanuelle Duez[1]. J'essaie de prendre de la hauteur. J'aime la psychologie, analyser les situations avec du recul et essayer de mieux comprendre l'Autre dans son époque et son écosystème. »

Recevoir des autres est d'autant plus précieux que l'on ressent parfois une solitude pesante. Ce handicap est souvent exprimé par les patrons installés en régions. Pour pallier, ils s'inscrivent à des clubs, forment des réseaux, avec des succès contrastés.

Dans les Hauts-de-France, Francis Kopp (Lenze) fait partie du réseau Germe (association de dirigeants à portée nationale, créée en 1998). Tandis qu'Amaury Fremaux (Fremaux-Delorme) adhère à l'APM (Association pour le progrès par le management, fondée en son temps par Pierre Bellon, fondateur de Sodexo).

Le premier a aussi monté un réseau d'entrepreneurs des Hauts-de-France. « Nous nous échangeons des informations, nous trouvons ensemble des solutions à des préoccupations communes. »

Le second culpabilise lorsqu'il se rend à des sessions de l'APM durant les heures ouvrables. Il se reproche de délaisser ses collaborateurs et de leur laisser la corvée des urgences quotidiennes. Il déplore en outre de ne pas pouvoir rencontrer davantage de pairs : « Je reste toujours sujet à la solitude du dirigeant », reconnaît-il.

Dans l'Ouest, Hubert de Boisredon participe activement au réseau des « dirigeants responsables de l'Ouest » (DRO), dont il est

---

1. Sociologue spécialiste du dialogue intergénérationnel.

l'un des cofondateurs. Ils sont déjà 120, acquis aux vertus de l'innovation sociétale, de l'investissement responsable, de l'entreprise à mission. Les échanges d'expériences enrichissent mutuellement.

L'INTROSPECTION A AUSSI DU BON

Parmi les témoignages qui tous convergent sur la nécessité de rester connectés à l'avancement des connaissances, l'un d'eux surprend par sa tonalité. Il avance apparemment à contre-courant, mais en apparence seulement. « Tout me stresse dans votre question ! s'exclame Pierre Bontemps (Coriolis). L'inspiration vient, le nez au vent, pas en essayant d'appliquer au mot près les pages lues dans un livre de management. Pour trouver de bonnes idées, je rentre à pied chez moi ou je vagabonde. »

Et de poursuivre : « Je ne décide de rien tout seul. Les gens disent souvent détester les réunions. Moi, je les adore, au contraire. Quand une nouvelle question, une nouvelle opportunité est soulevée, il faut un éclaireur et des esprits divers. Pour le commerce en ligne, j'ai démarré seul la réflexion, mais la décision a été prise en définitive à cinq. Une équipe était constituée. (...) Notre diversification dans les centres d'appels est venue d'une opportunité extérieure. La décision a été prise collectivement, en comité de direction. Cette activité est devenue un fort vecteur de croissance. Il faut aussi souligner le rôle du Conseil d'administration. Composé principalement de chefs et propriétaires d'entreprise, toutes et tous ont un sens aigu du marché et de la clientèle. Ils nous aident à chaque tournant voire à chaque pivot à imaginer puis prendre les bonnes décisions : démarrer une activité de relation clientèle, développer des boutiques, investir dans l'infrastructure réseau, etc. »

Les conseils d'administration : la meilleure des écoles

Nombre de dirigeants admettent comme Pierre Bontemps qu'ils apprennent énormément dans les conseils d'administration… d'autres entreprises. Ils sont trois dans notre panel à avoir suivi l'enseignement de l'IFA (Institut de formation des Administrateurs), et surtout, à le mettre en pratique, en acceptant des postes d'administrateur indépendant dans un ou plusieurs CA.

Pour Antoine Meyer (Sumi Agro France), cette expérience est « essentielle pour comprendre et détecter les signaux faibles, sur l'éthique, les tendances de gouvernance et de marché ».

Anne Geisert (Miele France) reconnaît que c'est aussi pour elle « un énorme apport personnel, car ce n'est pas du tout dans ma posture naturelle ».

Fanny Letier (GENEO) a également suivi ce cursus. « C'est une expérience très formatrice, confie-t-elle. Elle oblige à changer de posture et à prendre du recul par rapport au quotidien où le dirigeant a toujours la tête dans le guidon. J'ai trop vu au CIRI d'entreprises atteintes du "syndrome Kodak". La gouvernance est une hygiène de vie. Être administrateur consiste à questionner, à prendre de la hauteur, à anticiper. Au fond, c'est un excellent exercice… pour se doter d'une gouvernance utile dans sa propre entreprise. »

Conseils pour ne pas se laisser « enfermer par les glaces »

L'expression est d'Edward Arkwright, directeur général exécutif d'ADP (Aéroports de Paris). Il l'explique ainsi : « Depuis que je suis passé par les cabinets ministériels, je suis très attentif au syndrome des glaces qui se referment sur vous. » Le piège est d'autant plus insidieux qu'il ne se voit pas. Il suffit de quelques jours, ouvrés ou non. Peu importe, puisque la différence est alors effacée entre la semaine et les week-ends. Le corps et l'esprit sont vite happés. « On ne sort plus, explique-t-il, d'un triangle formé entre l'Élysée, Matignon et le Parlement ». Avant de rejoindre ADP, Edward Arkwright a été administrateur du Sénat pendant cinq ans. Il a ensuite rejoint les cabinets ministériels, puis la Caisse des Dépôts.

De cette expérience, il retient qu'il avait dû faire le deuil de prendre le temps pour voir ses amis, ou pour lire un livre. Plus grave, souligne-t-il, « on se retrouve dans l'entre soi ».

Plusieurs de nos intervenants témoignent de ce syndrome, notamment Mahasti Razavi chez August Debouzy et Fanny Letier (GENEO). Plusieurs effets indésirables se dégagent de cette situation toxique : le mauvais stress envahit l'organisme ; les compétences initiales se détériorent, faute d'actualisation ou de remises en question. L'individu est rapidement déconnecté du monde extérieur. Puis, à terme, il se dessèche sur pied appauvri par sa dénutrition culturelle.

Pour rester à distance de tels dangers, le directeur général d'ADP n'a rien trouvé de plus efficace que la lecture. Mais attention ! Pas n'importe laquelle : celle qui, par l'alternance de rythmes, remet en accord la respiration de l'individu avec celle du monde. Il s'octroie donc des moments dédiés et précise-t-il, « l'avion, pour cela, est un endroit idéal », Surtout quand les voyages sont longs, mais le choix de l'ouvrage importe aussi : « Il faut qu'il permette à la pensée de cheminer, de s'autoriser des moments de rêverie. »

Au moment de notre entretien, il était au cœur d'un roman de plus de 1 300 pages, *La Grève*, écrit par la philosophe américaine Ayn Rand. Œuvre publiée pour la première fois en 1957, elle est restée incroyablement méconnue en France, alors qu'aux États-Unis, dans les années 1990, les abonnés à *The Book of the Month Club* y avaient vu « l'ouvrage le plus important à leurs yeux, après la Bible ». L'auteure y développe sa pensée critique de la démocratie sociale et interventionniste. Elle envisage ce que deviendrait le monde si ceux qui le font avancer, les chercheurs scientifiques indépendants d'esprit, les entrepreneurs honnêtes, les artistes individualistes, les travailleurs consciencieux, disparaissaient, ou faisaient grève… La civilisation s'effondrerait. De fait, voilà un vrai cas de conscience pour le décideur à la fois en prise avec le public et le privé.

L'ouvrage, précise Edward Arkwright (ADP), ne peut pas se lire d'une traite. « J'alterne avec le dernier Ruffin. » Mais il lui sert de viatique, de source d'évasion en même temps que de reconnexion au monde. C'est la vertu de la lecture à ses yeux. Sa vision reflète le conseil de Gérard Lopez (BVA) de revisiter régulièrement certains classiques.

Une autre façon pour Edward Arkwright de rester alimenté à des sources de connaissance consiste à garder une activité pour soi. Loisirs, vie associative, culture : peu importe, tant qu'elle maintient à distance de la glaciation…

Ce qu'il faut retenir

– l'entreprise apprenante doit être une réalité pour les salariés, mais aussi pour le dirigeant ;

– tout est bon pour se maintenir au contact des bonnes pratiques et pour comprendre le monde qui change : lecture de la presse, livres, tutoriels, conférences Ted'X, Mooc ;

– il est impératif d'échapper à l'entre soi et de se frotter, sincèrement à d'autres univers, professionnels, et sociaux ;

– les rencontres inspirantes sont aussi très précieuses, surtout quand on est sujet à la solitude du dirigeant ;

– rien de tel que les clubs de dirigeants pour « réseauter » dans le bon sens du terme ;

– les conseils d'administration se révèlent une grande école inattendue pour la formation permanente des dirigeants. Ils y puisent des informations, découvrent des métiers différents, de bonnes pratiques, des tendances comportementales de la société civile. C'est pourquoi il faut accepter les postes d'administrateur indépendant, mais à condition de les exercer sérieusement : cela suppose de préparer des réunions qui sont fréquentes et exigeantes, de savoir et oser questionner le dirigeant.

Abount In thine.

Interact.

Chapitre 8. Vivent les ETI : elles sont le modèle à suivre

La France possède un trésor, mais elle ne le sait pas : il réside dans ses ETI. Dans le nouveau monde qui se dessine, les entreprises de taille intermédiaire cumulent toutes les qualités. Suffisamment dimensionnées pour affronter la compétition mondiale, elles savent rester agiles pour accompagner les mutations de tous ordres. Elles créent de la valeur ajoutée, des emplois dans les régions, elles assurent à elles seules le tiers des exportations françaises.

Et puis, à l'heure de la relocalisation, du circuit court et du produit différenciant, elles se révèlent bien mieux armées que les grands groupes pour répondre aux demandes nouvelles des consommateurs. Dès lors, elles deviennent un modèle à étudier. Sur bien des questions économiques et sociales, elles apportent des réponses précieuses au pouvoir politique. Ce serait un immense gâchis de ne pas en tenir compte.

D'autant que, comme l'observe Pascal Nadobny (Addev Materials), le plus souvent, Les ETI sont d'anciennes PME qui ont « grandi sur des valeurs ». Dans le même esprit, Mehdi Houas (Talan) ajoute une qualité incomparable à ses yeux : les ETI sont fréquemment dirigées par leurs créateurs, ou par des héritiers spirituels conscients du legs qu'ils ont entre leurs mains.

Ils savent, par exemple, l'importance de l'ancrage local. Comme le rappelle Olivier Schiller (Septodont), les « deux tiers des ETI sont implantées en province ». Dès lors, chez leurs dirigeants, le respect des racines, le maintien sur place des activités, relèvent pratiquement du consubstantiel. Emmanuel Vasseneix (LSDH) le confirme. Il distingue trois types d'entreprises : « La TPE, qui survivra dans sa petite niche ; la mondialisée, apatride, pour qui les délocalisations et les fermetures de sites ne sont pas un sujet ; et nous, les ETI. Nous sommes les seules à prendre en compte l'ancrage territorial et à nous y tenir. »

Les dirigeants d'ETI connaissent personnellement leurs salariés. Le patron de la Laiterie de Saint-Denis-de-l'Hôtel fait du vélo le dimanche matin au sein de l'équipe corpo de l'entreprise. Souvent, les dirigeants sont allés à l'école primaire avec leurs collaborateurs. Les mêmes se retrouvent sur le terrain de foot, voire siègent dans le même conseil municipal. Cette proximité peut faire sourire dans le septième arrondissement où sont concentrés les ministères. « Mais nous, au moins, rétorque Emmanuel Vasseneix, nous avons vu venir la crise des gilets jaunes. Nous sommes nombreux à avoir envoyé des signaux. Nous n'avons pas compris qu'on ne nous sollicite pas. »

Dès lors que l'ancrage est sacré, cela veut dire que certaines choses ne se font pas dans les ETI, qui sont tolérées dans les grands groupes. C'en est au point que des salariés à haut potentiel peuvent être amenés à faire des choix au nom de leur éthique. François Guérin (Cetih) reconnaît avoir volontairement quitté l'univers des multinationales. Il y exerçait pourtant des responsabilités de président d'une des branches d'un groupe suédois. Celle-ci était constituée en « business units » regroupant 4 500 personnes sur une douzaine de pays. « Mais à la fin des années 2000, il s'est, selon ses termes fortement questionné sur le sens de toute cette économie mondialisée, déshumanisée avec son cortège de plans sociaux et d'impact environnemental, où l'on ne sait plus ni pour qui ni pour quoi l'on fait tout cela ». En rejoignant Yann Rolland, le fondateur de la société Cetih, il a pu mettre en adéquation ses valeurs avec la stratégie de l'entreprise. « L'ETI, à mes yeux, représente la bonne taille, explique-t-il. L'entreprise est suffisamment importante pour prendre des risques par l'innovation, résiliente pour absorber les aléas et porteuse de sens pour engager des transformations, elle est véritablement porteuse de projets. »

En tout cas, l'expérience a plutôt bien réussi à Cetih et à son directeur général. Celui-ci est actionnaire à 5 %, et la société a bénéficié d'une croissance qui peut se résumer par ces quelques chiffres : en dix ans, les effectifs sont passés de 500 à 1 300 collaborateurs. Les salariés se partagent 23 % des bénéfices. L'intéressement et la participation représentent chaque année 1,7 mois de salaire.

Chez Delta Dore, le nouveau président du directoire, Pascal Portelli, n'avait pas de lien de parenté avec les fondateurs. Mais il a eu la sagesse de s'imprégner de la mémoire de l'entreprise avant d'en prendre les rênes. Il savait que l'attachement au maintien des usines dans la campagne bretonne ne se discuterait pas. Dès lors, explique-t-il, « nous nous sommes organisés pour être bons et compétitifs comme ça, grâce à la robotisation. Et puis, nous avons été servis par le regain du *made in France*. Nous avons par exemple un client chinois qui nous a donné sa préférence parce que la production française a une bonne image en Chine. De surcroît, il a aussi été sensible à notre invitation de lui faire visiter notre usine ».

De même, au nom de sa responsabilité d'employeur, un patron d'ETI restera sourd aux conseils de « bon sens » de fermer un site insuffisamment rentable. Guy Sidos (Vicat) explique en ces termes les raisons du maintien d'une papeterie fragile dans le périmètre du groupe : « Cette filiale fait travailler 170 salariés dans le même bassin d'emplois. Il y a donc 170 familles dont je me sens responsable. »

Chez Septodont, la filiale en Inde a été déficitaire pendant vingt-sept ans avant de dégager des bénéfices. Cela valait la peine de patienter ! Olivier Schiller, son président, confirme. Il représente la troisième génération à la tête de l'entreprise familiale. « Dès lors, explique-t-il, nous n'avons pas le même horizon de temps. Notre regard ne s'arrête pas aux prochains résultats trimestriels, puisque nous sommes dans une logique de transmission à la génération suivante. » Pour cette raison, des investissements peuvent être consentis, dont le retour pourra être plus long que dans une entreprise qui rend compte à des actionnaires parfois distants.

Agilité, temps long, supplément d'âme : ces caractéristiques sont certes emblématiques des ETI, mais il n'y a pas de fatalité à ce que ces dernières en aient le monopole. Il faut au contraire qu'elles soient le plus largement partagées, quels que soient les tailles et les régimes juridiques des entreprises. Heureusement, un nombre croissant de grands groupes comprennent que le maintien de leur compétitivité passera par l'adoption de ces bonnes pratiques. L'exemple de Valeo est souvent cité en la matière. C'est aussi ce que Paul-Marie Chavanne s'est appliqué à faire pendant vingt ans chez GeoPost. Même si les effectifs globaux dépassent désormais les 50 000 collaborateurs, l'entreprise reste fidèle aux valeurs initiées par son président voilà plus de vingt ans : souplesse et responsabilisation. Comme il l'explique, « nous sommes une fédération d'ETI ».

Chaque fois qu'une filiale locale est créée ou rachetée, le maintien de l'ancrage territorial est préservé avec la plus grande attention. La culture du pays est respectée, le dirigeant est recruté sur place, ses méthodes de travail laissent la plus grande place à l'autonomie. Surtout, au sommet, le P.-D.G. a montré, ces vingt dernières années, son attachement à sa fonction. Il n'a pas pris un bail de trois ans pour rebondir ailleurs une fois effectué le tour du poste.

De la même manière, le secteur public peut aussi s'inspirer du modèle des ETI. Cela suppose qu'il consente des essaimages pour ne plus être monobloc. Cela demande aussi qu'il consacre le mode projet. Et surtout, qu'il cesse d'épuiser ses directeurs par un sur-travail stérile. Selon Fanny Letier (GENEO), qui connaît bien cet univers pour avoir travaillé notamment à Bercy, la ligne de partage se situe d'ailleurs bien moins entre public et privé, qu'entre grandes organisations sclérosées face à des entités souples et agiles.

Public et privé peuvent donc marcher de conserve, du moment que c'est du bon pas… En tout cas, conclut Fanny Letier, « la France dispose d'un réservoir de 137 000 PME, dont 5 000 ont tous les atouts qu'il faut pour devenir des ETI. Il faut saisir cette chance. Les petites entreprises qui vont grandir vont apporter du capital humain. Chez elles, les chaînes de décision sont plus resserrées, donc plus rapides ».

Notre choix de privilégier les dirigeants d'ETI dans cet ouvrage était d'abord dicté par le souhait de remettre dans la lumière des acteurs insuffisamment sollicités. Leur contribution à l'économie française et au maintien en vie des territoires conforte encore plus notre choix. Voici quelques chiffres probants. Ils sont fournis par Fanny Letier qui connaît bien cette réalité pour avoir dirigé le CIRI (comité interministériel des restructurations industrielles) voilà dix ans. « Elles représentent un tiers de la valeur ajoutée, énumère-t-elle. Elles pèsent aussi un tiers des exportations. Surtout, entre 2009 et 2016, elles ont créé 355 000 emplois en France, pendant que les grands groupes en détruisaient 90 000. C'est simple, elles sont le trésor de l'économie française. »

Les chiffres en encadré ci-dessous accréditent son propos. Mais le plaidoyer pro-ETI prend aussi, chez certains dirigeants, des accents qualitatifs. Hubert de Boisredon (Armor), formule un vœu : qu'en 2025, le management par la peur et la pression ait définitivement cessé. Il ne dit pas que les PME et les ETI (entreprises de taille intermédiaire) en soient toutes exemptes. Mais, pour lui, par construction, elles sont moins à risque, car « les salariés, en permanence, sont en mesure de vérifier l'attitude du dirigeant, car ils le connaissent », ce qui n'est pas toujours le cas de grands groupes. Face à un comité d'entreprise, un dirigeant ne peut pas camper longtemps dans le mensonge. S'il veut piloter son entreprise par la confiance, ne serait-ce que pour éviter le risque de grève, il doit mériter la qualité du contrat social qu'il tente d'instaurer. Il n'y parviendra pas s'il recourt à la duplicité, aux intrigues et autres fausses promesses qui abîment le monde du travail. Le risque dans toute organisation, petites ou grandes, c'est que les enjeux de pouvoir finissent par prendre le pas sur la stratégie ou sur l'efficience des méthodes. Il est vrai que les luttes de pouvoir sont généralement plus fortes dans les grandes structures. La plupart des PME et ETI sont épargnées par ce fléau pour la bonne raison que les postes de P.-D.G. sont rarement vacants. C'est même plutôt la continuité dans le management qui les caractérise.

La preuve par les chiffres

Les ETI (entreprises de taille intermédiaire) vont de 250 à 4 999 salariés.
Leur contribution à l'économie française est déterminante. Voici en quelques chiffres ce qu'elles représentent : **5 400** ETI en France
25 % de l'emploi
34 % des exportations
26 % de taux d'investissement
75 % des sites de productions dans les villes moyennes ou en zone rurale
38 % des emplois de l'industrie manufacturière
68 % des sièges sociaux hors de l'Île-de-France
23 % des dépenses globales des entreprises en R&D
73,5 % des ETI sont présentes à l'international
335 000 emplois nets créés entre 2009 et 2015

Source : MeTI (Mouvement des entreprises de taille intermédiaire).

Une étude de BPI France sur les ETI
Les patrons d'ETI plutôt précurseurs face au changement

La taille de ces entreprises et leur stratégie sur le long terme permettent aux dirigeants de parfois mieux répondre aux transformations de la société

À l'occasion de son cinquième anniversaire, BPI France Le Lab publie une étude synthétique des données accumulées sur les PME et les ETI, depuis 2014. Cette étude plonge « dans la tête des dirigeants » et se pose la question du rôle du chef d'entreprise, dans un contexte de transformation. Elle brosse le portrait du patron contemporain, un métier en pleine évolution, notamment pour les chefs d'entreprise de taille intermédiaire.
Précurseur en termes de Responsabilité sociale des entreprises (RSE), mais en retard sur la transition digitale : chez Poujoulat,

une entreprise familiale qui construit des conduits de cheminées, on incarne assez bien toute l'ambiguïté de la dernière étude de BPI France Le Lab. Fort de cinq années de recherches, d'entretiens et de sondages, le « laboratoire d'idées » de la Banque publique d'Investissement a réalisé un profilage du chef dirigeant de PME-ETI contemporain et tenté de répondre à cette question : quel rôle joue-t-il dans un contexte de transformation sociale, environnementale et numérique ?
Trois grands profils type se dégagent : les chefs d'entreprise « attentistes », les « empiriques », et les « précurseurs ». Si les premiers ont tendance à adopter une « attitude plutôt réservée, voire sceptique, à l'égard des transformations en cours », les seconds « fonctionnent par expérimentation et tâtonnement, à la recherche de la solution la plus adaptée à leurs besoins ». Quant aux troisièmes, « ils vont de l'avant et considèrent que les mutations actuelles sont autant d'opportunités à saisir pour leur entreprise », détaille l'étude.

Source : *L'Opinion,* 30 octobre 2019, auteure : Cécile Lemoine

Ce qu'il faut retenir

– les ETI grandissent sur des valeurs éthiques. Leur respect de l'ancrage territorial devient leur chance à l'heure du locavore ;

– les ETI sont souvent dirigées par leurs créateurs ou leurs descendants. Leurs projets d'entreprises s'inscrivent dans le long terme, parfois au-delà d'une génération. Une logique de transmission sous-tend leurs stratégies ;

– les ETI jouissent d'un attachement plus grand de la part de leurs dirigeants et de leurs salariés. L'implication collective crée les conditions de l'agilité désormais indispensable à toute entreprise, et qui manque tellement aux grands groupes. Les ETI deviennent donc le modèle à suivre ;

– les ETI sont une chance pour la France : entre 2009 et 2016, elles ont créé 400 000 emplois en France, quand les grands groupes en détruisaient 90 000.

Chapitre 9.
La Covid-19 a confirmé les tendances, elle les a même accélérées

Le manuscrit, dans sa version initiale, venait d'être achevé. Il ne restait qu'à valider les citations… lorsque la nouvelle du confinement est tombée. Il n'a pas fallu longtemps pour comprendre la portée des événements qui allaient suivre. Une nouvelle ère s'ouvrait peut-être. L'ouvrage ne pouvait pas paraître comme s'il ne s'était rien passé. Une nouvelle sollicitation s'imposait. Un second questionnaire a été adressé aux interviewés. Il était important qu'ils livrent leur ressenti, mais aussi qu'ils mettent en perspective leurs déclarations antérieures avec la situation qu'ils étaient en train de vivre. La plupart ont trouvé le temps de nous répondre, en dépit de leurs folles journées.

Leurs témoignages sont doublement éloquents. D'une part, loin d'infirmer les analyses initiales, ils les confortent au contraire, voire les accentuent. D'autre part, ils sont souvent émouvants. Ils décrivent des comportements admirables de la part des collaborateurs. L'engagement de ces derniers a été sans faille. Des prises d'initiative cruciales ont été prises sans atermoiements. La plupart d'entre elles resteront anonymes. Elles ont pourtant rendu de fiers services à la collectivité.

L'explication réside dans le mot clé qui sous-tend cet ouvrage : les gens ont trouvé du **sens** à ce qu'ils faisaient. Cette quête de sens a été définitivement consacrée par les événements liés à la pandémie. Au cours des prochains mois de crise, elle sera cruciale dans le rétablissement – ou non – des entreprises.

Les anticipations n'ont pas seulement été validées. Leur avènement a même souvent été accéléré. L'illustration la plus frappante est fournie par le télétravail. Le sentiment commun est d'abord l'étonnement, devant la rapidité avec laquelle cette forme d'organisation s'est installée. La vitesse a même surpris les professionnels les plus acquis au virtuel et aux outils de télécommunication. Au chapitre 4, le thème était évoqué comme une tendance à prendre en compte, avec ses avantages et ses inconvénients. L'expérience imposée par les circonstances a considérablement élargi le champ des possibles. Au point que plusieurs des interviewés envisagent des virages stratégiques. Ils entrevoient des répercussions probables dans les secteurs de l'immobilier de bureau, des voyages, de la restauration collective, de la gestion des véhicules de fonction… Dans le Code du travail aussi, qui aura besoin d'un sérieux toilettage.

Cependant, les inconvénients que nous avions évoqués se sont aussi manifestés avec une ampleur identique. Tant chez les salariés dont l'environnement personnel s'est révélé inadapté, que dans les entreprises, où l'effacement de la sociabilité pourrait menacer à terme la cohésion du groupe. De sorte que malgré les incroyables avancées qui vont être décrites plus loin, le télétravail, comme nous l'écrivions déjà au chapitre 4, ne va toujours pas de soi.

Des réflexions ont également eu trait à la supply chain, à l'aberration de se trouver à la merci de sous-traitants lointains, à la pertinence de recommencer à produire localement, au bien-fondé du circuit court, afin, entre autres, de revitaliser les territoires. Ces questionnements font écho à nombre des préconisations énoncées par les dirigeants d'ETI au chapitre 8.

Enfin, la crise a révélé les personnalités. Durant ces semaines historiques, le courage et le sang-froid auront été les principaux moteurs des dirigeants. C'est ce qui leur aura notamment permis de prendre des décisions qu'ils n'auraient jamais imaginé être amenés à prendre, ne serait-ce qu'une seule fois dans leur vie.

La consécration du sens

Mais avant de passer tous ces points en détail, voici un témoignage riche d'émotions et de réflexions. Il synthétise les prouesses dont sont capables des collaborateurs quand des circonstances exceptionnelles s'imposent aux uns et aux autres. Il est livré par l'un des dirigeants qui ont souhaité rester anonymes. La scène se passe dans la filiale française d'un grand groupe allemand. L'usine, située en Normandie, est l'héritière d'une longue histoire dans l'industrie métallurgique.

« Le télétravail n'existait pratiquement pas, explique le directeur général, et il n'était régi par aucun accord. Lorsque le 13 mars, la peur de ce virus – car c'est ainsi qu'il convient de l'appeler – s'est emparée de presque tous les employés, avec un paroxysme le 17 mars, tous ceux qui l'ont pu (soit environ 400 personnes) sont passés en télétravail. Cela a pris moins de trois jours ouvrés durant lesquels : Un, un accord a été signé avec le CSE pour la mise en place du télétravail. Deux, les ordinateurs, dont certains étaient des postes fixes, ont été équipés. Ils ont été emportés par les salariés pour leur permettre de travailler de chez eux. Je passe les détails, mais il fallait transformer les postes de CAO en terminaux virtuels afin de limiter le flux de données sur le réseau. Pendant la semaine qui a suivi, il a fallu prendre des mesures au niveau du groupe pour permettre la connexion à distance de dizaines de milliers de salariés et ceci s'est fait là aussi à un rythme record et avec une délégation certainement maximale. Puis nos clients ont accepté d'accuser réception du matériel à distance, plutôt que de remettre ces contrôles à une hypothétique situation ultérieure post confinement. Ce que je retiens de ces journées, c'est la capacité qu'ont eue des personnes et des équipes, à mettre en place ce qui était nécessaire à leur survie, sans directives détaillées, dans des délais incroyables, tout simplement parce qu'ils y voyaient un réel sens, et qu'on leur a permis d'exercer leur responsabilité sans contrôle excessif, sans bureaucratie. »

Quelle leçon donnée là ! Elle met en lumière le potentiel d'énergie de la société civile, trop souvent sous-utilisé. En outre, c'est toute la notion de sens qui se trouve illustrée. Le mot est lancé ! Il va être prononcé par la totalité des dirigeants. Pour Hubert de Boisredon (Armor), « la catastrophe du coronavirus nous place dans un autre rapport au temps et au simple objectif de croissance. La crise économique nous remet dix ans en arrière. Elle nous amène à réfléchir à la manière de dépenser notre énergie : tout ce travail acharné, pour créer de la richesse annihilée en un mois, et cela, par un virus qui nous renvoie dix ans en arrière ? N'est-ce pas le signe que la priorité du monde va désormais au-delà de la simple création de richesses ? Qu'est-ce qui a du sens ? Pour moi, cela nous amène à réfléchir en profondeur sur les actions essentielles : le but n'est pas de produire des biens inutiles, mais de créer un écosystème local solide, de bâtir une industrie qui répond aux besoins essentiels sur le long-terme, d'œuvrer pour la transition énergétique et la protection de la Terre, et de travailler à un développement équilibré entre pays du Nord et du Sud. »

Son voisin nantais François Guérin (Cetih) ne dit pas autre chose : « Cette crise, je le crains, peut s'inscrire dans une succession de crises qui sont toutes liées entre elles, qu'elles soient de nature sociale (gilets jaunes), climatique, sanitaire ou migratoire… Toutes ces crises questionnent forcément le modèle économique qui nous a portés depuis des décennies et qui s'est emballé dans un mouvement perpétuel où on tourne en rond en perdant la finalité et donc le sens : la croissance pour la croissance, innover pour innover… La question du sens sera donc au centre de toutes les transformations en cours. En quoi serons-nous utiles demain par ce que nous allons produire et comment répartirons-nous les richesses créées ? À quoi servirons-nous ? Il vaut mieux être dans l'utile plus que dans le futile, mais qu'appelons-nous futile ? Cela peut changer suivant le regard de chacun. Il faudra chaque fois aussi réfléchir en prenant en compte le temps long et ne pas se contenter de l'échelle de nos années budgétaires. Face à toutes ces questions qui surgissent, je crois que notre rôle de dirigeant sera de questionner, mais avec l'humilité de ne pas avoir toutes les réponses. Ce sera un véritable exercice d'intelligence collective. »

De même, pour Pascal Portelli (Delta Dore), « la quête de sens est plus que jamais d'actualité. Avec la crise sanitaire, les individus se recentrent sur les valeurs essentielles. Avoir une mission qui a du sens est d'autant plus important. Ce que nous ne savons pas, c'est dans quelle mesure le sens trouvé dans la contribution à la transition énergétique pourrait être supplanté par celui de contribuer au bien-être de ses proches avant tout (la famille, les âgés). Le *made in France* prôné par l'entreprise, restera lui aussi un atout majeur à l'heure où le local prend plus de sens encore. »

Pour Ferreol Mayoly (Arval), ce nouveau contexte confère encore plus d'urgence à la question de l'organisation du travail à l'avenir « Chacun réfléchit à la valeur de ce qui apparaissait hier tout à fait normal. Dans ce contexte, le sens donné à ce que nous faisons prend encore plus d'importance. Dès lors, si nous émettons l'hypothèse que demain ne sera pas comme hier, alors la transformation de nos organisations apparaît encore plus indispensable que par le passé. »

Pierre-Olivier Brial (Manutan) souligne, d'un point de vue managérial, les vertus d'avoir su trouver du sens, et cela, bien avant la crise. « Ces événements, explique-t-il, me confortent dans la nécessité pour toute entreprise d'avoir une mission claire et de cultiver ses valeurs. Chez nous, c'est ce qui nous a permis de nous adapter rapidement. Les valeurs partagées agissaient comme un lien invisible. Il permettait à chacun de rapidement savoir ce qu'il avait à faire, et au collectif de ne pas se *déchirer* sous l'effet de la panique, mais au contraire de faire bloc. »

Marc Meurer (Porsche France) souligne également l'importance de la cohésion des équipes. « Dans les mois à venir, explique-t-il, le management des femmes et des hommes qui composent les équipes va revêtir une importance clé. La solidarité sera indispensable. Elle est plus facile à mettre en œuvre quand tout va bien, mais c'est un "stress test" pour les organisations et pour l'articulation équipes-familles quand les moments sont plus difficiles. (…) Là-dessus, la crise économique agira comme un révélateur des modes de management pour redonner du sens dans un monde bouleversé, incertain. Nous avons tous entendu des grands patrons dire : “Nous n’avons aucune visibilité.” Il s’agira donc de rassurer les collaborateurs, de donner envie d’aller de l’avant, mais dans un environnement extrêmement mouvant et incertain. Les objectifs vont sans cesse être revus (à la baisse, à la hausse). L’interrogation des dirigeants sera de savoir comment rester suffisamment ambitieux tout en intégrant la réalité qui peut tout remettre en cause… (…) Le management sera très sollicité dans les prochains mois ! Cette crise va accélérer beaucoup de choses : concentrations d’acteurs économiques, relocalisations en Europe, voire en régions, digitalisation encore plus rapide. Mais aussi retour aux sources, retour à des moments de plaisirs simples. Chacun devra se dire qu’il faut savoir profiter de la vie lorsque c’est possible, et ne pas repousser ce plaisir au lendemain. *Carpe diem* plus souvent, en quelque sorte. »

Patrick Errard (Astellas) en tire également des réflexions profondes. Selon lui, « ce virus vient rebattre les cartes de l’ordre établi et incite à inventer une autre façon de produire nos ressources et de les utiliser. » Sans doute fallait-il ce Black Swan ? À ses yeux, en tout cas, « la plupart des grandes accélérations en matière de progrès et d’innovation sont plus liées à des événements exogènes qu’endogènes à l’entreprise. L’homme invente et s’adapte plus par nécessité que par envie. L’effet Covid-19 est évidemment un accélérateur d’un nouveau mode de vie sociale et surtout d’une nouvelle vision de l’équilibre sanitaire et économique de la planète. En ce sens, le virus vient rebattre les cartes de l’ordre établi et incite à inventer une autre façon de produire nos ressources et de les utiliser. »

De même, pour Rolf Heinz (Prisma Media), « la situation inédite incite vivement à reconsidérer le sens de nos actions et de nos comportements. Nous assistons à un retour à l’essentiel qui place l’humain au centre. La notion de sens, le rapport à l’autre, le renforcement des liens, la solidarité, le rapport au temps et à notre environnement : tout cela ressort renforcé. » Cette tendance émergeait déjà en 2019 dans les propos du patron de presse, comme dans ceux de nombreux dirigeants. Elle apparaît désormais comme l’épine dorsale de toutes les organisations de travail.

Quant à Emmanuel Vasseneix (LSDH), tout en abondant dans le sens des constats formulés par ses pairs, il apporte une quatrième acception au mot sens : « Maintenant, plus que jamais, écoute, respect, pragmatisme et **bon sens** seront de rigueur ! »

TÉLÉTRAVAIL, E-COMMERCE, PAIEMENTS SANS CONTACTS : TOUTES CES RÉVOLUTIONS DOUCES QUI SE SONT IMPOSÉES PENDANT LE CONFINEMENT

Le pragmatisme sera effectivement l'attitude la plus couramment pratiquée au cours des prochains mois. En particulier à l'égard du télétravail et de la digitalisation. La nouvelle donne fait en effet apparaître une dualité. Elle est ainsi résumée par Mahasti Razavi (August Debouzy) : « D'un côté, une présence incontournable des technologies, mais face auxquelles la place de l'humain et les interactions humaines demeurent centrales. »

Ces deux versants de la même réalité sont confirmés par Daniel Weizman (VWR). Il les décrit ainsi : « Le fonctionnement des entreprises va sortir transformé. L'accélération de la digitalisation va être importante, et plus rapide que prévu. Outre des dispositifs structurels comme le télétravail, la crise a permis aux collaborateurs de s'approprier des outils techniques, à l'exemple des calls, des visioconférences, du tracking de l'activité. » Cependant, poursuit-il, « à terme, il faudra bien poser la question de l'équilibre entre télétravail et activité de bureau. Car indéniablement, le besoin de relations sociales est apparu comme une nécessité durant le confinement. »

Le sujet du télétravail se révèle décidément clivant. Il range les acteurs en deux camps : les dubitatifs et les enthousiastes. Laurent Zeller (Nielsen) faisait déjà partie de la première catégorie avant le confinement (une situation qu'il connaît d'autant mieux qu'il exerce depuis Milan. Il l'a donc pratiquée avant ses compatriotes de métropole). Pour lui, « le travail à distance gagnera certainement du terrain ». Mais il ne faudrait pas, selon lui, qu'il excède un à deux jours par semaine, car, explique-t-il, « dans le mot *société*, il y a *social* et quand tout le monde travaille à la maison, cela peut “dé-socialiser”… » Par conséquent, s’il donne son accord à l’expérimentation et à l’apprentissage de cette nouvelle forme de collaboration, il plaide aussitôt pour « l’installation de garde-fous ». Par exemple, chez Nielsen, le confinement a inspiré l’instauration d’une session de vidéo conférence quotidienne, appelée « la matinale ». Cette réunion en ligne permettait de démarrer la journée sur un partage d’informations… et aussi, poursuit Laurent Zeller en plaisantant, mais pas tant que ça, « de s’assurer que tout le monde était bien réveillé… »

Partageant le même état d’esprit, François Guérin (Cetih) prend acte de la nouvelle réalité managériale, mais c’est pour pointer dans la foulée le danger de « positionnements extrêmes ». Il en veut pour preuve une étude récente selon laquelle les burn-out sont plus nombreux en télétravail que dans le cadre jusqu’alors standard de l’entreprise présentielle. Les pathologies surviennent en particulier lorsque la porosité est totale entre les univers professionnel et personnel, ou quand l’espace de travail est mal organisé, mais aussi quand le lien social est altéré. Selon l’étude, la perte d’appartenance au collectif apparaît dès lors que le télétravail dépasse 50 %. Et puis, le dirigeant fait sien cet autre constat : « Les gens, sur le lieu de travail, ont tendance à privilégier le présentiel. Ils s’adressent prioritairement aux personnes qu’ils ont sous les yeux. Tout cela est donc à prendre en considération si nous voulons que nos organisations demeurent des lieux de vie sociale enrichissante. »

Guy Sidos (Vicat) se montre également vigilant. Passée la surprise de la facilité de mise en œuvre, le dirigeant réfléchit déjà, lui aussi, aux garde-fous : « La plupart des fonctions administratives, commerciales et supports ont été assurées en télétravail. L’efficacité a été, pour moi, une surprise, et elle m’a fait évoluer dans mon appréciation de ce mode de travail dont je me méfiais. Nous conserverons, dans le futur, des collaboratrices et collaborateurs en télétravail, mais nous veillerons à ce qu’ils restent intégrés à leurs équipes. À cette fin, nous procéderons à un système de rotation sur les sites concernés. »

Enfin, les conséquences psycho-sociales ne doivent pas être sous-estimées. Thomas Georgeon (Société de la Tour Eiffel) en pointe plusieurs, dont certaines se sont révélées criantes sur la durée. Pour commencer, énumère-t-il, « les managers bienveillants ont vécu une situation très perturbante en étant contraints d'instaurer avec leurs collaborateurs une abolition quasi totale des frontières entre vies professionnelle et personnelle. »

À son niveau, il témoigne avoir exigé de ses managers qu'ils « gèrent chaque collaborateur au cas par cas, en acceptant toutes les situations, et en adaptant leurs pas à ceux de chaque collaborateur. Ils avaient comme tâche de prendre le plus souvent possible le pouls du moral des troupes ». Et d'ajouter : « Nous passions une large partie de nos COMEX à faire la revue des troupes, un par un. » Dans les mois à venir, quand le quotidien redeviendra plus ordinaire, que restera-t-il de ces moments relationnels exceptionnels ? « Au mieux une belle complicité, et le renforcement du lien de confiance. Au pire, l'obligation de personnaliser à outrance au risque d'une usure totale de nos managers intermédiaires. » C'est pourquoi le jeune dirigeant souligne ce danger peu évoqué jusqu'à présent : « Le home office généralisé est un thème à la mode post-confinement, mais on oublie ce qu'il impliquerait en terme de sollicitation des managers, de capacité d'adaptation et de discriminations en tous genres. »

Dans la catégorie des enthousiastes, la sur-représentation des sociétés high tech est à noter. Cela s'explique sûrement par leur culture d'entreprise. Il n'empêche, chez elles aussi, la rapidité d'acclimatation a été une source d'étonnement pour leurs dirigeants. Alexandre Eruimy (PrestaShop) le reconnaît : « Même pour un acteur de la Tech comme nous, la situation a créé des surprises. Nous assistons à une accélération imposée de la transformation digitale. Nous avons mis en place des outils pour fluidifier la communication, augmenter les échanges, mesurer l'humeur de nos collaborateurs, partager l'organigramme, etc. Cela a demandé un temps d'adaptation sur les deux premières semaines de confinement. » Mais une fois que le pli était pris, l'entreprise est devenue totalement virtuelle : « Nous avons actuellement un fonctionnement 100 % opérationnel. »

Le virage a été identique chez Prisma Media, qui a non seulement migré vers une entreprise 100 % virtuelle, mais également 100 % opérationnelle. C'est d'ailleurs l'expérience la plus incroyable que Rolf Heinz ait eue à connaître dans sa vie de dirigeant : « Je n'aurais jamais imaginé que nous soyons amenés à fermer notre site et à basculer en télétravail à 100 % pendant plus de trois mois ! »

De la même manière, il a suffi de quelques heures, chez Manutan, pour que toutes les équipes tertiaires se mettent en télétravail à raison de cinq jours par semaine. Alors que deux mois avant le confinement, se souvient Pierre-Olivier Brial, « nous en étions encore à savoir si nous autoriserions le télétravail à raison d'un jour par semaine ou d'un jour tous les quinze jours ! »

Chez Delta Dore, Pascal Portelli se réjouit de l'efficience des méthodes de travail que les circonstances l'ont conduit à expérimenter. « En mode collaboratif, avec parfois un grand nombre de participants, elles ont fait leurs preuves. » Et de mesurer l'évolution rapide : « Auparavant, nous pratiquions le télétravail deux jours par semaine, pour environ 25 % des collaborateurs. Pour l'essentiel, il s'agissait d'effectuer des travaux personnels, sans réunions avec les clients, les fournisseurs ou les partenaires. En quelques jours, la pratique est devenue monnaie courante pour la moitié des collaborateurs, cela, jusqu'à quatre ou cinq jours par semaine, et fréquemment en visioconférence, avec des partenaires extérieurs. Il est probable que ces pratiques demeureront. »

Chez Coriolis, l'entreprise est entrée, selon les mots de son président Pierre Bontemps, « dans un environnement à la pointe des outils de télétravail et de travail collaboratif. Tous nos ingénieurs se sont précipités sur les nouveaux outils de télétravail. Ils étaient déjà disponibles, mais relativement peu utilisés. Ils ont su entraîner leurs collègues commerciaux ou administratifs dans cette évolution. Une grande partie de nos collaborateurs a trouvé ces usages à distance très productifs (dans le développement logiciel, la supervision des réseaux, pour la communication). » Cependant, une seconde catégorie de collaborateurs « attendait avec impatience le retour des réunions physiques, car elles créent, selon eux, échange et empathie ».

Il est probable que ces typologies de salariés, en raison même de leur tempérament, s'impatientaient aussi de retrouver la machine à café, ou la pause cigarette, en raison des conversations que ces parenthèses permettent de susciter. Il a fallu qu'ils en soient privés pour que certains collaborateurs découvrent à quel point ils ont besoin de ce rituel. À ces réserves près, il n'en demeure pas moins que le télétravail est entré dans les faits. Cependant, comme le rappelle Édouard Fourcade (Anaplan) le Code du travail, lui, n'a toujours pas acté cette mutation. « Jusqu'à présent, explique-t-il, le télétravail était timidement accepté en France et encadré par tout un arsenal de mesures règlementaires. Le côté fallacieux de tous ces arguments devrait éclater, et j'imagine aisément une rapide libéralisation et acceptation de cette méthode de travail. »

De fait, la digue a cédé. Elle a libéré une vague d'autant plus puissante qu'elle était alimentée par le flux conjugué de la digitalisation et de l'intelligence artificielle. De nouveaux outils de travail sont apparus. Leur appropriation instantanée par les différents acteurs de l'économie créera, là aussi, un avant et un après.

Ainsi, chez Nielsen, la donnée électronique en temps réel, adossée à des algorithmes, a permis de répondre aux besoins totalement inédits des clients, qui sont essentiellement du secteur de la grande consommation. Ils ont pu disposer de data pour prendre des décisions immédiates. Dans le même temps, l'intelligence artificielle est venue remplacer la collecte manuelle d'informations, qui s'est révélée trop lente au regard de la situation. Il est vrai que celle-ci était tellement inédite ! En début de confinement, le consommateur était sans cesse changeant. Il procédait souvent à des achats en mode panique. Les modèles traditionnels de prévision étaient totalement perdus. Seul le suivi en temps réel aura permis aux industriels de calibrer leurs usines et leurs chaînes de logistique. Autre changement sans doute irréversible, la conversion sans doute irréversible d'un nombre colossal de particuliers massive de milliers de particuliers au e-commerce, notamment pour leurs courses alimentaires.

Pour donner une idée de la bascule qui s'est ainsi opérée, Laurent Zeller livre ces chiffres spectaculaires : « En France et en Italie, entre les mois de mars et avril 2020, le poids du e-commerce a plus que doublé, avec des évolutions à trois chiffres (e-commerce en Italie +135 % depuis la Covid-19, et même au-delà de 200 % sur les semaines d'avril 2020) contre 45 % avant la crise sanitaire, ce qui était déjà pas mal. » Et de conclure : « Cette forme de commerce a été testée par nécessité par de nouveaux consommateurs. En quelques semaines, ils l'ont adoptée. » Nul doute qu'ils vont garder ces réflexes en sortie de crise.

« Il apparaît acquis, confirme Alexandre Eruimy (PrestShop), que les Français continueront après la crise à réaliser une part substantielle de leurs achats en ligne. En parallèle, une part toujours plus forte des achats en magasin seront influencés par le digital, comme l'illustre le développement très rapide des solutions *click and collect*. Ainsi donc, observe le dirigeant, alors que le digital était encore trop souvent perçu comme une menace pour les revenus des points de vente physiques, la crise a révélé bien au contraire son rôle essentiel pour le maintien de l'activité des entreprises. »

LE RAPPORT AU TRAVAIL A CHANGÉ, À LA CONSOMMATION AUSSI

« Nous avons pu constater, poursuit-il, une augmentation de 26 % de création de nouvelles boutiques en ligne par rapport à une période normale, et un accroissement important des ventes de nos modules pour optimiser les sites, ce qui illustre la volonté des marchands de développer les fonctionnalités de leurs sites pour répondre au mieux aux besoins de cette nouvelle demande. Je suis convaincu que les PME/ETI qui auront fait la bascule sur la vente en ligne pendant la crise (ou avant) seront celles qui redémarreront le plus rapidement. »

Une autre habitude prise par les consommateurs a trait aux moyens de paiement de leurs achats. Là aussi, les répercussions n'ont pas fini d'être mesurées. « Le paiement sans contact s'est pratiquement imposé et généralisé en quelques semaines », constate Édouard Fourcade. « Sans parier sur la disparition de la monnaie fiduciaire, poursuit-il, on peut imaginer que cette habitude va s'installer avec sa cohorte de conséquences. »

Si les gens se sont déshabitués des pièces et des billets, c'est en partie parce que la peur du virus les dissuadait de toucher des objets véhiculés par quantités d'inconnus. L'angoisse est peut-être exagérée. Il n'empêche, les changements de comportements sont bien réels. Ils affectent de la même manière l'usage qui sera fait, à l'avenir, des transports en commun et de sa voiture personnelle. À cet égard, Ferreol Mayoly (Arval), en spécialiste de la gestion de flotte d'automobiles d'entreprises, nous rappelle qu'avant le virus, il était beaucoup question d'économie du partage. À l'avenir, s'interroge-t-il en substance, le covoiturage aura-t-il toujours autant d'attrait ?

C'est une vraie question, qui en suscite bien d'autres : sur la configuration, à l'avenir, des sièges sociaux et des espaces de travail en général. Les salariés vont-ils durablement éviter les transports en commun ? Souhaiteront-ils des places de parking pour stationner leurs véhicules dans lesquels ils prendront bien soin d'être seuls ? S'arrangeront-ils pour être le moins souvent possible dans les espaces physiques de travail en commun ? En ce cas, il ne sera peut-être pas nécessaire de continuer à disposer d'autant de superficies, coûteuses en loyers.

Pour Daniel Weizman (VWR), en tout cas, cette question ne se pose déjà plus : « La réduction des mètres carrés de bureau devient une évidence. Pour ce qui nous concerne, nous allons réduire nos surfaces de bureau de 40 % et mettre en place un télétravail dynamique. Un projet en ce sens va être conduit, ainsi qu'une refonte de nos outils informatiques afin de permettre à nos collaborateurs de maintenir une efficacité opérationnelle. Nous allons par ailleurs revoir aussi la protection sanitaire dans nos locaux afin de préserver la santé de nos collaborateurs. »

Le nouveau visage de l'entreprise d'après Covid-19

D'autres réflexions n'ont pas tardé à s'exprimer, sur l'organisation de la production, la sécurité des approvisionnements. Là encore, l'accélération caractérise les prises de position : « Même si la question reste complexe, du fait de la mondialisation actuelle du commerce, il nous faudra tenir compte des conséquences de cette crise, reconnaît le président de WVR, et relocaliser des activités pour nous permettre de maintenir une autonomie maximale (médicaments, capacité de traitement de tests, relocalisation de certaines productions alimentaires…). »

Les enseignements du passé avaient déjà amené les équipes de Delta Dora à prendre leurs précautions : « Nous avions déjà une politique de diversification de nos sources d'approvisionnements, explique Pascal Portelli. Il s'agit là d'un point essentiel dans nos plans de gestion des risques, élaborés au fil de l'expérience d'inondations en Thaïlande, de tsunamis au Japon ou d'éruption volcanique en Islande. Dans le passé, ces intempéries majeures ont eu des impacts sur certains de nos fournisseurs. Mais notre politique en la matière sera encore renforcée. Disposer d'une compréhension fine de tous les maillons, parfois très nombreux d'une supply chain, est déjà un atout. Il le sera encore plus à l'avenir. Chacun aura compris que le zéro stock et le just-in-time sont deux concepts risqués pour ceux qui produisent en Asie. »

La maîtrise de la supply chain est aussi au centre des préoccupations chez Fremaux-Delorme. « La crise doit pousser à être encore plus indépendants en production, explique Amaury Fremaux. En même temps, les événements peuvent aussi nous conduire à la conclusion qu'il faut augmenter la variabilité de nos coûts fixes, ce qui plaide pour plus de sous-traitance. »

Global ou local, *made in world* ou *made in France* ? Les réponses ne sont pas forcément tranchées, mais le débat est clairement lancé. Pour Hubert de Boisredon, il y a du sens à vouloir « créer un écosystème local solide ». La crise a valorisé le rôle d'Armor en tant que producteur de consommables qui impriment des code-barres et toutes sortes d'informations pour la traçabilité des produits. « Sans nos produits, la chaîne de production et de distribution des produits alimentaires, pharmaceutiques et des biens de première nécessité ne peut pas fonctionner, fait-il observer. Nous sommes une entreprise "essentielle" à la nation. Dès lors, fabriquer en France est un énorme atout. C'est ce qui nous a permis de continuer à fonctionner durant l'étape de confinement. Cela nous conduit également à revoir nos sécurités d'approvisionnement. »

Les événements interrogent également Patrick Errard sur l'indépendance sanitaire de l'Europe et de la France en particulier. « Les pays ont, pour la plupart, délocalisé leur production en Inde et en Chine pour beaucoup de médicaments à prix bas, alors qu'ils sont essentiels, à l'exemple du curare, des corticoïdes etc. Il faudra repenser notre industrialisation pour éviter cette dépendance à l'Asie. Astellas n'est pas concerné par ce phénomène, car nos usines sont au Japon, en Europe et aux États-Unis. Nous n'avons aucun problème d'approvisionnement. »

Chez Cetih, la même question est illustrée par le photovoltaïque. Comme l'explique François Guérin, « la crise a montré notre dépendance à la Chine. Nous nous sommes battus depuis plusieurs années pour maintenir une activité photovoltaïque parce que nous croyons à cette énergie, à son application pour un habitat durable et à la nécessité de garder des industriels en France alors que quasiment toute la filière a disparu face au dumping chinois dans ce domaine. Espérons que l'Europe et la France reviennent sur cette politique qui a abandonné ce marché. Nous serons là pour contribuer à reconstruire cette filière. »

Produire en France : une ardente obligation ou un vœu pieux ? Chez Delta Dore, ce n'est pas un sujet, dans la mesure où le fondateur avait érigé en principe intangible le maintien des trois usines bretonnes. Les événements récents ont montré à quel point son éthique était aussi d'une pertinence stratégique. De même chez Vicat, la priorité au local est désormais actée : « Cette crise illustre la pertinence d'un modèle de production locale, avec du personnel local, pour des besoins locaux, plaide son président Guy Sidos. Elle pourrait entraîner un mouvement massif de relocalisation industrielle sur nos territoires. L'économie circulaire, intégrée au cœur des processus industriels, a protégé l'entreprise. Elle est une force de rappel naturelle vis-à-vis d'une mondialisation débridée et poussée trop loin. » Ainsi donc, à quelque chose malheur est bon, car la stratégie du groupe va prendre un virage qu'elle aurait peut-être tardé à amorcer sans ces événements : « Cette crise est également un accélérateur des transitions écologiques et numériques qui concentreront désormais l'essentiel des investissements du groupe Vicat. »

DROIT D'INVENTAIRE : CE QUI A TENU BON ET CE QUI DEVRA ÊTRE AMÉLIORÉ

Cependant, pour Guy Sidos, la grande leçon de cette crise tient en un point qui sera cruellement vécu par certaines professions : à ses yeux, ce qui a principalement péché, c'est l'analyse des risques. « Chère à nos auditeurs externes et internes, ainsi qu'aux *autorités* censées réguler l'activité économique, elle a été prise de court… signe de la vacuité d'un exercice où l'analyse de l'accessoire est souvent préférée à la compréhension de l'essentiel. » Et de poursuivre ainsi sa démonstration : « L'essentiel, pour une entreprise, est sa résilience. Si cette dernière tient à la raison d'être de la société, à ses fondamentaux économiques, qu'ils soient industriels, financiers commerciaux ou logistiques, elle est avant tout portée par son personnel. Dans ce contexte, la qualité du rapport social, dopée par la confiance, est majeure. »

Or, où apparaît cette inestimable valeur d'actif dans les bilans comptables ? Le facteur humain a pourtant été crucial au plus fort de la gestion de la crise. Il est bon aussi de se féliciter de ce qui a tenu : il y a eu le réseau Internet – on n'ose imaginer ce que nous serions devenus s'il avait cédé –, mais l'approvisionnement alimentaire mérite aussi un hommage appuyé. À ce sujet, le témoignage d'Emmanuel Vasseneix (Laiterie de Saint-Denis-de-l'Hôtel) est un gisement de leçons à méditer.

« Dès le départ, se souvient-il, il était évident qu'en tant qu'entreprise agroalimentaire, notre activité serait maintenue et que nous devions mettre en place au plus vite les conditions pour protéger nos collaborateurs. La gouvernance n'a pas fondamentalement changé, mais il a fallu intégrer quotidiennement les consignes de santé publique et les faire redescendre vers les équipes dans les différentes régions. L'organisation existante nous a permis de rester agiles et de nous adapter très vite. Nous avons suivi à la lettre les consignes de nos politiques. Pour autant, il fallait aussi être très présent dans l'accompagnement de la mise en place des mesures, car l'anxiété se niche dans les détails, et il ne faut négliger aucune cause d'irritants. Le moindre stylo peut-être une source de transmission. Il fallait en tenir compte. »

Avec le recul, Emmanuel Vasseneix se souvient avec amusement qu'avant la crise, l'agriculture et l'agroalimentaire étaient les monstres et subissaient l'agribashing, le foodbashing, etc. « Désormais, nous sommes des héros. Bien sûr, nous ne sommes ni l'un ni l'autre. Nous sommes simplement des acteurs dans un monde qui doit avancer. Les problèmes d'avant n'ont pas disparu, il faudra les régler. (…) La Covid-19 aura démontré le meilleur de nous : solidarité, flexibilité, ingéniosité, intégrité. C'est cette dynamique qu'il faut maintenir pour inventer l'alimentation de demain saine, durable, respectueuse de la nature, de l'humain… Mais ces qualificatifs valent aussi pour l'entreprise de demain. Les vrais enjeux seront le vivre-ensemble, l'écoute, la façon dont nous voulons grandir, vieillir, être soignés. (…) Personnellement, j'y réfléchis, avec un prisme de dirigeant, responsable de 2 000 personnes, donc de 2 000 familles ; avec un prisme de citoyen de France et d'Europe, responsable de nos territoires ; avec un prisme de père de famille responsable de ce que nous laisserons à nos enfants. Le reste est finalement facile, car c'est technique et nous aurons la capacité à trouver les solutions et l'intelligence collective pour les mettre en œuvre. »

COURAGE ET SANG-FROID : PLUS QUE JAMAIS, LE LEADER DEVRA FAIRE PREUVE DE SOLIDES QUALITÉS HUMAINES

Mahasti Razavi (August Debouzy) confirme cette vision, en rappelant la place que doit prendre désormais l'entreprise dans son environnement : « Cette crise aura fait remonter l'intérêt collectif, sociétal, dans les priorités des entreprises. Si pour certains la RSE était un phénomène de mode ou de promotion commerciale, force est de constater que ce qui aura soudé les individus, ce qui aura maintenu le lien en entreprise, c'est le sentiment de fierté ressenti dans les mesures mises en œuvre par les entreprises pour répondre à la situation de crise sanitaire. »

Il y avait là une réponse à la quête de sens. Mais il y aura eu aussi le respect qui s'impose devant le sang-froid des uns et le courage des autres. C'est la leçon que tire Édouard Fourcade : « Ce que nous avons vécu m'inspire deux réflexions complémentaires principales. D'abord, en aucune circonstance ne céder à la panique. Savoir décider vite impose de savoir prendre le temps de décider. Dans toute situation critique, il faut "monter au balcon" pour prendre hauteur et distance. Par ailleurs, il est important de toujours discerner ce que l'on sait de ce que l'on pense savoir et séparer les faits des opinions. C'est parfois compliqué quand les événements s'accélèrent, que les enjeux augmentent et que le brouhaha causé par tous ceux qui ont une opinion et pensent savoir perturbe ce discernement. » Mais il faut posséder ces qualités. Sans cette maîtrise de soi, il est douteux que de bonnes décisions soient prises. Parallèlement, il faut être à l'écoute de l'autre, rassurer, donner aux équipes une vision claire. Tout cela peut sembler contradictoire ? Mais comme nous l'avions vu au chapitre 3, c'est la capacité à gérer ces paradoxes qui fait d'un dirigeant un leader. C'était déjà vrai avant la Covid-19, cela le sera ô combien après.

Des décisions inimaginables dans la vie d'un dirigeant

« Je ne pensais pas avoir un jour à empêcher des collaborateurs de venir travailler au bureau… ! » La boutade de Ferreol Mayoly (Arval) en dit long sur les décisions incroyables qui ont dû être prises par les dirigeants durant ces semaines inouïes. Patrick Errard (Astellas) retient le premier comité de direction qu'il aura présidé de sa vie, où tous les participants portaient un masque. De même, Rolf Heinz cite la décision managériale qu'il a été amené à prendre « pour protéger la santé de tous ses collaborateurs et de leurs proches ». De son côté, Marc Meurer n'oubliera pas non plus cette année 2020 qui aura vu à la fois le « décalage ou l'annulation des 24 heures du Mans et du salon Mondial de Paris ! »

Laurent Zeller (Nielsen) retient pour sa part les webinars à grande échelle. Comme la preuve a été faite de leur faisabilité, ces événements sont promis à un grand avenir. Mais la première fois, il y avait de quoi douter de leur faisabilité quand 800 à 1 000 participants se sont retrouvés. « Le succès a été grand, même si c'est assez froid pour l'orateur, car tous les auditeurs doivent se mettre en mode muet. Il n'empêche, la pratique demeurera, et elle aura des conséquences importantes sur des secteurs comme l'immobilier de bureau, les transports et les voyages. »

Amaury Fremaux, lui, embrasse toute la période : « Chacune des décisions prises depuis un mois[1] a été unique et sans précédent. Je ne pense pas qu'une crise pareille se vive deux fois dans une carrière de dirigeant, en tout cas, je l'espère… »

1. Le témoignage a été recueilli le 15 avril 2020.

Ce qu'il faut retenir

– la nécessité de donner du sens a pris au cours des événements une dimension centrale ;

– la capacité d'accélération des transformations a encore battu des records. La vitesse avec laquelle le télétravail s'est généralisé en donne un exemple, mais il faut aussi mentionner l'appropriation par le plus grand nombre de collaborateurs d'outils de communication, de data et d'intelligence artificielle qui restaient jusque-là expérimentaux ;

– une forme d'oxymore est apparue entre zéro-stock, juste à temps et fournisseurs en Asie ;

– la dimension locale dans la production, l'emploi et la consommation va être privilégiée ;

– les responsabilités sociales de l'entreprise et citoyennes de son dirigeant seront encore plus marquées à l'avenir ;

– courage et sang-froid resteront les grandes qualités demandées aux leaders.

Chapitre 10.
Portraits de dirigeants

Croquis sur le vif de nos interlocuteurs. La plupart nous ont reçus sur leur lieu de travail, mais une deuxième catégorie est apparue, de patrons nomades, dont le bureau tient dans leur sac à dos, et les chiffres clés dans leur cloud personnel, c'est-à-dire leur cerveau. Tous parlent en transparence, de leurs itinéraires professionnels et personnels, de leurs valeurs, de leur vision de la vie.

Alexander Abé, vice-président de Jungheinrich pour l'Europe de l'Ouest et l'Afrique : Quinquagénaire depuis peu, il a posé ses valises en France, après avoir occupé successivement des postes en Hongrie, en Pologne et au Portugal. Il nous reçoit dans son bureau du siège social français, à Vélizy, dans l'Ouest parisien. Le chantier aperçu depuis les baies vitrées du bâtiment flambant neuf n'est autre que celui d'une nouvelle agence pour la région parisienne et d'un centre de formation en construction. Jungheinrich n'a pas eu de mal à trouver le terrain, la société l'avait acheté peu après son implantation en 1962. Au cas où ! Cette vision à long terme illustre bien la différence de perception du temps chez les ETI familiales par rapport aux entreprises où un nouveau patron est désigné tous les trois ans, à charge pour lui de détricoter ce qu'avait commencé à mettre en œuvre son prédécesseur… Rien de tout cela ici, où les stratégies voient largement au-delà de l'horizon de cinq ans. Elles sont régulièrement ajustées bien sûr, mais en tout cas, les salariés savent qu'ils ont de la visibilité. Et quand la contrainte économique oblige à fermer un site – comme cela s'est produit voilà quelques années dans une usine où travaillaient 300 salariés, dans l'Ouest de la France – l'événement a été si douloureusement ressenti que la maison-mère s'est engagée bien au-delà de ses obligations légales, tant dans la mise en place de programmes de formations pour actualiser les compétences que de versement d'indemnités.

Edward Arkwright, directeur général exécutif d'Aéroports de Paris : Le rendez-vous a été pris à Paris dans un complexe de bureaux aménagé dans un immeuble chargé d'histoire : le « 103 Grenelle » est flanqué d'une tour. Au XIXe siècle, elle abritait le premier réseau de « télégraphe Chappe ». Son faux air de tour de contrôle sied bien à la fonction de l'hôte. Si ce dernier n'insiste pas sur l'adjectif « exécutif », sa signification est pourtant éloquente. Elle veut dire qu'en de multiples circonstances, il peut être amené à représenter, voire remplacer son P.-D.G., Augustin de Romanet. Or, la personnalité de ce dernier est riche. Pour être jugé digne de parler en son nom, il faut avoir soi-même de l'épaisseur humaine. Il est vrai qu'entre les deux hommes, la relation commence à être ancienne. Edward Arkwright a rejoint son mentor en 2007, à la Caisse des Dépôts où il a pris, entre autres, la responsabilité de la stratégie et du développement durable. Il avait alors 33 ans. Auparavant, il avait été administrateur à la Commission des Finances du Sénat. Et pour se préparer à ce parcours sans faute, il avait enchaîné Sciences po, Essec et aussi un DEA d'histoire contemporaine à La Sorbonne. Rien de tel que cette discipline pour savoir situer dans le temps long la portée des événements du quotidien. Un proverbe dit que le temps ne respecte pas ce qui se fait sans lui. Depuis son passage à la Caisse des Dépôts, le dirigeant est convaincu de l'importance du développement durable. Il est d'ailleurs partenaire actif du Forum de Giverny qui réunit chaque année les entreprises préoccupées par la RSE.

Pierre Bontemps, président-directeur général de Coriolis : La société a son siège à Paris, dans le XVe arrondissement, tout près de la Tour Eiffel, du Champ de Mars et des quais de Seine. Un environnement idéal pour le dirigeant qui dit puiser son inspiration en marchant, « le nez au vent », selon son expression. Le cadre extérieur a beau être un haut lieu du tourisme mondial, il est calme et silencieux. Il invite à la réflexion, voire à la méditation. L'entretien se déroule dans une grande salle de réunion baignée de lumière, dans les derniers étages de l'immeuble vitré.

Coriolis a beau apparaître comme le petit poucet des opérateurs télécoms, son P.-D.G. cultive la confiance en soi des collaborateurs.

« Chez Coriolis Télécom, à 350, nous offrons aux clients Entreprise et Grand Public l'ensemble des services télécom, mobile, fixe, Internet, cloud et box. C'est un exploit. Avec notre partenariat avec Orange et SFR, c'est le meilleur de la téléphonie mobile que nous proposons à nos clients avec la couverture de ces deux réseaux sur une seule carte SIM Coriolis. Pour le fixe, notre cœur de réseau, connecté à tous les réseaux de fibre optique, permet l'offre la plus étendue. (…) Coriolis Service témoigne du succès de notre développement dans les centres de relation clientèle en France et à l'offshore avec neuf sites et plus de 2 000 collaborateurs servant les métiers de l'énergie, de l'assurance, de l'industrie, des télécoms, des media, etc. (…) Fort de cette visibilité, Coriolis ne connaît pas de difficultés de recrutement. Au début de l'activité, à la naissancc du GSM, je pouvais dire aux personnes que j'embauchais : je vous offre un emploi pour vingt-cinq ans, nous allons équiper toute la France de téléphones mobiles ! Aujourd'hui, avec l'émergence de la fibre optique et de la 5G, du cloud, de l'intelligence artificielle et du big data, je vous invite à un voyage aussi long ! »

Pierre-Olivier Brial, directeur général délégué de Manutan : La rencontre est organisée dans un espace de coworking dans le quartier qui surplombe la gare Saint-Lazare à Paris. La semaine est particulière pour le dirigeant, car il est très accaparé par une autre casquette qu'il porte avec fierté : il est administrateur du METI, le mouvement des entreprises de taille intermédiaire, et dans quelques jours, près de 500 adhérents vont être invités à l'Élysée. Il ne s'attendait pas à un tel succès. Alors, il gère en mode projet. L'innovation managériale n'est pas pour déplaire à cet ancien consultant de chez Bossard, diplômé de l'EDHEC. Il parle avec plaisir de sa situation particulière de diriger en triumvirat la société Manutan. Mais il doit s'interrompre : en prévision du raout prochain. Il doit appeler la directrice générale de la Belle Iloise… Il revient à son statut particulier au sein du trio. Il fonctionne parfaitement parce que les trois partagent les mêmes valeurs. À commencer par la qualité de la relation humaine : « L'empathie est indispensable pour diriger. Une personne qui ne la possède pas va planter le projet qui lui est confié. » Ensuite, l'importance de la famille : « Il n'y a que dans les entreprises familiales que l'on peut s'inscrire dans la durée et porter ainsi des projets de long terme. Il y a aussi des valeurs : on est conscients de notre responsabilité. Quand des choses doivent être faites, elles doivent être bien faites. » Enfin, mais ce n'est pas le moindre, l'argent. Il n'est pas une fin en soi : « Nous pratiquons un capitalisme raisonné. L'argent, c'est comme l'air : sans lui, on meurt. Pour autant, ce n'est pas une finalité dans la vie que de respirer. »

Autrement dit, pour reprendre la phrase d'Alexandre Dumas, « l'argent est un mauvais maître, mais un excellent serviteur ». De fait, pour Pierre-Olivier Brial, il procure le plus beau des présents dont on puisse rêver : « être libre, indépendant ».

Paul-Marie Chavanne, alors président de GeoPost : Énarque et centralien, familier du secteur public et privé (notamment chez PSA et Strafor), notre hôte nous reçoit simplement mais avec chaleur. Deux principes guident sa vie de dirigeant : la bienveillance (il a même écrit deux livres sur le sujet) et le terrain. De fait, son bureau ne verse pas dans l'excès d'apparat. Il est certes logé dans les nouveaux immeubles du siège de la Poste. Extérieurement, il respire la modernité de ce nouveau quartier du XVe arrondissement à la lisière d'Issy-Les-Moulineaux. Celui-ci a été successivement métamorphosé par l'héliport, l'Aquaboulevard, le tramway et le Pentagone à la française. Mais intérieurement, les locaux dédiés au patron de la filiale forte de 120 000 collaborateurs dans le monde rappellent irrésistiblement l'esprit PTT. Il ne manque qu'un pèse-lettres ! Mais pour Paul-Marie Chavanne, la valeur ajoutée d'un dirigeant se mesure à l'aune de l'indice de satisfaction des clients et des salariés, mais pas à celle de l'épaisseur de la moquette. Quand on est convaincu de cette réalité, on est naturellement tourné vers l'extérieur, à la recherche de nouveaux marchés. Du même coup, on s'éloigne du danger de se laisser gagner par la bureaucratie et l'esprit de silo « qui finissent par enrayer tout processus de décision ».

Elie Choukroun, président-directeur général de Ricoh France : Près de trente années de fidélité à son entreprise le jour de notre entretien. Avant d'occuper ses fonctions actuelles, le dirigeant est successivement passé par une variété de postes : commercial, au contact de l'utilisateur final ; au marketing. Il a aussi présidé une filiale. Voilà trois ans, il a indiqué qu'il était prêt pour une mobilité géographique. Un seul poste était à pourvoir : la présidence de Ricoh France ! Il nous a reçus au siège français de Rungis, dans une salle qui pourrait faire fonction de stand témoin de tout ce que la technologie permet déjà, et dont nous n'avons pas tous totalement conscience. Pourtant, à l'heure de la virtualité, du télétravail et des équipes en mode projet, l'avenir de Ricoh France passe bien davantage par la conception de services associés aux produits. Pour anticiper la demande et capter les signaux faibles du marché, Elie Choukroun reste fidèle à son premier poste : il s'arrange pour rester connecté avec le ressenti des utilisateurs. Il arpente donc le plus souvent possible les couloirs du siège pour discuter avec les différents services, en particulier les commerciaux, lorsqu'ils reviennent du terrain. Il est un adepte du « *gamba* », méthode de management tirée du mot qui signifie « terrain » en japonais.

Hubert de Boisredon, président-directeur général d'Armor : Quand il est sorti d'HEC en 1986, le jeune diplômé est parti, à 22 ans, au Chili, avec un ami, créer une banque de microcrédit inspirée de la Grameen Bank de Muhammad Yunus. À l'époque, l'engagement humanitaire ou social n'était pas très en vue. Cela a changé puisque, actuellement, les deux tiers des promotions de business-schools commencent leur carrière par une expérience similaire de ce type. Parce que les jeunes ont des convictions, ce qui est une bonne nouvelle. Certains peuvent aussi le faire pour ajouter une bonne ligne sur leurs CV, mais le juge de paix sur la motivation réelle apparaît bien vite. Il s'appelle la sincérité ou dit autrement, la cohérence avec soi-même.

C'est la valeur essentielle pour le P.-D.G. d'Armor. Elle n'a d'ailleurs pas été pour rien dans le LBO mis en place par le management et les salariés. Armor était historiquement une affaire familiale. Fondée en 1922, elle appartenait à la famille Rufenacht. Antoine Rufenacht, comme homme politique, avait fait le choix avec sa famille de confier la direction de l'entreprise à des gestionnaires extérieurs à la famille.

C'est ainsi qu'Hubert de Boisredon, qui venait de grands groupes, est chassé en 2004 pour venir piloter l'affaire, qui est alors dans une mauvaise passe. Avec son équipe, il réussit un premier redressement. L'entreprise est cédée en 2008 à Orfite, un fonds de participations industrielles lyonnais. Cependant, en 2013, ce dernier souhaite se retirer. L'idée du rachat interne germe alors pour permettre une poursuite de la stratégie industrielle et d'innovation initiée depuis quelques années. La réussite de l'opération va trouver ses origines dans l'authenticité et l'esprit d'équipe qui se sont constituées entre les principaux dirigeants et leur P.-D.G.

Guillaume de Lavallade, directeur général de Hub One : Le siège est situé à Roissy, avec une dizaine de sites partout en France. Même si l'ancienne division télécoms d'Aéroports de Paris s'est affranchie, juridiquement et financièrement, de sa maison-mère, elle n'oublie pas où elle est née. D'où que l'on regarde par les baies vitrées, le spectacle est permanent et omniprésent, des pistes animées par le ballet des décollages et des atterrissages. Cela n'est pas pour déplaire au dirigeant. Le micro-État qu'est un grand aéroport international se révèle une source inépuisable de nouvelles idées de marchés. Ou d'innovations à expérimenter, en matière d'environnement, de vivre-ensemble, et aussi dans des domaines aussi sensibles que la cyber sécurité ou la surveillance. La responsabilité citoyenne de l'entreprise est d'emblée au cœur du sujet. « Mais, constate Guillaume de Lavallade, j'ai toujours eu l'impression de faire de la RSE, même quand l'expression n'existait pas encore. C'est aussi cette conviction que j'ai retrouvée chez Augustin de Romanet[1], et qui m'a fait rejoindre Hub One. »

Pierrick De Ronne, président de Biocoop : Avenue Raymond Poincaré, dans le quartier du Trocadéro, à Paris, le réseau coopératif occupe des locaux à la mesure du prestige de l'adresse. Le bureau présidentiel paraît gigantesque. Le jeune titulaire des lieux s'en excuserait presque. Par tempérament, sa culture est proche du terrain, voire de l'humanitaire. Il est entré dans le réseau par le biais de trois magasins, régis en SCOP, dont il a la responsabilité dans la région d'Annonay en Ardèche. Il a été formé à cela par un diplôme en management des SCOP, dispensé à l'Université de Paris Dauphine. « Cela m'a permis de balayer tous les métiers », constate-t-il avec le recul, tout en se gardant bien de se montrer prosélyte. Il résume ainsi son propos : « Statut n'est pas vertu. »

De fait, s'il se réjouit de la quête de sens réclamée par les salariés, il a aussi à cœur de rappeler que ce qui mérite d'être fait mérite d'être bien fait. Sa préoccupation du moment serait donc plutôt d'instiller de l'agilité dans les équipes, et de bonnes pratiques opérationnelles dans la chaîne logistique.

Est-ce là un discours de leader ? Peut-être. En tout cas, de dirigeant. Le jeune président l'assume, même s'il continue de récuser les attributs statutaires liés à sa fonction. Cependant, il a bien été obligé d'admettre que le patron existe aussi par le regard que portent sur lui les salariés. Il sait qu'il aurait déstabilisé plus d'un collaborateur s'il avait renoncé à son bureau de président. Il a préféré faire l'économie de ce trouble inutile.

---

1. P.-D.G. des Aéroports de Paris.

Patrick Errard, directeur général d'Astellas Pharma : Médecin de formation, entrepreneur, diplômé de philosophie, auteur, Patrick Errard pratique aussi la peinture. Il tient cette passion de sa mère artiste peintre. Comme pour s'excuser, il s'explique : « Je ne peux pas dormir plus de trois heures par nuit. » Cette particularité n'est pas forcément un cadeau, car elle fatigue plus vite l'organisme, mais pour les intéressés, elle accroît considérablement les plages de temps disponible.

En tout cas, son goût pour la créativité saute aux yeux du visiteur. Une énorme BD murale accueille celui-ci au siège de Levallois-Perret. Telle la tapisserie de Bayeux, elle raconte les valeurs et la stratégie du groupe. Comme elle peut se lire dans tous les sens, de quelque vignette que l'on parte, on obtient le même mantra : la satisfaction du patient est le meilleur moteur de performance durable. Demain se prépare dès maintenant. Pour y parvenir, rien de tel que le management collaboratif. Le message est destiné aux visiteurs, mais il sert d'aide-mémoire à tous les collaborateurs qui passent devant plusieurs fois par jour.

Alexandre Eruimy, directeur général de PrestaShop : À 32 ans, l'ancien consultant de chez Roland Berger n'est pas dépaysé par l'ambiance qui règne dans l'entreprise. Il se situe de plain-pied avec ce mélange de générations Y et Z. D'autant qu'auparavant, il a passé un an chez Google France. Un bon sas de décompression après des débuts plus classiques dans la banque, une fois le diplôme de l'ESSEC en poche.

En prenant ses fonctions, il n'a donc pas été surpris que, dès l'entrée de l'immeuble parisien, rue d'Amsterdam, face à la gare Saint-Lazare, les murs soient constellés de photos Polaroïd. Elles ont été prises lors de fêtes organisées pour marquer des événements. Visiblement, il se passe toujours quelque chose chez PrestaShop. Ou bien on y fête beaucoup de choses, à moins que ça ne soit parce que les succès sont fréquents dans cette jeune société.

En quatre ans, entre 2014 et 2018, elle a doublé son chiffre d'affaires pour l'établir à 20 millions d'euros. Sa plateforme a aidé 300 000 commerçants dans le monde à ouvrir leur boutique sur le net. Parmi ses clients français, elle compte La Redoute, Décathlon, K-Way ou le Slip français.

En grandissant, la PME a conservé sa culture start-up. En particulier dans sa façon de travailler en mode projet. Les photos traduisent les infinies possibilités de combinaisons d'équipes, constituées à la faveur d'innovations à concevoir ou de marchés à défricher. Le périmètre de PrestaShop a changé. Il s'étend à la planète désormais, mais l'état d'esprit est demeuré le même, mélange de confiance et de curiosité…

Amaury Fremaux, président de Fremaux-Delorme : En attendant de déménager dans un immeuble tout en verre, au beau milieu d'un écrin de verdure, le siège de Fremaux-Delorme se situe à Haubourdin, dans la banlieue industrielle de Lille. Qui croirait, en découvrant les murs discrets du bâtiment de plain-pied, que des linges de luxe sont conçus ici avant d'être commercialisés dans le monde entier ? Sûrement pas Ali, le jeune chauffeur de taxi lillois qui avouait ne pas être très rassuré de conduire son passager dans pareil endroit ! À 42 ans, Amaury Delorme occupe physiquement le fauteuil que lui a laissé son père. En guise de touche personnelle, il s'est permis d'accrocher aux murs de son bureau des photos géantes de voiliers classiques, car c'est sa passion. Sinon, pour le reste, il assume totalement l'héritage industriel et social de l'entreprise fondée en 1845.

Édouard Fourcade, alors directeur général d'Anaplan : Le rendez-vous a lieu boulevard Pereire à Paris, dans un des espaces de We Work. À la question : « Vous êtes combien chez Anaplan à travailler ici ? » Réponse du directeur général à cette époque : « Je ne sais pas. » « Vous êtes combien d'entreprises dans cet immeuble ? » Même réponse : « Je ne sais pas. » La décoration semble avoir été empruntée à une série TV pour ados. Dans cet environnement, Édouard Fourcade revient à ses fondamentaux : son engagement dans les commandos de marine après son diplôme de centrale à

Nantes, l'évolution du monde et de la société. Deux sujets le passionnent et l'ont accompagné toute sa vie : le leadership et le big data. Il évoque en particulier un auteur de référence à ses yeux, Simon Sinek. Lors d'une conférence, ce spécialiste du management avait comparé l'univers militaire et celui de l'entreprise. À ses yeux, la différence fondamentale se situe en ce point précis : « À l'armée, vous décorez ceux qui se sacrifient pour sauver les autres ; dans l'entreprise, vous décernez des bonus à ceux qui sacrifient les autres… » Lui, en tout cas, aura passé sa vie de dirigeant à démentir ce constat lapidaire.

Anne Geisert, président-directeur général de Miele France : « Ma DG qui me tient la porte ! » La salariée paraît étonnée, en même temps que flattée. En faisant visiter le siège, au Blanc-Mesnil, en Seine-Saint-Denis, Anne Geisert ouvre une porte vitrée qui barre un long couloir. Comme deux collaboratrices arrivent en sens inverse, la dirigeante retient la porte jusqu'à ce qu'elles passent. Un geste naturel pour elle, qui ne l'empêche pas de poursuivre la conversation avec ses interlocuteurs. Il n'empêche, il est vécu comme un signe de considération et de respect, apparemment très apprécié. En arrivant chez Miele France, Anne Geisert cumulait une expérience de trente ans au sein d'entreprises patrimoniales : Chanel, Lindt, Mars… C'est une coïncidence, mais derrière ces marques ultraconnues, se cachent des sociétés qui demeurent détenues par des familles. Est-ce une relation de cause à effet ? Toujours est-il que dans ces sociétés, il règne un esprit de… famille. Le respect d'autrui va de soi.

Cette valeur est en outre inscrite au plus profond des gènes d'Anne Geisert. Alsacienne protestante, diplômée de l'Edhec de Lille, elle place l'humanisme en tête de ses valeurs.

Si depuis son arrivée chez Miele France, elle est bien décidée à casser les codes, elle aimerait bien aussi en faire autant de certains murs et cloisons. Elle se rapproche de son but. Des réunions collectives, ouvertes à l'ensemble du personnel, commencent à entrer dans les mœurs. La parole y circule de plus en plus librement. Surtout, la proximité du campus de Villetaneuse est vécue comme une chance, pour élargir la palette des compétences et s'ouvrir à la curiosité, grâce à la diversité.

Thomas Georgeon, directeur général de la Société de la Tour Eiffel : Comme son nom ne l'indique pas, l'entreprise est une foncière cotée, dont le patrimoine est essentiellement constitué d'immeubles de bureaux en Île-de-France et en régions. Au moment de notre entretien, notre dirigeant était à son poste depuis un an. C'est là son deuxième employeur, après vingt ans chez Bouygues, où il a, entre autres, dirigé plusieurs PPP (partenariats public-privé) de grande ampleur. Sacré défi que ce changement d'échelle entre les deux entreprises : un groupe familial du CAC 40 et désormais, au siège de l'avenue de Friedland à Paris, une PME de cinquante personnes pour administrer les centaines de milliers de mètres carrés du portefeuille d'actifs. Mais ce n'était pas la seule rupture. Son arrivée, tout frais quadragénaire, a provoqué un saut de génération puisque son prédécesseur, à son départ, venait de fêter son soixante-dixième anniversaire. Enfin, à peine en poste, il a eu à gérer le mariage de deux cultures, en menant l'absorption d'Affine RE, une autre foncière cotée.

Cependant, cette mise à l'épreuve de sa capacité d'adaptation n'est pas pour déplaire à ce centralien féru de psychologie. Convaincu « qu'aucune bonne décision ne se prend sans l'humain », il puise sa foi en chaque individu dans sa longue expérience du management, tant dans sa vie professionnelle que personnelle, notamment dans le scoutisme. Il y a pris un engagement en couple de trois ans pour encadrer et former de jeunes chefs. C'est pour cela qu'il croit beaucoup aux générations Y et Z. Il les a vues grandir ! Il connaît leur potentiel, mais il est aussi conscient de la responsabilité des entreprises à leur égard. « Celles-ci, dit-il devront notamment leur apporter une part d'éducation que la cellule familiale et l'école ne leur savent plus leur donner. »

Laurent Germain, alors directeur général de Segula Technologies : La politique a un moment tenté cet ancien haut fonctionnaire de 48 ans. Énarque, passé par l'ESSEC, Sciences po, mais aussi La Sorbonne pour y décrocher une licence de philosophie, il s'était présenté en 2011 aux municipales de Romorantin, dans la Sologne chère à son cœur. Il a recueilli assez de voix pour siéger comme conseiller municipal d'opposition. C'est de ce poste d'observation qu'il a assisté, impuissant, à la fermeture de l'usine Matra. Il a pu mesurer les dégâts que cause à une région la disparition d'un site industriel. Sa réflexion en faveur des ETI s'est alors accélérée. Elle avait commencé à mûrir lors de ses expériences précédentes. D'abord à la direction du Budget, où il avait en charge un certain nombre d'établissements publics de recherche. Puis à la direction financière du CNES, où il a découvert sa passion pour la gestion des entreprises. C'est dire s'il était mûr pour quitter le service public quand la proposition de rejoindre Segula Technologies comme DG s'est présentée. D'autant qu'il a vu le potentiel que pouvait exprimer cette entreprise. Il a décidé d'en faire le leader mondial de l'ingénierie automobile sous-traitée. L'entreprise en prend le chemin. Dans son actualité récente, elle a repris 700 ingénieurs du bureau d'études d'OPEL/PSA en Allemagne. L'entreprise française s'est muée en référence mondialisée, présente dans 32 pays, forte de 13 000 collaborateurs de haut niveau, qui œuvrent aussi bien dans le ferroviaire, l'énergie, la pétrochimie, l'aéronautique et l'automobile. Laurent Germain croit fortement dans l'avenir des dirigeants de mission, mais il prévient les candidats : ils devront maîtriser plus de langues que leurs aînés. En ce qui le concerne, il met ses actes en conformité avec ses paroles. Il en pratique sept, dont le chinois et le russe, qu'il entretient dans l'avion, lors de ses fréquents déplacements d'une filiale à l'autre.

François Guérin, directeur général de Cetih : En venant s'installer dans la région nantaise, cet ingénieur de 57 ans aurait pu être dépaysé. Il est originaire des Alpes, et son précédent employeur était suédois. Mais au contraire, il a trouvé une terre d'accueil.

Comme il le revendique, il a été nourri par la philosophie du CJD, le Centre des Jeunes Dirigeants. « Tous ces enjeux sociaux, sociétaux, environnementaux, c'est ça qui est intéressant », s'enthousiasme-t-il, avant de poursuivre : « L'économie est au service de l'homme, et l'entreprise est le bien commun de toutes ses parties prenantes. » C'est dire s'il est pleinement convaincu du concept d'entreprise à mission. Ce sont toutes ces sociétés qui recherchent des valeurs citoyennes au-delà de la performance économique. Elles sont totalement acquises aux concepts de la raison d'être et de la RSE. Un mouvement national de ces entreprises à mission prend actuellement son envol. Or, plus de la moitié d'entre elles sont situées dans l'Ouest de la France, et Nantes en particulier, comme Faguo, dans le prêt-à-porter, ou Armor, dans toutes les solutions d'encres ou d'impressions, et bientôt Cetih…

Rolf Heinz, président-directeur général de Prisma Media : « Single rôle », ou « année d'exploration » : dans la bouche du patron de presse, cela ne signifie pas congé sabbatique, mais le jour de notre entretien, le dirigeant savourait cette parenthèse, où il n'avait qu'une responsabilité à endosser, alors qu'à l'accoutumée, il ne cesse de changer de casquette, pour être simultanément manager (DRH, directeur financier, responsable du marketing) et journaliste. Il était donc (un peu) libéré de ses contraintes opérationnelles habituelles. Il est venu au siège de Valtus, en tenue de manager nomade, ou de grand reporter, qui demeure sa première passion : veste à multiples poches pour loger les carnets de notes, jean, chemise blanche et baskets tout aussi éclatants. Quant à ses outils numériques de travail, ils tenaient dans son sac à dos. Par ses origines, Rolf Heinz est à la fois espagnol et allemand. Il a été en poste en Chine, en Italie, en Autriche. Il est fier de parler de *Géo*, le magazine par lequel le groupe s'est implanté en France à la fin des années 1970. Numéro 1 de la filiale française depuis une décennie, il n'a pas vu les années passer. Il ne cache pas qu'il se sent plus à l'aise avec les millenials, voire avec les générations Z plutôt qu'avec les quinquas de son âge. À le voir, on le croit sans peine.

Mais on n'est pas impunément l'un des principaux éditeurs de magazines en France. Quand le portefeuille de publications est riche de plus de quarante titres ; quand en plus, les tirages sont parmi les plus élevés de France, l'entreprise de presse contribue presque à elle seule à remplir les rayonnages des kiosques. Ce versant de la fonction installe alors de plain-pied le président de Prisma Media dans l'industrie lourde et la logistique. Or, si les imprimeries en France ont plutôt bien pris le tournant du numérique, le maillon de la distribution est devenu dramatiquement faible, et c'est un euphémisme de le dire.

En raison de la place occupée sur le marché par *Femme Actuelle*, *Voici*, *Gala*, *Télé Loisirs* et *Capital*, Rolf Heinz a dû accepter de nombreuses responsabilités interprofessionnelles : il siège au bureau du syndicat des éditeurs de presse magazine, au Conseil supérieur des Messageries de presse, au bureau de la coopérative Presstalis. L'Allemand discret a dû s'exposer en première ligne au sein d'organisations si emblématiques de la France dans leurs fonctionnements et leurs mentalités. Mais il est vrai que le journalisme apprend à s'adapter à toutes les situations…

Mehdi Houas, président-directeur général de Talan : Il a été prévenu directement par l'hôtesse d'accueil au rez-de-chaussée. Il attend ses visiteurs à la sortie de l'ascenseur et les conduit à son bureau. L'entretien se déroule au siège de la société, rue Dumont d'Urville à Paris, non loin de l'Arc de triomphe. L'immeuble et les bureaux respirent l'aisance discrète. De fait, ils résument bien l'aventure Talan. La société a été créée voilà trente-trois ans par trois amis représentant chacun l'une des religions du Livre : un catholique, un juif et un musulman. « Nous avons connu trois intifadas, un printemps arabe, et j'en passe… » plaisante celui qui, dans le trio, prie en lisant le Coran. Tunisien d'origine, Mehdi Houas s'était passionné pour les événements consécutifs au départ du président Ben Ali. Il avait proposé son aide aux jeunes équipes au pouvoir. Son message a été si bien reçu qu'il s'est retrouvé ministre ! Ses amis associés l'ont laissé partir. Durant son absence, rien n'a été changé sur son bureau, hormis ce petit mot déposé par les deux fondateurs : « Tu étais ministre, te voici président ! » Façon de lui dire que non seulement, il retrouvait sa place, mais que tout avait été organisé pour qu'il occupe même la plus haute à son retour.

Cependant, cette position statutaire n'a guère de sens si l'on ne connaît pas l'autre grand trait majeur de l'aventure Talan : « Notre terrain de jeu, c'est l'avenir, explique le P.-D.G. Cela veut dire que nous avons pour mission de créer l'espace dans lequel le collaborateur va grandir. Si nous ne le faisons pas, nous ne respectons pas notre engagement de nous accroître par la base. » En trente-trois ans, les trois fondateurs ont créé 3 000 emplois, présents dans dix-huit pays. Dans le groupe, quarante nationalités sont représentées.

Francis Kopp, gérant de Lenze : Quand ce quadra se demande comment il s'est retrouvé à la tête d'une usine de fabrication de pièces de motoréducteurs, ouverte sur le monde, et aussi sur le prochain siècle, il est bien amené à conclure que c'est à la suite d'un non-choix. Tout l'intéresse. La disposition d'esprit est *a priori* une qualité. Pourtant, il envie ceux qui n'ont qu'une passion, car au moins, cllc lcur indique la route. Lui, pour retarder le moment de prendre une option, il a fait Centrale. Il est ainsi resté suffisamment généraliste, il s'est ouvert au management et à ses dimensions plus littéraires, à côté de son bagage scientifique. Mais au moment de se forger un avantage concurrentiel, il s'est surtout rappelé qu'il possédait un atout depuis sa naissance : il est franco-allemand. Il a donc démarché les entreprises d'outre-Rhin, désireuses de s'implanter en France. L'une d'elles était Lenze. Pour ce fabricant leader dans son domaine de la robotique, il a donc fait sortir de terre, à Béthune, dans le Pas-de-Calais, une usine destinée à l'approvisionnement des clients dans toute l'Europe et même au-delà. Il avait 37 ans quand cette mission lui a été confiée. Cela remonte à 2004. Sa grande satisfaction est d'avoir fait, pendant toutes ces années, monter en compétence des jeunes de la région. Car cette dernière a été grandement sinistrée à la fin de l'ère du charbon, du textile et de la sidérurgie. Si sa résilience est forte, elle n'a pas résolu tous ses problèmes. L'un d'eux est le manque de personnel qualifié. Francis Kopp s'emploie, à son niveau, à le résoudre.

Loïc Latour, président de France Boissons : Pour un titulaire d'une maîtrise d'économie ASSAS Paris, d'un diplôme de Sciences po section éco-fi et d'un diplôme de leadership managérial à Harvard, notre homme cache bien son jeu. En le voyant, doudoune sans manches sur les épaules, qui croirait qu'il a été, dans une autre vie, directeur pour l'Europe des très chics champagnes Moët & Chandon. Si le patron du principal réseau de distribution de boissons en France reçoit sans affectation, c'est parce qu'il n'a d'autre préoccupation que de mettre ses visiteurs à l'aise. Une leçon sans doute apprise de ses 49 000 clients, qui sont principalement les patrons de cafés.

Si le milliard d'euros de chiffre d'affaires est en ligne de mire, l'objectif n'est pas de dépenser les marges dans des investissements somptuaires. L'immeuble, à Rueil-Malmaison, dans l'Ouest parisien, est certes imposant. Mais c'est parce qu'il abrite entre autres le siège de Heineken France, dont France Boissons est une des filiales. Sinon, « nous ne sommes que 90 pour ce qui nous concerne », précise Loïc Latour. Montrant une enfilade de portes, il indique : « Toutes les fonctions essentielles d'un siège tiennent dans ce couloir. »

Il apprécie cette proximité physique : « Les décisions peuvent être prises vite et collectivement. Cela sort le leader de son isolement. » Il tient aussi à rappeler qu'à ses yeux, « la réalité de l'entreprise, ce sont les 72 sites qui quadrillent le territoire, et les 800 chauffeurs qui alimentent les bars et points de vente ».

Le terrain et la proximité sont vraiment les maîtres-mots du dirigeant de France Boissons. C'est son métier qui le veut : Loïc Latour pourrait postuler au titre de meilleur sociologue de France. En temps réel, il voit le pays changer, au gré des informations que lui remontent les patrons de bistrots et ses équipes. Incollable sur les aspirations des jeunes bobos parisiens, il a aussi vu monter le désespoir des rurbains, des ruraux, et de tous ceux qui ont occupé les ronds-points au plus fort de la crise des gilets jaunes. Il connaît aussi la solitude des maires de villages. Mais dans les plus grandes agglomérations, il entend aussi les souhaits des édiles quand ils veulent interdire toute circulation dans leurs centre-villes.

Alors, pour continuer malgré tout d'avancer, dans la compréhension mutuelle, Loïc Latour rencontre les uns et les autres. Une idée lui tient particulièrement à cœur : rouvrir des cafés de villages, en élargissant la palette de leurs prestations (relais pour les colis commandés à distance, écrivain public sur le net pour faciliter les démarches administratives, présence d'un distributeur automatique de billets de banque). Il a mis au point des programmes de formation pour les candidats qui voudraient reprendre la gestion. Une solution a également été prévue pour pallier les éventuelles difficultés de financement. En un an, il a pu contribuer à la renaissance de seize bistrots ruraux. À son niveau, il illustre la phrase maintes fois entendue au cours des entretiens : plus le monde se virtualise, plus il faut l'humaniser.

Hugues Le Bret, président de Compte Nickel : Dans la famille des patrons nomades, l'ancien directeur de la communication de la Société Générale témoigne de la réussite de sa mue. La cravate est remisée. Le bureau dans une tour de La Défense a cédé la place à une table de bistrot, porte d'Auteuil. La perception du monde est aussi fort différente. L'affaire Kerviel avait commencé à faire prendre conscience à notre interlocuteur de la dimension judiciaire de certaines existences. Il est fier, ce matin, d'évoquer son implication dans le rachat de la péniche qui abritait l'équipe de « Thalassa », l'émission de télévision dédiée à la mer. Elle va servir de lieu de réceptions. Le personnel de service sera constitué d'anciens détenus, pour faciliter leur réinsertion. Les vies précaires, les destins fracassés, Hugues Le Bret a été conduit à les connaître en créant le concept du compte en banque accessible à tous. Ce n'est pas tant qu'il soit ouvrable en cinq minutes qui a forgé sa réussite, mais le fait qu'il sorte de l'exclusion des centaines de milliers de personnes. « Savez-vous qu'il y a 9 millions de personnes pauvres en France ? » interroge notre interlocuteur. Il a vu des clients dont chaque seconde compte pour savoir si le RSA lui a été versé, afin de pouvoir nourrir à nouveau leur famille.

Symbole du morcellement du pays, notre interlocuteur évoque aussi, dans la même conversation, les succès de jeunes startupers qu'il aime suivre comme conseiller, ou comme intermédiaire auprès de « business angels ». Grâce à son itinéraire personnel et professionnel, Hugues Le Bret possède le grand luxe de maîtriser ses choix. Il peut ainsi vivre plusieurs vies au cours de la même journée. Au fond, il a cassé le plafond de verre sur lequel viennent buter nombre de salariés. Mais c'est aussi pour cela que l'on devient entrepreneur.

Fanny Letier, co-fondatrice de GENEO : Les nouveaux locaux de la jeune société de capital développement n'étaient pas encore officiellement inaugurés le jour de l'entretien. À deux pas de l'Opéra Garnier, rue Scribe, les agencements suggèrent aussi bien le fun des espaces de coworking, plébiscités par les créateurs d'entreprises, que le sérieux rassurant qui sied à un partenaire financier qui ambitionne d'emmener des PME dans une croissance forte et durable. Les amateurs de sucreries sont servis. Ils n'ont pas à chercher loin pour trouver une corbeille de réglisses, un distributeur de Carambar© ou de Chupa chups©. Mais pour l'analyse du fond de leurs dossiers, ils sont aussi comblés. Leurs interlocuteurs ont été formés aux meilleures écoles qui soient : Bercy, Bruxelles, le CIRI (comité interministériel des restructurations industrielles), BPI France, banques d'investissement, cabinets de stratégie, réseaux entrepreneurs, etc.

La co-fondatrice de GENEO, avec François Rivolier, se passionne certes pour l'aventure d'entrepreneur : la sienne, et aussi celle de tous ces « héros » qu'elle accompagne depuis plus de dix ans. Elle a même écrit un livre sur le sujet (*Comment doubler la taille de votre entreprise. Carnet de croissance pour PME et ETI* ; www.carnetdecroissance.fr). Mais elle garde aussi un souvenir exalté de ses années dans le service public. Il faut dire qu'elle a souvent été au rendez-vous de l'Histoire. Peu après sa sortie de l'ENA, dans la même promotion que l'actuel Président de la République, elle plongeait, aux côtés de Christine Lagarde, dans les eaux tumultueuses de la crise financière mondiale de 2008. Ensuite, elle s'est retrouvée à 29 ans à la tête du CIRI. Alors qu'elle avait l'âge d'être leur fille, elle a vu craquer ou se révéler des patrons valeureux d'ETI. Elle a mené des négociations complexes, nuit et week-end compris, pour forger un consensus malgré des participants parfois à bout de nerfs.

Mais en fait, toutes ces expériences sont reliées par un fil qui remonte à l'enfance. Fanny Letier le sait très bien. Elle est née, elle a grandi dans un village du Nord-Pas-de-Calais, à la frontière belge, où la conjoncture n'a jamais été tendre pour les habitants. Sans misérabilisme, elle évoque le chômage et ses conséquences sociales. Sans son bac obtenu avec mention très bien, elle n'aurait jamais intégré Sciences po, et peut être ne serait-elle jamais venue vivre à Paris. Son itinéraire est fulgurant, mais jamais elle n'oublie d'où elle vient. Au contraire même, c'est là que réside son moteur. Petite, elle s'est fixé secrètement le but d'éradiquer le chômage, parce qu'elle sait trop bien les dégâts moraux qu'il provoque. Elle n'y a pas renoncé. Au CIRI, elle a contribué à sauver 600 000 emplois.

Désormais, dans un registre totalement coupé des deniers publics, elle continue à poursuivre son objectif. Elle sait bien que les patrons d'ETI sont méfiants vis-à-vis des fonds d'investissement. Elle leur prouve qu'elle est à leurs côtés sur la durée, mais aussi, parce que, à ses yeux, « les entrepreneurs sont les héros de l'économie française ». Elle n'aspire qu'à une chose : à la réconciliation nationale, à la fin de la juxtaposition des insiders protégés par leurs statuts, et des outsiders, qui n'ont pas mérité d'être exclus. Utopiste, Fanny Letier ? Oui et assumée ! « Notre principal problème est de ne pas nous autoriser de rêves. Mais sans eux, rien n'est possible. Visons haut et positif. Ensuite à nous de ne rien lâcher et de nous donner les moyens de réussir. » Le rêve de la financière entrepreneure est de voir éclore 3 000 ETI supplémentaires en France dans le terreau fertile de ses PME.

Gérard Lopez, président du directoire de BVA : Exceptionnellement, l'entretien s'est déroulé au téléphone. Mais l'homme est si habité par son sujet que la voix remplaçait les autres sens. On avait l'impression de le voir, de sentir sa main appuyer votre avant-bras pour mieux faire partager ses convictions. À l'approche de la soixantaine, l'ancien rugbyman n'a rien perdu de ce que lui a enseigné ce sport. Déjà, il a créé l'entreprise avec deux amis connus à l'équipe universitaire, du temps où il étudiait les sciences économiques à Paris, avant d'obtenir à La Sorbonne, le diplôme de l'IAE (Institut d'administration des entreprises).

Ensuite, son métier d'études a été bouleversé dès l'irruption du Minitel. C'est dire s'il est coutumier des adaptations. L'art de la survie et du rebond lui a sans doute été inculqué par le « french flair » que nous envient les autres équipes du Tournoi des Six Nations.

Enfin, c'est toujours le ballon ovale qui fait de lui un convaincu de la diversité. Tous les gabarits ont leur place dans ce sport, du moins dans son épure originelle. C'est pourquoi il place l'empathie au premier rang des qualités demandées à un dirigeant : « Sans elle, les préjugés raciaux, de classe, reprennent le dessus. »

Ferréol Mayoly, directeur général d'Arval France : Ironie de la situation, à Rueil-Malmaison, au pied de l'immeuble tout neuf occupé par la filiale de BNP Paribas, le gestionnaire des bureaux a mis à disposition des vélos. Les usagers des lieux peuvent ainsi raccourcir leur trajet jusqu'à la gare de RER. Pour la société spécialisée dans le financement de flottes automobiles, le message est fort. Il se peut même que des salariés d'Arval France arrivent au travail à vélo ! Et alors ? Ce n'est pas une faute grave, ni une trahison vis-à-vis de leur employeur. Ferréol Mayoly le sait bien. À 43 ans, il est à cheval entre deux générations : d'un côté, ceux qui assistent aux grandes mutations, de l'autre, ceux qui en sont les promoteurs. Il est si conscient de l'ampleur du changement que, comme polytechnicien, diplômé de l'école des Ponts ParisTech, il en vient à se demander si les enseignements de management, dispensés jusqu'à présent dans la plupart des grandes écoles, sont encore opérants. Mais il a confiance dans la capacité d'adaptation de chaque être humain. Aussi se prépare-t-il à l'avènement de l'usage partagé. Quel que soit l'objet, y compris la voiture, les particuliers vont délaisser la notion de possession exclusive. Les flottes de véhicules d'entreprises vont suivre la même tendance. Les responsables d'Arval réfléchissent déjà aux prestations qu'ils proposeront à leurs clients. « L'important, explique Ferréol Mayoly, c'est qu'ils continuent à trouver de la valeur à nos prestations. »

Marc Meurer, président de Porsche France : Toute une carrière dédiée à l'automobile ! Mais pour la première fois, notre interlocuteur découvre dans ce secteur une ambiance de famille. Les discours des fondateurs continuent d'inspirer le plus grand respect. Nourris par l'expérience, ils ont toujours parlé d'avenir, avec une « vista » portant parfois jusqu'à quinze ans. « L'actuel grand patron monde a 52 ans, note Marc Meurer, plus jeune que lui de quatre mois. Mais, poursuit-il, dans sa tête, notre président a toujours 35 ans. » Le Français, passé par Renault et Audi, apprécie l'allure que le numéro 1 du groupe véhicule dans les media : souvent vêtu d'un jean noir et de tennis, il inspire les ados. Tant mieux, car ce sont eux les futurs « Porschistes ». Ils sont également les futurs collaborateurs du groupe et de ses filiales. De fait, au siège d'Asnières, sur les quais en bordure de Seine, l'ambiance est très fun. Les locaux rappellent davantage le studio d'enregistrement de « Top Gear[1] » que des bureaux classiquement dédiés aux fonctions support. L'agencement est conçu pour placer les salariés dans un état d'empathie maximale avec les clients. Le club house d'une association de passionnés de « 911 » ne serait pas décoré autrement. Mais ce faisant, Marc Meurer pratique sa vision managériale. Pour lui, être leader, c'est être capable d'apporter aux collaborateurs la réponse à cette question : « Pourquoi est-ce que je me lève le matin ? » De fait, quand il s'agit d'aller vivre une passion, les semelles des chaussures ne sont pas en plomb…

1. Émission culte sur TMC Découvertes, présentée par l'acteur Philippe Lelouche, à destination de tous les passionnés d'automobile.

Antoine Meyer, président de Sumi Agro France : à 56 ans, cet INSEAD, diplômé d'Agrocampus Ouest, ajoute une compétence éloquente à son CV sur LinkedIn : chef de bord aux Glénan. Cela veut dire beaucoup de choses : d'abord que le spécialiste de l'agriculture, donc de la terre, aime aussi la mer. Ensuite, qu'il croit aux vertus du bénévolat et de l'engagement, car l'école de voile s'est construite sur ces deux valeurs au sortir de la guerre. Et aussi, que la dynamique de groupe lui est familière, de même que le brassage des générations, la gestion de tempéraments différents, la capacité à rassurer une équipe, à fédérer des individualités sur un cap dans lequel chacun se reconnaît. Car c'est tout cela que doit maîtriser un chef de bord. Cela ressemble aux qualités demandées à un leader. Ce n'est pas un hasard si tant de chefs d'entreprise pratiquent la croisière ou la course au large.

Le jour de notre entretien, Antoine Meyer sortait d'un déjeuner avec plusieurs membres de son équipe. En fait, il venait de l'espace cantine attenant à son bureau. Cela ressemblait fort aux repas qu'un équipage de voilier prend dans le carré, profitant de la sérénité de l'escale, une fois tout le monde arrivé à bon port. Ces instants suspendus sont idéaux pour présenter la suite des événements : où on en est et où on veut aller.

Et comme professionnellement, l'activité de commercialiser des produits pour les cultures peut être parsemée de ressacs non identifiés sur les écrans de navigation, le dirigeant a aussi accepté de prendre la barre de IBMA France. C'est l'association professionnelle des entreprises de produits de biocontrôle. Comme ces derniers ont tôt fait d'être tous rangés derrière le mot infâmant de « pesticides », on comprend l'enjeu pédagogique de promouvoir les solutions de biocontrôle auprès des institutions tant nationales qu'internationales, mais aussi des régulateurs, des acteurs du monde agricole, des media et de toutes les formes de réseaux sociaux.

Pascal Nadobny, président d'Addev Materials ; Pascal Nadobny, président-directeur général d'Addev Materials : Le rendez-vous est donné à Lyon sur les rives du Rhône. C'est là que se situe désormais le siège de cette société qui fut d'abord une petite entreprise, puis une fédération de PME acquises à la faveur d'opérations de croissance externe. Elle se présente maintenant sous les traits d'une ETI solide de 700 salariés, ouverte sur le monde, et souvent leader dans son domaine : la fourniture de matériaux performants à l'industrie. Mais justement, puisque ses implantations sont désormais mondiales, comme en atteste le planisphère peint sur le mur à l'entrée, la localisation du siège aurait pu être indifféremment Saint-Chamond, Chassieu… ou Milwaukee ! « J'ai choisi Lyon avec mon associé Julien Duvanel, en pensant à notre Comex, aux doubles carrières dans les couples, et aux conjoints de nos collaborateurs. ADDEV Materials est très engagé sur le thème de la parité hommes-femmes. Les conjoints ont eux aussi leur vie professionnelle. Je ne pouvais pas leur imposer des heures de trajet pour se rendre à leur travail. Lyon était l'emplacement le plus pratique pour la majorité d'entre eux. » Le choix du quartier Confluence s'est aussi imposé pour attirer les jeunes talents par son accès par vélo, tramway, ou la gare Perrache et le merveilleux positionnement géographique de Lyon.

Le président d'Addev Materials aime à dire que les PME se construisent sur des valeurs, qu'elles conservent quand elles deviennent des ETI. C'est ce qui fait la force de ces dernières. Et d'expliquer « avec la RSE, par exemple, nous sommes comme Monsieur Jourdain, nous en faisions depuis longtemps sans le savoir ».

Le dirigeant admet cependant que son ouverture au monde lui a été inculquée grâce à ses études internationales. Après l'EM Lyon, il a passé trois ans au Texas, dont un sur le campus de l'université d'Austin, où il a développé ses compétences en marketing, stratégie et en finances. Pendant seize mois, il a aussi servi la France au poste d'expansion économique de Dallas en VSNA. Son premier emploi l'a ensuite conduit au Moyen-Orient, où il a appris d'abord à être patient, et aussi à relativiser ses certitudes, au regard de la diversité des cultures qui composent le monde.

Enfin, il ne dira jamais assez merci au sport, individuel ou collectif, pour les bienfaits qu'il continue de lui procurer au moral. Comment prétendre entraîner des équipes si l'on n'inspire pas la passion, la foi et l'optimisme ? Pascal Nadobny aime trousser des formules, dont certaines sont reproduites sur les murs et les cloisons vitrées des bureaux. L'une d'elles est particulièrement évocatrice en cette matinée radieuse d'automne, où le soleil illumine le Rhône et la Saône. Elle dit ceci : « Tourne-toi vers la lumière, l'ombre sera derrière toi. »

Une autre empreinte de concret et de pragmatisme, au-dessus de l'écran télé, reprend la formule magique d'un grand équipementier sportif : « Just Do It ».

Pascal Portelli, président du directoire de Delta Dore : En recevant ses visiteurs au bureau parisien de la rue Roger Bacon dans le XVIIe arrondissement, notre hôte ne traduit pas vraiment la réalité de l'essentiel de son activité actuelle. La plupart du temps, il vit dans la campagne d'Ille-et-Vilaine, dans un village de 1 746 habitants, Bonnemain, entre Rennes et Saint-Malo. C'est là que fut construite la première usine de Delta Dore en 1970. Le dirigeant ne regrette pas sa nouvelle vie. Ses collaborateurs à la R&D sont aussi acquis à ce style de vie. Épargnés par le stress des grandes villes, ils parviennent à se maintenir au sommet de la vague de l'excellence.

Il est vrai qu'en la matière, le dirigeant est exigeant. Il est en droit de l'être : polytechnicien, diplômé d'école nationale des Ponts et Chaussées ainsi que de Stanford, il a connu dans sa vie des expériences où seul le zéro défaut était admissible. Officier de renseignements dans l'Armée de l'Air pendant la première Guerre du Golfe en 1991 ; membre du comité de gestion de la Coupe du monde de football en France en 1998 ; chargé, à France Trésor, de l'introduction en Bourse de quatre fleurons français : Aerospatiale-Matra, Crédit Lyonnais, Thomson Multimedia, EADS…

À l'heure où l'ETI bretonne doit affronter des concurrences aussi rudes que celle des GAFAM, il faut pouvoir compter sur ses forces vives. Depuis Bonnemain, Pascal Portelli est serein. Il sait que les 800 salariés sont soudés par un lien qui n'appartient qu'à Delta Dore. Tissé par le fondateur de l'entreprise, Joël Renaud, il porte un nom : « l'esprit de grande famille »…

Mahasti Razavi, avocate associée, managing partner d'August Debouzy : L'avocate franco-iranienne est souvent appelée « la bienveillante » dans la profession. C'est à elle que la trentaine d'associés ont confié le soin d'administrer le cabinet. « J'y suis entrée voilà vingt-deux ans, calcule-t-elle, incrédule devant l'accélération du temps qui passe. À l'époque, c'était une start-up du droit. August Debouzy a connu un succès fulgurant. Durant ce quart de siècle, notre maison a évolué, continué de se construire et quelle chance, nous avons encore tant d'aventures à vivre ensemble. »

Gestionnaire, dirigeante ? D'accord, mais avocate toujours. Elle a tenu à le rester. D'une part, pour continuer d'accompagner ses clients dans le domaine du droit des hautes technologies où sa réputation est internationalement reconnue ; d'autre part, pour renforcer sa légitimité auprès des grands allergiques au management que sont souvent les avocats. Si elle a pu instaurer un tant soit peu de « process » – mot qu'elle affectionne si peu –, la dose est si homéopathique pour les associés que tous doivent pouvoir suivre sans peine le régime prescrit. Il leur est simplement demandé de faire en sorte que, pour chaque dossier qu'ils suivent, les éléments de production soient enregistrés pour la conférence hebdomadaire du lundi matin ; ils doivent aussi s'astreindre à ne pas oublier de facturer les dossiers traités ; enfin, il leur incombe de relancer les clients distraits qui oublient de payer…

Le timbre de voix de notre interlocutrice n'évoque certes pas les accents tempétueux des bretteurs de prétoire. Son registre à elle serait plutôt celui de la négociation, menée d'un ton tranquille et maîtrisé, apaisant. « Paradis » vient d'un mot persan très ancien, qui veut dire verger. Il suggère aussi les filets d'eau qui, dans les jardins des pays chauds, viennent apporter quiétude et douceur. Comme quand Mahasti Razavi prend la parole…

Olivier Schiller, président de Septodont, incarne la troisième génération à la tête de l'entreprise familiale. Celle-ci avait été fondée en 1932 par son grand-père Nestor. Mais bientôt, le dirigeant pourra peut-être parler d'une quatrième génération, si l'un de ses cinq enfants reprenait le flambeau à son tour. À l'orée de la soixantaine, le fervent défenseur des ETI familiales ne pourrait pas rêver plus belle récompense. Centralien passé par le campus d'HEC pour obtenir un MBA, il a internationalisé l'entreprise durant ses années de présidence. Désormais, 93 % du chiffre d'affaires de 300 millions d'euros en 2019, est réalisé à l'international. Mais 40 % des effectifs sont toujours basés en France. Les usines historiques restent actives. Elles sont largement automatisées pour résister aux nouvelles concurrences, mais il n'y a aucune fatalité à des délocalisations de confort. Bien au contraire, une nouvelle unité a été construite à Mazamet.

Si Olivier Schiller avait des doutes sur sa raison d'être, et sur la nature même de cette notion, il possède à son actif trois éléments de réponse dont l'un nous touche directement. D'abord, grâce au legs spirituel transmis par son grand-père puis son père, il est conscient de sa responsabilité citoyenne en tant qu'employeur. Ensuite, la raison d'être est un projet familial, puisque son épouse, professeure de droit, a participé à la rédaction du nouvel article 1835 du Code civil ! Enfin, sans le savoir, nous sommes sans doute des centaines de milliers, voire des millions de personnes à pouvoir témoigner de l'utilité sociétale de Septodont. Car si nous n'avons plus mal sur le fauteuil du dentiste, c'est grâce à l'entreprise. Toute sa stratégie tend à éradiquer la douleur dentaire à l'échelle de la planète. Dans ces conditions, comment ne pas lui souhaiter un développement… durable ?

Guy Sidos, président-directeur général de Vicat : Dans un étage élevé de la tour Manhattan, dans le quartier parisien de La Défense, le siège du groupe cimentier ne croule pas sous les effectifs pléthoriques. L'hôtesse d'accueil est descendue au rez-de-chaussée chercher le courrier. Du coup, pendant son absence, c'est le président lui-même qui vient ouvrir à ses visiteurs. Ce jour-là, la France est en grève. Est-ce la raison de l'apparent désert dans les bureaux ? Non, c'est parce que, ici aussi, la réalité de l'entreprise se situe sur le terrain. Il n'y a pas de raison de doublonner au siège, des fonctions très bien assumées déjà dans les usines et les carrières. Et comme le président déclare son aversion pour les COMEX, il n'y a pas de raisons d'allouer des mètres carrés à d'immenses salles de réunion. « La notion même de COMEX me donne des boutons », détaille-t-il, « parce qu'elle sous-entend que la responsabilité est collective. Alors que je suis responsable de ce que je décide, et de ce que mes collaborateurs décident. Si un dirigeant ne sert pas de bouclier, il étouffe toute initiative. »

La réduction du siège aux seules fonctions régaliennes du groupe a même conduit le dirigeant à réfléchir à la pérennité de sa présence dans le quartier de La Défense. Il s'est arrêté à temps pour préserver la chaleur humaine qui risquait de disparaitre si tout le monde était dispersé, ou si les uns et les autres s'adonnaient au télétravail. Pour préserver le lien, le dirigeant n'oublie pas qu'il a été commandant de sous-marin. Il sait l'importance du moral des équipages. Alors, il multiplie les petits gestes. Ses visiteurs en ont d'ailleurs bénéficié. Au moment de prendre congé, ils se sont vu offrir un paquet qui pesait son poids : il s'agissait dc trois pots dc micl produit par les abeilles hébergées dans plusieurs carrières du groupe.

Emmanuel Vasseneix, président-directeur général de LSDH (Laiterie de Saint-Denis-de-l'Hôtel) : L'ancien technicien agricole aurait certainement préféré organiser la rencontre sur ses chères terres de l'Orléanais, pour faire partager l'excellence technologique et sanitaire des chaînes de conditionnement, mais aussi pour aller voir les vaches de ses partenaires éleveurs. Mais ce jour-là, le dirigeant était à Paris, comme il l'est deux ou trois jours par semaine. Pour parler avec les organisations agricoles, les fonctionnaires des innombrables subdivisions du ministère, et aussi avec les représentants de la grande distribution. C'est une facette de son métier, qu'il assume, mais il n'est jamais aussi bien dans sa peau que sur le terrain. Il est tellement habité par ses multiples tâches de gestionnaire et de leader qu'il oublie de penser à lui. Alors, il roule dans une Renault Espace hors d'âge, parce qu'il ne prend pas le temps d'en changer. Du coup, ses collaborateurs lui en font grief, parce que « pour un patron, c'est un peu la honte ». Mais lui n'en a cure. « L'argent rend fou », vitupère l'amoureux de randonnées cyclistes et d'ascensions en montagne. Il parle des patrons des plus grands groupes, et de l'image que leurs rémunérations infligent aux dirigeants de terrain qui, eux, parfois, s'engagent sur leurs deniers personnels. Cela dit, le dirigeant du groupe agro-alimentaire nous reçoit dans un appartement du VIIe arrondissement ! « Mais c'est un placement que nous a suggéré notre banque, parce qu'elle avait ce bien sur les bras ! » Il sert de pied-à-terre à tous les collaborateurs. Et puis, il est clair que les lieux ne montent pas à la tête de notre dirigeant. Au moment de prendre congé, il se saisit des tasses à café, pour les laver lui-même sous le robinet.

Daniel Weizmann, directeur général de VWR : Un nouveau quartier d'affaires est discrètement sorti de terre dans l'Est parisien, à la sortie du RER de Fontenay-sous-Bois. C'est de là que la filiale française de la société américaine approvisionne la majorité des laboratoires de recherche en Europe. Son catalogue est riche d'un million de références… Mais c'est de là aussi que son directeur général observe la cinquième puissance économique métropolitaine mondiale, derrière Tokyo, le Grand New-York, Los Angeles et Osaka. Tel est en effet le statut de l'Île-de-France. Or, Daniel Weizmann en est pour le MEDEF le président régional. À 60 ans, ce diplômé de l'IFG Paris cultive une autre appartenance : il est un ancien de Xerox, et ça, ça compte. Il y a des entreprises comme ça qui sont un comme un prolongement des études, en même temps qu'une école de la vie et de l'amitié. Un peu comme des camarades de chambrée, du temps du service national, les anciens de Xerox se retrouvent, se suivent, se conseillent mutuellement.

La solidarité est un puissant remontant quand les relations professionnelles et commerciales deviennent plus âpres. Le dirigeant constate l'accélération du temps et les impacts de la financiarisation accrue. Raison de plus pour cultiver la chaleur humaine et le respect de l'autre. « L'actif, c'est l'effectif », aime-t-il à répéter, non sans craindre que sa phrase ait de moins en moins d'écho, en ces temps où, comme il le rappelle, « 40 % de l'économie mondiale appartiennent à des fonds d'investissement ». Alors, il met de l'affectif dans les effectifs. La femme de ménage entre. Il lui présente ses excuses d'occuper les bureaux si tard et de la gêner dans son travail. La nuit est tombée. Demain est un autre jour…

Laurent Zeller, président-directeur général pour l'Europe du Sud de Nielsen : Désormais en poste à Milan, notre interlocuteur est venu chez Valtus, à Paris, profitant de la pause de Noël pour revenir en France. Sa voiture est remplie de panettone. Quand tout bouge si vite que les repères en sont tout chamboulés, le maintien de certaines traditions fait du bien. Professionnel des études (de marché, d'opinions) depuis le début de sa vie professionnelle en 1982, à la sortie de NEOMA Business School Rouen, Laurent Zeller est à un poste d'observation privilégié pour voir le monde changer. Le phénomène qui le frappe le plus est le recul de l'État, particulièrement en France. Surtout, parce qu'il s'accompagne d'un corollaire : Le vide laissé doit être comblé par l'entreprise. Cette dernière finance déjà les retraites complémentaires, la formation des personnes. Sur quels domaines sera-t-elle réquisitionnée demain ? Sans compter que c'est elle aussi qui est en première ligne quand il s'agit de punir quelqu'un qui ne se comporte pas convenablement. Au regard de l'environnement par exemple. Mais il est vrai qu'en la matière, certaines sanctions sont méritées.

Dans ce contexte, l'attitude qui le hérisse le plus est l'absence de sincérité de certaines sociétés qui se mettent, un jour dans l'année, à pratiquer la solidarité ou la protection de la nature. Il lui revient alors un enseignement acquis dans son expérience militaire : « L'Armée apprend un management qui ne triche pas. Elle nous enseigne le sens de l'exemple et de l'ordre clair. Les business schools n'enseignent pas ça. » Il le sait bien. Depuis le début de sa vie professionnelle, il a toujours tenu à garder quelques heures pour l'enseignement. « Rien de tel pour comprendre le fonctionnement des nouvelles générations. »

Annexes

Annexe 1 : Le questionnaire

Contexte-Environnement

1 – Parmi les mutations récentes, technologiques, sociétales, nouvelles concurrences, laquelle/lesquelles vous a/ont particulièrement impacté·e dans votre métier, votre entreprise, votre secteur d'activités ? Y a-t-il une donnée, un fait qui la ou les symbolise ?

2 – Vitesse, complexité, incertitude. L'organisation de votre entreprise et de votre vie professionnelle change. Comment caractérisez-vous ces changements ? Croyez-vous à une stabilisation du rythme ou au contraire à une accélération ?

Management-Leadership/ Exercice du leadership

1 – Comment, en quoi ces transformations récentes ont-elles changé vos pratiques managériales, les relations avec vos équipes ?

2 – D'ici à 2025, quelles ruptures voyez-vous venir transformer, modifier votre rôle et vos pratiques de dirigeant·e ?

3 – Comment vous y préparez-vous personnellement (formation, sources d'information, actualisation des connaissances, changements dans votre mode de management) ? Comment être et rester leader dans un environnement si mouvant ?

4 – Quel leadership aujourd'hui pour traiter vitesse, complexité, incertitude ? Quelles mises en œuvre essentielles ? Comment voyez-vous évoluer les besoins et les pratiques de leadership ?

5 – En 2025 accéderont aux responsabilités des personnes nées entre 1990 et 2000. Cette génération appliquera-t-elle un leadership et un management différents ? Dans quelle mesure ? Pensez-vous que demeureront des invariants à la notion de leadership ? Si oui, lesquels ? Où voyez-vous la place du leadership positif, bienveillant, aujourd'hui si revendiqué ?

6 – En 2025, jusqu'où le rôle de l'entreprise aura-t-il selon vous changé dans la société (responsabilité sociétale, rôle d'apprenant, de plus en plus en relais d'États désargentés, raison d'être élargie) ? Pensez-vous que votre rôle personnel de dirigeant·e aura lui aussi changé (davantage citoyen, éventuellement pénalement responsable) ? Si oui, comment vous y préparez-vous ?

7 – Décrivez-nous ce que vous pensez/voyez être le rôle d'un dirigeant en 2025 ?

Le questionnaire complémentaire adressé dans les premiers jours du confinement

• Les événements que nous vivons confortent-ils ou infirment-ils certains des avis que vous aviez exprimés lors de l'entretien (notamment par rapport à l'accélération des transformations ou sur le rapport au temps, la notion de sens…) ?

• Ces événements modifieront probablement aussi les habitudes et les mentalités : celles de vos collaborateurs comme celles des consommateurs finaux. Prenez-vous déjà en compte ces mutations ? Avez-vous des exemples à nous donner pour illustrer ? Comment vous y préparez-vous ?

• Quelles implications la crise aura-t-elle pour vous, en termes d'approvisionnement, de production et d'acheminement ? Quelles réflexions la nouvelle donne vous inspire-t-elle (par exemple, en termes de relocalisation industrielle, de sécurité des approvisionnements, de maîtrise de la supply chain…) ?

• Avez-vous en tête une décision (stratégique ou managériale) que vous avez prise récemment, et que, sans ces événements, vous n'auriez jamais imaginé être amené·e à prendre au cours de votre vie de dirigeant·e ?

ANNEXE 2 : LES GRANDES ÉTAPES DE L'ÉVOLUTION DES THÉORIES DU MANAGEMENT ET DU LEADERSHIP

Depuis *Les Temps modernes* de Charlot jusqu'aux concepts de qualité totale et d'excellence opérationnelle apparus dans les années 2010, un continuum est aisément identifiable. Chaque étape nouvelle vient améliorer la précédente, sans la remettre fondamentalement en cause. Les révolutions simultanées des années 2020 font apparemment voler en éclats les maillons de cette chaîne. Les usines disparaissent, même si elles sont remplacées dans le paysage par des plateformes logistiques géantes. Les sièges sociaux se vident. Partout, la valeur ajoutée se déporte vers le virtuel au détriment de l'économie réelle. Bien sûr, c'est avant tout une impression. Les outils de production n'ont pas disparu, sous prétexte qu'on le les voit plus. Mais la « servicisation » de l'industrie est bien réelle, même si là encore, on est dans le registre de l'invisible. Une certitude en tout cas : les ruptures et mutations des dix dernières années ont plus changé le monde du travail que le siècle qui les a précédés. Or, l'accélération promet de continuer…

L'époque	Le lieu	Les acteurs	Le concept
Fin du XIXe siècle	États-Unis	Frederick Taylor (1856-1915)	C'est le père du management scientifique (le taylorisme).
Années 1920	États-Unis	Henry Ford (1863-1947)	La ligne d'assemblage de la Ford T est conçue selon le même principe que les chaînes des abattoirs de bovins à Chicago. C'est la naissance du mouvement continu.
Années 1930-1940	États-Unis	Alfred Sloan (1875-1966)	Premiers échos de la notion de satisfaction : on apprend à écouter le marché (la voix du client).
Années 1945-1960	Japon et États-Unis	W. Edwards Deming (1900-1993)	Introduction de la statistique dans le contrôle qualité. Deming est le père de la roue du même nom. C'est l'inventeur de l'amélioration continue.
Années 1966-1990	Japon	Taichi Ohno (1912-1992)	L'industrie japonaise consacre la notion de juste à temps.
Années 1950 à nos jours	États-Unis et le reste du monde	Peter Drucker (1909-2005)	Mise en évidence de la primauté du management.

L'époque	Le lieu	Les acteurs	Le concept
1984	Japon	Noriaki Kano (1940-)	Prémices de l'expérience client et de la satisfaction de l'acheteur. Preuve est faite que le ressenti de satisfaction du client et l'innovation réelle du produit ne sont pas nécessairement liés.
1989	États-Unis, Japon	MIT (Massachussett Institute of Technology)	Une étude révèle que la qualité de la production industrielle aux États-Unis et en Europe est deux fois moindre qu'au Japon.
1990	États-Unis	Divers	Apparition de la notion de lean management.
1995	États-Unis	Jack Welch (1935-2020)	Le P.-D.G. de General Electric popularise dans le monde la notion de six sigma.
1996	États-Unis, Europe, Japon	Divers	TQM (management de la qualité totale) : les débuts d'une approche systémique sur la base du triptyque : qualité, coûts, délais.
2000	États-Unis, Europe, Japon	Divers	Intégration du six sigma dans le lean, extension de ces concepts aux entreprises de services.

L'époque	Le lieu	Les acteurs	Le concept
2014	Europe, États-Unis	Isaac Getz (1957-)	Introduction de la notion d'entreprise libérée. C'est la consécration du management de Deming, avec la qualité du travail et la responsabilisation.
Années 2020	Monde entier	Le 5G d'un côté, la primauté de l'humain de l'autre	L'IA s'installe sur les chaînes de fabrication, l'entreprise devient virtuelle, le télétravail entre dans les mœurs, les start-up signent la fin du leadership vertical.

(source : *L'Excellence opérationnelle, piloter l'entreprise 5-0*, Philippe Jombart et François Le Brun, éditions de l'Archipel.)

Bibliographie

Paul-Marie CHAVANNE et Olivier TRUONG, *La Bienveillance en entreprise : utopie ou réalité ?*, Eyrolles, 2017.

Pascal DEMURGER, *L'entreprise du XXIe siècle sera politique ou ne sera plus*, Éditions de l'Aube (préface de Nicolas Hulot), 2019.

Emmanuelle DUEZ, *Le goût des autres*, Éditions de l'Observatoire, 2018.

Patrick ERRARD, *La Philosophie au secours du management*, Odile Jacob, 2015.

Isaac GETZ et Laurent MARBACHER, *L'entreprise altruiste : s'enrichir en donnant tout*, Albin-Michel, 2019.

Laurent GOUNELLE, *Je te promets la liberté*, Pocket, 2012.

Laurent GOUNELLE, *L'Homme qui voulait être heureux*, Pocket, 2014.

Philippe JOMBART et François LE BRUN, *L'Excellence opérationnelle, piloter l'entreprise 5-0*, l'Archipel, 2016.

Andrew J. OSWALD, Eugenio PROTO et Daniel SGROI, « Happiness and productivity », in *Journal of Labor Economics*, University of Warwick, 2012.

(Philonomist.fr) : « Quand le travail sous tension nous expose à la panne », 2019.

Ayn RAND, *La Grève, Atlas Shrugged*, Les Belles Lettres, éd. originale 1957, édité pour la première fois en France en 2007.

Nassim Nicholas TALEB, *The Black Swan* (Le Cygne noir) : La puissance de l'imprévisible, Les Belles Lettres, 2007.

James TEBOUL et Philippe DAMIER, *Neuroleadership, le cerveau face à la décision et au changement*, Odile Jacob, 2017.

Index

Table des matières

Mise en page LEN

Cet ouvrage a été achevé d`imprimer
par Pulsioprint.com, France en septembre 2020
Imprimé en UE
(Dépôt légal : septembre 2020)